闺门『内』与『外』

宋代经济生活中女性的家庭角色和社会角色

夏涛——著

燕山大学出版社
·秦皇岛·

序　　言

20 世纪八九十年代中国古代经济史研究向社会经济史研究转变，不是创新而是续接，续接三四十年代学者的学术研究路径。经济史关注“国计”，诸如土地赋税制度、租佃关系等；社会经济史侧重“民生”，关注平民百姓的日常经济生活。后者尤其是家庭经济生活史的内容比较细碎，往往遭到“格局小”之类的批评，其实这是中国古代经济史研究的必要补充，至少没有背离“史无定法”的古训。夏涛博士的《闺门“内”与“外”——宋代经济生活中女性的家庭角色和社会角色》，就属于社会经济史方面的研究成果。

这本书是在博士学位论文的基础上修改而成的。作者选取商品经济空前发展的两宋时期作为女性问题研究的背景，既有时代特色也有普遍性意义。作者用女性视角审视女性经济生活的家庭角色与社会角色，具体考察了家庭经济生活中的女性活动、财产继承、经济纠纷、经济犯罪，还有女性涉足的社会行业、参与的慈善活动与宗教活动等方面的内容，全面紧凑，有一定深度，可谓是对宋代女性形象写实的擘画。

关于宋代女性对社会发展贡献的研究，有的学者受近现代女性地位崛起的影响，把宋代女性对于社会的影响说得有些夸张；也有的学者秉持谨慎的态度，认为女性在宋代那样的社会环境中不可能掀起大浪。本书尽量客观真实地从家庭和社会两个角度具体考察了宋代女性对社会发展的意义：对于家庭，宋代女性保持睿智与冷静，不论是相夫教子还是经营家庭都发挥着传统的独特的作用；对于社会，宋代的各行各业中都不乏她们的身影。她们中的优秀者是独立的，虽然无法彻底冲破世俗的困囿，却在历史的长河中顽强地璀璨着。

本书论题的研究，难度最大的方面是史料的搜集。正史典志记录的多为官宦贵族女性，文人笔记和墓志中记录的也多是特立卓行的女性，常态化的平民生活内容零散稀少，收集和解读都有难度。志怪小说中的平民形象比较多，却带有奇幻色彩，需要审慎地筛选辨识。作者力求史料的丰富生动与真实可信，透过一些没有经过“过滤”的原始记载，探寻宋代女性真实的生活世界与精神世界。解读这些史料的时候作者既着力挖掘，又不运思过度，分寸把握比较得当，显示出作者具有一定的悟性和功力。

作者的硕士学位论文《唐宋时期知识女性的文化运用》是谷更有教授指导的，是这篇博士论文的热身之作。谷更有教授是我早年指导的硕士研究生，所以尽管从学缘上说有单一的局限，但从传承上看又有着连续的优势。本书从女性的日常家庭生活入手，用流畅练达的文笔娓娓而谈，使枯燥的史料有了生机和活力，而且图文并茂，用年轻人的话说是有温度的叙述。这应该是缘于作者毕业八年来的一路打拼，在高校站稳了脚跟，又晋级为人妻人母，自己的双重角色与书中的研究对象产生了共鸣吧？

邢　铁

2023 年 9 月 1 日

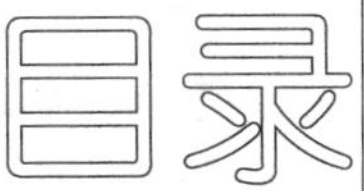

下篇　宋代女性的社会活动与角色

绪　论

一、选题意义

20 世纪二三十年代是宋史研究的开创时期，陈东原、全汉昇等前辈学者开始关注宋代女性问题。徐规在 1945 年完成的硕士论文《宋代妇女的地位》中第一次对宋代妇女地位做出了系统研究。新中国成立后，女性史研究与宋史研究进入复兴阶段，90 年代社会性别理论开始传入国内，研究著作如雨后春笋般大量涌现。从研究的领域来说，已从最初热门的劳动、婚姻等问题，拓展至法律权利、财产继承、物质生活、典籍释读等领域。但综而观之，其中鲜有对社会与家庭中女性角色的完整系统的解读。在宋代社会妇女史问题的研究方面，女性到底扮演着一种什么样的角色，在家庭角色与社会角色中女性活动的主要根源是什么，这些问题的研究似乎并不是那么清晰。她们在历史中真实的生活状态如何，宋代女性活动的中心目的又是什么，这些问题是本书需要厘清的重点。

在宋代这样一个承前启后的时期里，社会变革表现得异常明显，在政治、经济、社会结构、司法、文化等方面均展示出了与前代不同的新特点。宋代社会经济发展迅速，人们的社会观念和商品经济意识逐步形成，女性问题在这一时期也表现出更为鲜明的特点。宋代女性除了扮演重要的家庭角色之外，还在政治、经济、文化、宗教、慈善等领域中扮演着同样重要的社会角色，这正是本书选题的意义之所在。

本书涵盖了宋代女性的婚姻家庭、经济就业、财产继承、接受教育、文化运用、精神与社会生活、宗教信仰等诸多方面，以全新的视角来分析女性多种角色的关系，以及社会、家庭对女性生活的影响。本书将通过对这些问题的探究，从整体上来思考：唐宋之际的变化是否对女性的生活产生影响？女性参与社会经济活动的目的是什么？慈善周济和宗教活动的根本目的是否只是为了自己求福祉？宋代女性财产继承的权利究竟有多大？可以继承多少？以何种方式继承？掌握财产之后她们又如何支配和控制这些财产？通过对这些问题的综合分析，希望能够探明宋代女性参与经济活动的动机到底是什么，等等。

二、研究现状

在对宋代女性史的学习与研究过程中，《中国妇女生活史》①、《中国历代妇女生活掠影》②、《中国妇女生活史话》③ 与《中国古代妇女生活》④ 等通史性论著是国内较早的综合性理论研究论著。

针对宋代女性的财产权问题较早的研究成果有很多。比如，袁俐将宋代女性财产权分为女儿、妻子两大类，认为在家中没有男性继承人的情况下，家产按照“户绝”标准处分，可以由未婚的在室女继承全部家产，归宗女的继承权基本等同于在室女，到南宋时期继承数额有所削减。即使是出嫁女，也可以在娘家后继无人的情况

---

① 陈东原：《中国妇女生活史》，上海：商务印书馆，1928 年。
② 赵东玉、李健胜：《中国历代妇女生活掠影》，沈阳：沈阳出版社，2003 年。
③ 郭立诚：《中国妇女生活史话》，天津：百花文艺出版社，2005 年。
④ 高世瑜：《中国古代妇女生活》，北京：商务印书馆，1996 年。

下继承三分之一家产。[①] 已婚女性的妆奁权也颇受关注。朱瑞熙最早提出“妆奁田”问题。[②] 徐规认为女性的妆奁只有得到丈夫的许可后才能使用。[③] 邢铁认为，在大多数情况下，奁田是归丈夫所有的，女性只在少数场合尤其是在丈夫去世之后，才能享有支配权。[④] 高楠对宋代已婚女性家庭生活中的奁产纠纷进行详细的分析，认为女性拥有实际性的奁产支配权。[⑤] 史凤仪认为，虽然儿子是家庭财产的合法民事继承人，但在父亲早亡的家庭中，母亲通常掌握对家产的实际处分权。[⑥]

关于宋代女性的生计问题，全汉昇在 20 世纪 30 年代就开始探讨宋代女性的生计与职业问题，他认为宋代女性广泛地参与了社会经济活动，其中涉及农业、手工业、商业等多个领域，并对其维持生活的方式做出了细致深入的考察。[⑦] 刘筱红指出女性的纺织行为对于家庭以及国家都有重要的经济意义。还有部分女性进行田产经营，这些女性虽然拥有财产权，但无法忽视的是她们也要承受国家的经济剥削。[⑧]

在宋代，无论是平民阶层还是士人阶层家庭中的女性在经济生活中都离不开家务劳动与对家庭经济的经营。邓小南认为在中国传统社会模式下，男性虽然处于家庭中的核心地位，但是很多家庭

---

① 袁俐：《宋代女性财产权论述》，《宋史研究集刊》，浙江省社联《探索》杂志增刊 1988 年。

② 朱瑞熙：《宋代社会研究》，郑州：中州书画社，1983 年。

③ 徐规：《宋代妇女的地位》，《仰素集》，杭州：杭州大学出版社，1999 年。

④ 邢铁：《宋代的奁田和墓田》，《中国社会经济史研究》1993 年第 4 期。

⑤ 高楠：《宋代家庭中的奁产纠纷——以已婚女为例》，《中国社会经济史研究》2004 年第 3 期。

⑥ 史凤仪：《中国古代的家族与身份》，北京：社会科学文献出版社，1999 年。

⑦ 全汉昇：《宋代女子职业与生计》，《食货》1935 年第 1 卷第 9 期。

⑧ 刘筱红：《中国古代妇女的经济地位》，《中国史研究》1995 年第 4 期。

(族）内部的实际事务却是由女性来掌控的。[①] 宋代苏州士人家族中的女性有很大一部分都管理着家族的产业，并成为家族事务正常运转和提高家族声望所倚重的对象，并非只是男性的附属。但邓先生的论述只侧重于苏州一个地区的典型研究，并非对整个宋代社会的全面考察，所以在这一点上还有拓展研究的空间。

戚良艳认为在宋代女性可以通过奁产和继承的方式来获得私财，并拥有支配权。通过这种对财产的管理权，女性在家庭中具有一定的发言权。但对于女性的这种经济权利，宋代士大夫的态度比较矛盾，他们既需要女性的协助，在主观上又不希望给予女性太多的管理空间。在这种状态下的宋代士族家庭中的女性，经济管理权虽然会受到限制，但她们仍是家庭经济的实际管理者。[②] 臧健以《郑氏规范》为主，对宋元时期家庭经济进行考察后得出结论：该时期女性虽然是家庭经济的重要参与者，但她们并不能拥有对家庭经济的管理权。[③] 王翠改通过对唐宋时期女性的女儿、媳妇、母亲/婆婆三种不同家庭角色经济地位的考察认为，经济地位不能绝对地与政治地位、社会地位相对应，女性在家庭经济中的地位在两宋之间无明显变化。[④]

张邦炜认为，宋代女性在社会经济发展中作出了重要的历史贡献。[⑤] 郑必俊认为，宋代女性能够在社会环境影响下主动参与社会娱乐活动与社交，并在社会各个行业的生产劳动与经营中体现她们自

---

① 邓小南：《宋代士人家族中的妇女——以苏州为例》，袁行霈主编：《国学：多学科的视角》，北京：北京大学出版社，2007 年。

② 戚良艳：《宋代士人妇女在家庭经济运营中的作用》，上海师范大学 2006 年硕士学位论文。

③ 臧健：《对宋元家族制度、家法与女性的考察》，《山西师范大学学报》2000 年第 2 期。

④ 王翠改：《唐宋时期妇女的家庭经济地位》，河北师范大学 2002 年硕士学位论文。

⑤ 张邦炜：《两宋妇女的历史贡献》，《社会科学研究》1997 年第 6 期。

身的才能。[①] 宋东侠认为，宋代女性“相对较多”地参与到社会经济生产劳动中，甚至在一些偏远地区女性成为家庭经济的主要承担者。[②] 吴旭霞与宋东侠有相似的观点，认为宋代女性涉及各种行业，承认了其社会经济活动的活跃性，甚至认为她们不再甘于“仅为男人的附庸品”。[③] 郭丽冰则以《夷坚志》中的宋代女性形象为主要考察对象，认为她们能够主动地参与到社会生产、经营的多领域中，相比明清时期，女性的生存和发展空间要自由得多。[④] 张伟然针对唐宋时期峡江地区女性的特殊社会经济活动与其经济地位进行了详细的论述，认为商业在峡江地区的经济结构中占有重要比重，女性也成为当地商业行为中的积极参与者。[⑤] 这样的观点稍显有些拔高宋代女性，过分强调了女性的社会经济地位。

张金花以对某一职业女性的深入考察为视角，利用宋代文集、笔记、小说等材料分析了女性经商的类型，如旅店、杂货店等，以及其经商的主要特征，如遭受歧视、经营范围、规模、地域的特点和局限性等。这些都与宋代繁荣的商品经济密不可分，也是其必然表现。张金花还在其著作中，充分利用宋诗，分析了宋代女商人的经营类别等女性所涉及的商业问题。[⑥]

宋代女性，尤其是社会中上层女性，如尚有一定的经济余力，一般会选择宗教活动、社会救济与公益事业等形式参与到宗族事业

---

① 郑必俊：《论两宋妇女在经济文化方面的贡献》，《北京大学百年国学文萃・史学卷》，北京：北京大学出版社，1998 年。

② 宋东侠：《浅议宋代妇女在社会生产中的作用》，《青海社会科学》2000 年第 6 期。

③ 吴旭霞：《浅谈宋代妇女的就业》，《学术研究》1997 年第 10 期。

④ 郭丽冰：《〈夷坚志〉中的劳动女性》，《广东农工商职业技术学院学报》2003 年第 5 期。

⑤ 张伟然：《唐宋时期峡江女性的形象及日常生活》，《中国文化研究》1998 年夏之卷。

⑥ 张金花：《宋代女性经商探析》，《中国史研究》2006 年第 4 期；《宋诗与宋代商业》，石家庄：河北教育出版社，2006 年。

乃至地方社会活动中。对此问题，张文在研究中取得卓著成绩，对宋代民间慈善活动进行了详细的论述。[①]

方燕专门从家庭和社会方面分析了女巫这一类“借鬼神而求食”的特殊女性群体。[②] 秦玉琴探讨了宋代女性的佛教“空门生活”状态。[③] 贾二强《唐宋民间信仰》[④]、杨倩描《南宋宗教史》[⑤] 二书，虽然大部分内容是从宏观方面对宋代社会宗教情况的整体性分析，但其中也有一定的篇幅针对女性的宗教信仰情况进行了阐述。

对宋代的女性史研究，游惠远侧重于宋代平民阶层女性社会生活中的婚姻关系、财产权利、家庭地位等方面。[⑥] 陶晋生则对士族家庭进行了分析，认为女性不仅在家族中掌管家政财务、处理财产，还投身于慈善事业，对地方建设等方面作出贡献。[⑦] 这两位研究者都以一个阶层为视角，并未对整体社会群体进行深入探讨。李淑媛以“同居共财”制为核心，探讨唐宋家庭财产制度的形态，偏重探讨法定诸子均分制的起源问题。其中对宋代女性的继承权和经济权利，有较为详细的论述。[⑧] 李玉珍、林美玖充分利用西方社会性别理论对女性宗教问题进行了探讨。[⑨] 柳立言对“在室女得男之半”进行了透彻的分析，指出其分配原则有“聘财法”与“男二女一法”两种

---

① 张文：《民间慈善：妇女参与社会活动的有效途径——立足于宋朝的考察》，《西南师范大学学报》2005 年第 5 期。

② 方燕：《女巫与宋代社会》，《四川师范大学学报》2006 年第 3 期。

③ 秦玉琴：《宋代女性的佛教“空门生活”探微》，华中师范大学 2007 年硕士学位论文。

④ 贾二强：《唐宋民间信仰》，福州：福建人民出版社，2002 年。

⑤ 杨倩描：《南宋宗教史》，北京：人民出版社，2008 年。

⑥ 游惠远：《宋代民妇的角色与地位》，台北：新文丰出版公司，1998 年。

⑦ 陶晋生：《北宋士族家庭 · 婚姻 · 生活》，台北：“中央研究院”历史语言研究所，2001 年。

⑧ 李淑媛：《争财竞产：唐宋的家产与法律》，北京：北京大学出版社，2007 年。

⑨ 李玉珍、林美玖：《妇女与宗教》，台北：里仁书局，2004 年。

情形，以女性分产前是否已得到聘财或嫁妆为依据，在不同情形下女性所得财产份额不同。[①] 刘静贞从宏观上对宋人的宗教信仰进行了论述，其中对与女性相关的问题也进行了较为详细的探讨。[②]

美国汉学家伊佩霞以新的研究方法对宋代女性的社会生活状况进行了探讨，认为宋代家庭实际上是一个“女性自主”的空间，通常由女性掌管家庭经济事务。[③] 鲍家麟、吕慧慈[④]和白凯[⑤]分别从不同的角度分析了宋代女性在家庭“户绝”情况下的家产继承机会，对已婚、离婚女性和再嫁女性的财产权利进行了探讨。

综观国内外研究成果，部分学者较为关注宋代女性的财产权问题，还有部分学者主要论及女性的家庭地位与社会地位的高低。对于宋代女性如何管理和经营这些财产，在家庭和社会中处于何种角色等问题较少涉及。

三、史料来源

在宋代女性史研究中，史料的局限性是很大的一个问题，因为在以男性为主导的传统社会中，对女性生活状况的记载相对较少，除了少数女性事迹能够在墓志铭和其他文学作品中流传之外，大多数平民百姓家庭中的女性很少被记载。另外，现存的女性史料分布

---

① 柳立言：《宋代分产法“在室女得男之半”新探》，《宋代的家庭和法律（社会·经济·观念史丛书）》，上海：上海古籍出版社，2008 年 7 月。

② 刘静贞：《由果报观念看宋人的家庭伦理关系》，《史源》1981 年第 11 期。

③ ［美］伊佩霞著，胡志宏译：《内闱——宋代的婚姻和妇女生活》，南京：江苏人民出版社，2010 年。

④ ［美］鲍家麟、吕慧慈：《妇人之仁与外事——宋代妇女和社会公共事业》，邓小南主编：《唐宋女性与社会》，上海：上海辞书出版社，2003 年。

⑤ ［美］白凯著，刘昶译：《中国的妇女与财产：960—1949 年》，上海：上海书店出版社，2003 年。

零散，收集工作相对来说量大而繁重，还有一些史料的真伪性需要加以甄别，因而，本书通过钩沉宋代女性史料，力图以女性视角和跨学科的研究方法对女性家庭和社会角色进行诠释并对女性经济生活进行一定程度的补写。本书采用的史料主要来自正史、方志、文集、判词、小说、文人笔记、墓志，甚至是绘画作品、出土实物等。

宋代学风相对务实，即使是创作过程中添加了虚构的成分，也并非完全背离纪实的写作手法，相对来说，宋代文人笔记小说的史料价值还是比较高的，因此对其中有效信息进行整理，是本书史料的重要来源之一。

宋代墓志铭中不乏对女性生前行为的记叙，虽然墓志铭多为社会上层之家所为，并且其内容主要是赞美墓主德行，可能存在一些溢美之词，而且具有一定的阶层性限制，但也是对当时社会现实、风气以及对女性看法、观念的反映。墓志铭的作者一般为男性，也是我们透过男性视角研究女性史的重要方法之一。

宋传奇中也有很多贴近平民阶层，具有一定的社会代表性的作品。这类作品中的女性文学形象身上，既反映了读者（在一定意义上来说代表社会）诉求，又具有一定女性自身欲望的表达意义。

对于社会下层女性的研究，大部分史料只能来源于文人记录下的只言片语，其中或多或少地会掺杂作者个人主观性的评判，但是如果能从中挖掘出有效信息，再配合书画、出土文物、石刻等资料，应该能够真实地还原宋代女性生活的本来面貌。

四、本书的研究旨趣

人类的社会分工，不仅是农业、牧业、手工业和商业等行业的区分，男女生产角色的区别也是人类社会最早的社会性别分工。美国学者罗伯特·F. 莫菲说：“许多明显的生理原因使两性的角色有很大区别。首要的差别是一个简单的事实，即只有女人才能生育和哺育子女，部分地解释了为什么在原始社会里女人的工作地点往往距住处很近，并且由女人来照顾家庭事务和社火。妇女不间断地生育和哺育子女都是将妇女限制在家庭中的原因。无论何种原因，妇女的工作总是在住处附近进行的。在狩猎和采集社会中，妇女也总是在房前屋后的院子里干活，而男人们多是外出打猎、捕鱼或打仗。"① 在传统的人类社会中，婚姻是带有一定的"经济互助"功能的，男性与女性成为在劳动中互为补充的两种角色。男性与女性的生理特征决定了男女在社会分工中从事不同的劳动，男性主要承担着打猎、畜牧、伐木、采矿、金属冶炼和加工、犁耕农业等工作，而女性更偏重于负责采集食品、产品加工、汲水、炊事、缝纫、制陶、园圃等劳动。② 这种归纳，反映出男、女两性所从事的主要劳动，由于经济生产方式的差异在不同方面各有侧重。

唐宋之际是中国古代社会的转型期。宋代社会在仍然以自然经济为主体的前提下，农业生产率的提高和农业分工的细化，促进社会资源的增加和劳动力资源分化，推动了手工业和商业的发展，从而促进了商品经济的繁荣。宋代商品经济从城市到乡村的广泛深入把各类产品卷入市场，而市场经济的竞争法则又导致全社会分工的进一步细化和劳动生产率的进一步提高。换言之，生产力的发展冲击着生产方式，生产方式中最活跃的要素——劳动者也必然会随之产生深刻的影响。对于宋代女性而言，在日益深入的商品经济和社会发展的双重要求下，她们不仅要从事家务劳动，还要参与社会经济活动，投入到市场经济的浪潮之中，成为一支新型的劳动队伍。

---

① ［美］罗伯特·F. 莫菲著，吴敏译：《文化和社会人类学》，北京：中国文联出版公司，1998 年，第 51 页。

② 童恩正：《文化人类学》，上海：上海人民出版社，1989 年，第 139 页。

尤其是城市中下层且家庭规模又较小的平民家庭，与社会中上层的富裕之家相比，他们既不需要女性做贞洁烈女来标榜自己的节操，也不需要对女性才能进行压制。这部分平民阶层的女性成为城市和商业经济发展中重要的劳动力和人力资源，是家庭经济发展的需要将她们推向社会，在闺门“内”与“外”都活跃着她们的身影。

如刘静贞所言：“就妇女史的研究而言，要考究历史和过去的关系，这其实是一个不得不有的起点。因为我们所能得到的资料往往是男性知识人书写的文辞字句，而且是一种非以女性为其论述主轴的情况下，所出示的只字片语，而且十分地零散隐微。要想由此贴近女性真实生活的身影与心绪，势不能不先厘清资料提供者有意识或无意识带入的自身价值观念。”① 应该说，了解宋代女性真实的生活状态，有利于解读现今的女性。而女性的经济状况也是影响她们社会生活的关键，是不能回避、需要重点关注的问题，值得更广泛、更深入地探讨。

① 刘静贞：《历史记述与历史论述——前后汉书中的王昭君故事辨析》，邓小南等主编：《中国妇女史读本》，北京：北京大学出版社，2011 年，第 51—52 页。

上　篇

宋代女性的家庭活动与角色

第一章　女性对家庭生活的操持与管理

第一节　宋代女性的家庭生活

男耕女织是中国传统农业社会中的性别分工模式，汉族社会中“男主外，女主内”的性别空间分配格局和男女分工的基本原则。《周易》有云：“女正位于内，男正位乎外；男女正，天地之大义也。”《礼记·内则》规定：“男不言内，女不言外。”《白虎通·丧服》称：“妇人无外事。”《周易》中所说“无攸遂，在中馈”，其意正是女人在家中不失职，在于主持料理饮食之事。经典著作所说表明家庭是古代女性最主要的生活领域与活动场所。女性不应该外出，也不应该议论、参与外事，是古人的普遍态度。在家国同构的社会里，女性一生为家庭忙忙碌碌，承担着为人女、为人妻、为人母三种重要角色。她们的职责也应该是以主持家务、料理酒食和制作女红等内容为主的。在宋朝，市民阶层的女性虽参与外事，但家庭生活仍旧是其生活中最重要的一部分内容。

一、女性在家庭经济中的劳作与管理

（一）亲自参与家务劳动

家庭的首要职能是满足人们最基本的生活需要。家务劳动是家庭生活得以继续而必须从事的活动。家务劳动有广义和狭义之分。广义的家务劳动是指处理家庭一切事务所进行的劳动。狭义的家务

劳动是指为自己及家庭成员直接服务所进行的家务劳动。狭义的家务劳动又可以分为两部分，一部分为必要家务劳动，另一部分则为非必要家务劳动。其中必要家务劳动是指为了维持自己和家庭成员正常的生活和工作所必需进行的那部分家务劳动，比如整理房间、做饭、洗衣等一切为了维持生存需要的，与吃、穿、住、用密切相关的事宜。而非必要的家务劳动即指那些在满足基本生活需求的基础上发展起来的家务事务，比如养花种草、美化住宅环境等一些活动，这部分家务劳动虽说不必要，但并不代表不重要，它对提高生活品位和质量、修身养性起着良好的作用。① 由于家庭条件、社会背景等的不同，宋代女性所从事的家务劳动内容也有所不同。

在中国古代社会中，女性的纺织劳动起着非常重要的作用，正如古语所说“一夫不耕或受之饥，一女不织或受之寒”②。在家庭经济中，纺织不仅可以为家庭成员提供衣物，剩余产品还具有商品性，可满足家庭生活的其他需要。在士大夫家庭中，是否为“读书人”，是男性社会地位高下的主要评价标准之一。因此，脱离体力劳动的潜心攻读成了必然。社会对于女性的要求则不同，纺织是她们从小接受的教育中“妇德”的一部分，能否掌握这项技能几乎成为评判女性合格与否的标准条件之一。不仅如此，从家庭角度来讲，保证家人吃饱穿暖是主妇的生活内容之一，而纺织则是承载着“穿暖”这一使命的。

有屋可居，衣暖食饱，是最起码的家庭生活条件，也是家庭建立之初首先要解决的问题。对于一个家庭来说纺织起着不可或缺的作用。绝大部分的女性接受上述观念，认为应该把纺织女红当成是

---

① 秦均平：《变迁与冲突——中国人的性别角色》，银川：宁夏人民出版社，2001 年，第 71—79 页。

② （宋）李觏：《李觏集》卷十六《富国策》，北京：中华书局，1981 年，第 139 页。

终身的“事业”。有些女性在这方面甚至具有很高的技能。如杨希元妻张氏，“秀美惠和，治女工精工绝人，内外宗族无与比”。[①] 在中国古代，纺织很早就受到重视，“执麻枲，治丝茧，织纴组紃，学女事以共衣服”。[②] 宋代家庭依然如此，如《警世恒言》中的《卖油郎独占花魁》就提到一个出身商人家庭小名叫瑶琴的女子，“到十二岁，琴棋书画，无所不通。若题起女工一事，飞针走线，出人意表”。[③] 还有许多家庭中的女性把纺织业看成是女子的一项基本技能，是一项日常活动。如苏邴的母亲，“平生尤勤妇职，蚕缫织纴，虽老不懈”，她的儿子劝阻她停止纺织活动，她却说：“此吾职也，不蚕而衣，孰不愧于心乎？”[④] 朱氏夫人，年届八十仍不废女功，子孙相劝，朱氏说：“为妇而执女功，乃其常也。”[⑤] 同一时期还有一位筴夫人，“晚岁亦裕如也，而夫人服纫补，敦俭朴，绩麻不释手。子孙劝以毋自劳，夫人曰：‘此妇事也，不然，何所用心？’”[⑥] 高孝宗时金华戚如圭的母亲周氏，“蚕事起，自课甚苦。诸子晨省，夫人已仆仆筥箔间，夜分诵习，怠且寝，壁后络织犹未绝也。丝入有经，口众不足于衣，则又缕絮缉絁，以佐其阙。天暑，汗浃背不休，诸子更劝夫人少纾其勤，夫人曰：‘吾职也，吾敢废职而嬉？’下至麻枲蔬茹，料理靡密，老农圃者不能加资”。[⑦] 赠朝散大夫廖竦的妻子萧

① （宋）张耒：《张耒集》卷六十《张夫人墓志铭》，北京：中华书局，1990 年，第 889 页。

② 《礼记》卷五《内则第十二》，上海：上海古籍出版社，1987 年，第 151 页。

③ （明）冯梦龙：《警世恒言》卷三《卖油郎独占花魁》，北京：人民文学出版社，1956 年，第 157 页。

④ （宋）谢逸：《溪堂集》卷九《甘夫人墓志铭》，影印文渊阁《四库全书》本。

⑤ （宋）杨时：《龟山集》卷三十《杨母朱氏墓志》，影印文渊阁《四库全书》本。

⑥ （宋）胡寅：《斐然集》卷二十六《筴氏墓志铭》，北京：中华书局，1993 年，第 582 页。

⑦ （宋）吕祖谦：《东莱集》卷十一《金华戚如圭母周氏墓志铭》，影印文渊阁《四库全书》本。

氏“纺织之事，每亲之不倦，有止之者，则曰：‘此妇事也，弗胜无可奈何，幸能之，焉用废！’”① 南宋末年，舒岳祥的妻子王氏“勤俭自饬，一衣十年，浣濯纫缉，至老不废女工”。② 叶适的母亲杜夫人，“无生事可治，然犹营理其微细者，至乃拾滞麻遗纻缉之，仅成端匹。人或笑夫人之如此，夫人曰：‘此吾职也，不可废，其所不得为者，命也。’”③ 可见在这些女性的意识里，纺织是“妇职”的体现，也是生活中不可缺少的部分。

一些富裕之家的女性，仍绩织不辍，这不仅是勤俭的象征，也充满敦养家风的意义。神、哲宗时，刘弇的母亲周夫人年事已高，仍“躬执饪，服絺纻，绩纺以先妇。子有止之者，夫人曰：‘是常生之道，在我者也，不可一日废，古之圣智所以齐天下之家，惟此而已，至于食功于上则天也。吾老矣，正欲以此治汝曹，奈何忽之？’”④ 又如左朝奉郎江惇禔的妻子，“性俭素，不随俗为姱华涂泽，笄珥、襦襡，无采翠襐饰，一敝衣，虽屡纫濯，犹服之不弃。蚕织每身其劳，子或谏止，则曰：‘是固妇人事，非利之也。尔儒家子，耕稼勤艰，懵不及知，我自力为此，聊亦警而辈耳。’因命冢妇稚妇：‘汝有妇职，其可一日不虔！’”⑤ 这种富足家庭的女性纺织行为中勤劳俭朴的道德教育意义要远胜于其纺织品的经济意义。

对于平民百姓人家来说，从事诸多与纺织相关的劳动，则多是

① （宋）廖刚：《高峰文集》卷十一《太宜人萧氏墓志铭》，影印文渊阁《四库全书》本。

② （宋）舒岳祥：《阆风集》卷十二《故孺人王氏墓志铭》，北京：文物出版社，1982年，第143页。

③ （宋）叶适：《叶适集·水心文集》卷二十五《母杜氏墓志》，北京：中华书局，1981年，第8页。

④ （宋）刘弇：《龙云集》附录《周夫人墓志铭》，影印文渊阁《四库全书》本。

⑤ （宋）范浚：《香溪集》卷二十二《安人胡氏墓志铭》，《丛书集成初编》第1995册，北京：中华书局，1985年，第207页。

出于经济性的目的。她们不仅是简单地纺纱织布，还要在家庭经济劳作中承担起种桑、采桑、养蚕等多项劳动。由于频繁的战争，宋朝政府与周边少数民族国家签订了诸多和约，在这些和约中，很重要的一项便是“纳绢”。为了满足需求，各地官府定期向平民征收绢帛。宋代社会甚至出现了“家家养子学耕织，输与官府事夷狄”①的现象。由于生计的需求和官府的盘剥，为了纳绢缴税、温饱糊口，平民家庭中的女性便自然而然地肩负起了家庭纺织的重担。宋代诗词中就有不少是描写女性在面对官府的盘剥时纺织的景象的，如《耕织叹》：“雪团落架抽茧丝，小姑缲车妇织机。全家勤劳各有望，翁媪处分将裁衣。”②

类似《耕织叹》中描写的这种全家女性总动员，参与家庭纺织劳作的情形并不是特例。《郑氏规范》中也有组织家庭中的女性成员进行纺织生产的记载：“诸妇工作，当聚一处，机杼纺织，各尽所长。非但别其勤惰，且革其私。”“每岁畜蚕，主母分给蚕种与诸妇，使之在房畜饲。……所得之蚕茧，当聚一处抽缲，更预先抄写各房所畜多寡之数，照什一之法赏之。……或有故意制造不佳及不登数者，则准给本房，甚者住其衣资不给。”“诸妇每岁公堂于九月俵散木绵，使成布匹，限以次年八月交收，通买钱物，以给一岁衣资之用。”③ 生活在这种大家庭中的女性纺织已有相当规模，既有组织，又有考勤，其产品还可作为商品交换。可见这种家庭性女性纺织生产活动，对于生产环节中的安排也是井井有条。还有一种情况，是当遭遇战乱、丈夫远游或是家庭经济出现困境时，很多女性会选择

---

① （宋）王安石：《王文公文集》卷五十一《河北民》，上海：上海人民出版社，1974年，第579页。

② （宋）赵汝燧：《野谷诗稿》卷一《耕织叹》，影印文渊阁《四库全书》本。

③ （元）郑太和：《郑氏规范》，《丛书集成初编》第975册，第17页。

以纺织作为生产方式，帮助家庭摆脱困难。

曾有学者认为，宋代女性特别是富裕家庭中的女性的纺织行为可以被视作一种打发时间的娱乐方式，其纺织制成品也只仅供欣赏和摆设，完全不具有经济性质。但从上述讨论可以看出，无论处于何种家庭环境中的女性，她们的经济性纺织行为都是家庭经济中重要的一个环节。即使是在富足家庭中，女性的纺织劳动成果，也可能会成为商品，在维持家庭经济中起到不容忽视的作用。如南宋中期，庄氏妇王氏夫人“惧身没之后，坟墓不保，乃倾平生蚕缲纺织之赢，建庵以居守者，又买田六十亩以赡之”。① 可见其纺织所得已相当丰厚，足以建造家庙。

特别是对于平民家庭中的女性来说，要承担的与纺织相关的劳作相对更加繁重。不仅有前文所述采桑养蚕，还要缲丝、纺丝、织布、染布，这都是相当辛劳与烦琐的工作。虽然辛勤劳作，但这些制成品的最终流向却是国家和社会。“昨日入城市，归来泪满巾。遍身罗绮者，不是养蚕人。”② 这首诗里描写的就是一个以养蚕卖丝为生的劳动女性，整日辛苦劳作，却不能够享受自己的劳动成果。对于普通人家的百姓来说，家庭纺织制成品中的丝绸几乎不可能成为家中衣料的主要消费品。在宋代，人们的衣着主要是粗布，也就是说，女性除了要交绢纳税进行丝织品的纺织外，还要为家人的“穿暖”而进行粗布纺织。粗布多由麻制作而成，绩麻便是其中的一项劳动环节，“昼出耘田夜绩麻，村庄儿女各当家”③ 就说到了女性除

① （宋）刘宰：《漫塘集》卷二十三《庄氏赡坟田记》，影印文渊阁《四库全书》本。

② 北京大学古典文献研究所编：《全宋诗》卷三百八十三《蚕妇》，北京：北京大学出版社，1991 年，第 4714 页。

③ （宋）范成大：《石湖诗集·右晚春田园杂兴十二绝》，《丛书集成初编》第 2256 册，第 11 页。

了白天要下地，晚上还要从事绩麻劳作。

纺织工作完成后，做衣服是宋代平民女性日常生活中的一项重要的家务劳动。谢幼睿在《缝衣诗》中描写了一位女性为丈夫裁制新衣的场景："懒向妆台理晓妆，为郎独自制衣裳。金针入处心俱痛，素线穿时恨共长。霜户敢辞纤手冷，芸窗思贴弱肌香。缝成不怪无鸿雁，赢得宵来履妾床。"① 王镃的《裁衣曲》也提到了类似的女性形象："烧罢心香午夜阑，玉纤轻捻剪刀寒。衣成恐不如郎意，独试灯前照影看。"② 描写了一位女子为丈夫裁新衣，又怕裁不好的纠结心态。

宋代平民阶层的女性除了纺织活动外，炊爨、洒扫也是要进行的家务劳动。《说文解字》中说："妇，服也，从女持帚，洒扫也。"在"男耕女织"自然分工模式的影响下，女性从事的家务劳作主要集中在与吃穿相关的炊爨、纺织、洒扫等方面。"专心纺织，不好戏笑；洁齐酒食，以奉宾客"③，正说明了平民阶层的女性所进行的家务劳作主要表现在这些方面。《女论语》中曰："一日之计，惟在于寅。奉箕拥帚，洒扫秽尘。"④ 可见在宋人心中，炊爨、洒扫是女性家务劳动的必修课和妇德的要求之一。如华岳《田家十绝》写道："鸡唱三声天欲明，安排饭碗与茶瓶。良人犹怒催耕早，自扯蓬窗看晓星。""拂晓呼儿去采樵，祝妻早办午炊烧。日斜枵腹归

① （清）钱德苍辑：《解人颐》，《蕙思集》之《谢幼睿缝衣诗》，海口：三环出版社，1992 年，第 88 页。

② （清）厉鹗：《宋诗纪事》卷八十《裁衣曲》，上海：上海古籍出版社，1983 年，第 1936 页。

③ （汉）班昭：《女诫・妇姓篇》，（明）陶宗仪等编：《说郛三种》，上海：上海古籍出版社，1988 年，第 3296 页。

④ （唐）宋若莘、宋若昭：《女论语・营家章》，（明）陶宗仪等编：《说郛三种》，第 3293 页。

家看，尚有生枝炙未焦。”① 为家人准备早餐是女性一天工作的开始，天未亮，主妇就要早早为将要下田的丈夫准备早餐，还要为家人准备一天的饭食。舒岳祥在《十妇词》中写道：“溪头汲水妇，力小憩中途。奉佛澄斋钵，供姑洁饭盂。煮蔬甘胜肉，洗布白于酥。酿黍修时祀，家篘不用沽。”② 刻画了一位勤于家务劳动的女性形象。不仅是平民家庭中的女性需要进行这些劳动，即使是婢仆众多的大户人家，也有女性坚持亲自从事家务劳动。如宛陵梅圣俞的妻子谢氏“治其家，有常法。其饮食器皿虽不及丰侈，而必精以旨；其衣无故新，而浣濯缝纫必洁以完；所至官舍虽卑陋，而庭宇洒扫必肃以严”。③

在宋代家庭中，烹饪与纺织一样，是女性应当承担的家务劳动之一，而且也是用来评判主妇是否称职的标准。《郑氏规范》载：“诸妇主馈，十日一轮。年至六十者免之。新娶之妇，与假三月，三月之外，即当主馈。”④ 可见，在同财共居的大家庭，女性往往轮流掌厨。徐氏夫人“纫缝烹饪必以身，早暮寒暑饮食必以时”⑤。叶适的岳母翁氏夫人“智能通南北之俗，自文绣工巧，下至炊爨烦辱，皆身亲之”。⑥ 杨万里的夫人罗氏，年七十余，“每寒月黎明即起，诣厨躬作粥一釜，遍享奴婢……夫人尝于郡圃种纻，躬纺缉以为衣……”⑦寿安县太君王氏亲为染疫之家婢煮药致食膳，“左右争劝

① 北京大学古典文献研究所编：《全宋诗》卷二千八百八十二《田家十绝》，第 34421 页。

② 北京大学古典文献研究所编：《全宋诗》卷三千四百三十七《十妇词》，第 40929 页。

③ （宋）欧阳修：《欧阳修全集 · 居士集》卷三十六《南阳县君谢氏墓志铭》，北京：中华书局，2001 年，第 529 页。

④ （元）郑太和：《郑氏规范》，《丛书集成初编》第 975 册，第 16 页。

⑤ （宋）欧阳修：《欧阳修全集 · 居士集》卷三十六《万寿县君徐氏墓志铭》，第 531 页。

⑥ （宋）叶适：《叶适集 · 水心文集》卷十四《高夫人墓志铭》，弟 250 页。

⑦ （宋）罗大经：《鹤林玉露》丙编卷五《诚斋夫人》，北京：中华书局，1983 年，第 308 页。

止之，则曰：‘平居用其力，至病则不省视，后当谁使者。’”[①] 还有周氏夫人“贤妇人也……岁时节腊，于烹饪涤濯，必躬必亲”。[②]

除上述这些家务劳动外，平民家庭中的女性还要承担一些牲畜饲养、汲水、打柴等体力活。比如南宋话本《拗相公》里面描述了女性养猪养鸡的情景：“将次天明，老妪起身，蓬着头同一赤脚蠢婢，赶二猪出门外。婢携糠秕，老妪取水，用木杓搅于木盆之中，口中呼：‘啰，啰，啰，拗相公来。’二猪闻呼，就盆吃食。婢又呼鸡：‘朔，朔，朔，王安石来！’群鸡俱至。”[③]

汲水也是宋代平民女性家庭劳作的一部分。除前文诗词中提到的汲水妇，《夷坚志》中也有类似的女性形象的记载：“成都孔目吏王生，住大安门外。每五鼓趋府，必诵大随求咒一通，将及门，率值妇人行汲，如是久之。”[④]《夷坚志》又载：“宁越灵山县外，六山相连，故名曰石六山……尝晓起盥栉，俄一女子至，荷�筒候门，徘徊羞怯，将汲井。”[⑤] 生活在荆州南路的女性，所承担的劳动强度更大，她们“皆习男事，采薪负重，往往力胜男子，设或不能，则阴相诋诮”。[⑥] 说明女性有时候还肩负着采薪的任务。

在河南宋墓中出土的反映宋代百姓生活场景的砖雕，其中两块均是以女性从事家务劳动为内容的（图1、2）。《清明上河图》中名为“水上漂泊”（图3）的场景，描述的是女性即使住在船中，漂泊

---

① （宋）范镇：《东斋记事》卷四，北京：中华书局，1980年，第36页。

② （宋）洪迈：《夷坚志》甲志卷十二《向氏家庙》，北京：中华书局，1981年，第107页。

③ 《京本通俗小说·清平山堂话本·大宋宣和遗事》，《拗相公》，长沙：岳麓书社，1993年，第35页。

④ （宋）洪迈：《夷坚志》丙志卷三《王孔目》，第389页。

⑤ （宋）洪迈：《夷坚志》三志壬己卷一《石六山美女》，第1304页。

⑥ （宋）范致明：《岳阳风土记》，朱易安等编：《全宋笔记》第二编（七），郑州：大象出版社，2006年，第88页。

不定，依然要负责家务劳动的图景。

图1　妇女剖鱼砖　　　图2　妇女涤器砖

（1958年发掘于河南偃师县酒流沟水库宋墓，现藏于中国历史博物馆）①

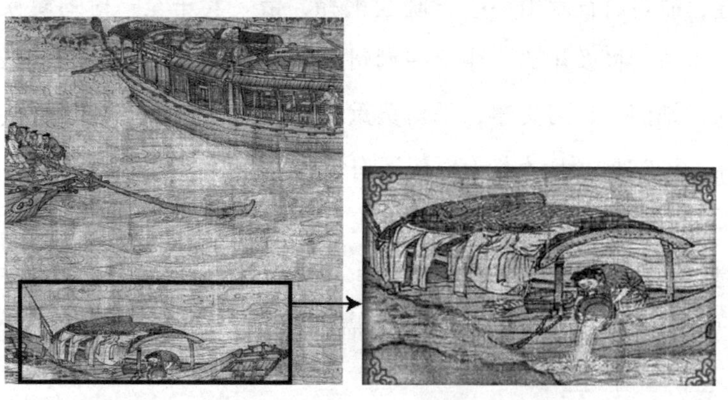

图3　宋绘《清明上河图》（局部）“水上漂泊”（藏于故宫博物院）

按照“男主外，女主内”的传统社会分工模式，纺织、制衣、烹饪、洒扫以及一些力所能及的劳动都是女性的分内之事，即使是

① 邹文主编：《千年传世珍宝鉴赏》土卷，274图，北京：红旗出版社，1999年，第109页。

富人之家的女性，有时也会主动地承担这些家务劳动。对于平民阶层的女性来说，她们的辛劳程度要更深一些。生计是头等大事，为了温饱，一般在完成这些家务劳动之外，她们还要参与到农业、手工业的生产甚至是商业交易活动中。

一般而言，平民阶层的女性“出中门”几乎都存在一个必要条件：家中缺乏“主外”的男人或“主外”的男人无法完全支撑家庭的日常开销，成为家庭经济的支柱。也就是说，她们迈出家门只是一种不得已而为之的谋生手段，就业还没有成为她们的自觉行为。

（二）对家庭经济的管理

关于宋代女性对家庭经济的投资与经营，本书在下篇中将进行详细论述，在此暂不赘言。本节主要对女性对家庭财政的管理行为进行详细探讨。

在宋代家庭中，一般由女性执掌管钥，特别是在同居共财，家境殷实的大家庭中，账簿、仓库、箱柜等钥匙一般都是由家中主妇掌管。《旧唐书·李光进传》记载：“光颜先娶妻，其母委以家事。母卒，光进始娶，光颜使其妻奉管钥、家籍、财物，归于其姒。”[①] 直至明清时期，家庭主妇掌管家中钥匙的传统也依然存在，这一点可从元明清时期的话本小说中得到印证。“管钥”成为女性拥有家庭经济管理权的一种象征。主妇能够掌管家中重要财物的钥匙，表明女性在家庭经济中有一定的发言权、管理权和支配权。

宋代士人讲究“学而优则仕”，且文人游学成风，即使出任官员，也多在异乡。这种状况就造成了家庭中男性家长的“缺席”，女

---

① （后晋）刘昫等：《旧唐书》卷一百六十一《李光进传》，北京：中华书局，1975年，第4217页。

性往往需要代替丈夫承担全部家庭事务的管理，包括照料子孙、管理家庭，甚至对重大事宜的决策等。如仁宗年间，扬州江都县主簿王无咎长年在外游学，妻“曾氏为冢妇，而其姑蚤世，独任家政，能精力，躬劳苦，理细微，随先后缓急为撙节，各有条序。……其舅喜曰：‘吾不以家为恤矣。’其夫叹曰：‘我能一意自肆于官学，不以私累其志，曾氏助我也。’”① 又如沈温卿的妻子吴文刚，“聪悟知书，善区处其家，故君游于外辄数月，门内事悉不一烦君虑。又好宾客，具杯酌，不问有无，吴欣然承之，至躬刀匕弗惮。凡祭祀之常、亲族还往、奴婢耕爨，琐细无乏者”。② 南宋宁宗年间，林璞家中“田不盈一顷，多莱少熟，父母老，逊其业。而林君昼夜诵书攻文，高吟啸，绝不知家事，事一关夫人。夫人能饰无为有，久而若自然，夫之父母安焉”。③ 宁、理宗年间，临安钟子度的妻子吴氏去世后，婆婆对孙子道：“（尔母）既嫁吾家，一手综理家务，以相汝父，汝父得专意问学，所与游皆当世知名士。’”④ 南宋人李某回忆其妻史氏说：“吾游太学，久乃得仕，未尝屑意家事，凡出入有无，丰约之调度，皆吾嫔处之，不以累我。”⑤ 至于苏洵的妻子程氏一手经营家事，令苏洵得以安心游学于外，更为众所称誉。在这样的家庭状况中，男性主动放弃了治家的责任与权力，女性自然而然地成为家庭经济的实际管理者。类似这样的情况还有很多，无论丈夫是否在家，都是将全部的管理权力交予妻子，女性成为实际上的“一

---

① （宋）曾巩：《曾巩集》卷四十六《江都县主簿王君夫人曾氏墓志》，北京：中华书局，1984 年，第 626 页。

② （宋）韩元吉：《南涧甲乙稿》卷二十《沈氏考妣墓志铭》，《丛书集成初编》第 1984 册，第 389 页。

③ （宋）叶适：《叶适集·水心文集》卷二十一《夫人陈氏墓志铭》，第 413 页。

④ （宋）洪咨夔：《平斋文集》卷三十一《吴氏孺人墓志铭》，《四部丛刊续编》本。

⑤ （宋）孙应时：《烛湖集》卷十二《宜人史氏墓志铭》，影印文渊阁《四库全书》本。

家之主”。

在另一类士人家庭中，男主人虽然在家，却无暇或无心管理家政，由主妇承担起治家的重担。特别在高级官僚家庭，成年男性皆浮沉于宦海，根本无暇顾及家庭事务，家庭主妇便成为一家之主。仁宗时的名臣韩琦曾追忆其妻：“治家严明，事无细大，处治条理，皆有法度，闺门之内，犹官府然。故琦略无私室之虑，而得专心公家者，夫人之力也。”① 如韩琦这样，将家事全部托付夫人者，并非个别现象。欧阳修的夫人薛氏出身名门，“高明清正而敏于事，有父母之风。及归于欧阳氏，治其家事”，而“文忠平生不事家产，事决于夫人，率皆有法。从文忠起艰难，历侍从，登二府。既薨，盛衰之变备矣，而其出入丰约，皆有常度”。② 与欧阳修同时代人关鲁，追忆其妻时也有同样的描述：“吾少得尽力于官，而老得自休于家，不以家事累吾志者，以有夫人也。”③ 由此可知，关家之兴起，全仗夫人的经营。仁宗时名臣孙沔“谢事居符离，以真自适，与世淡若无意。家事无大小，决于夫人。公自以不忧，而内外之姻至，所以应之，皆顾礼”。④ 徽宗朝大臣章甫“襟度简远，未尝问生事。然奋羁旅起家，阖门千指，有宅以居，有田以食，夫人之力也。其经理家事，无巨细皆有节法，丰而不侈，俭而不陋，正睦中外，雍如也”。⑤ 南宋初名将刘锜“每奉命专征，不顾其家，内外数百口，合

---

① （宋）韩琦：《安阳集》卷四十六《录夫人崔氏事迹与崔殿丞请为行状》，影印文渊阁《四库全书》本。

② （宋）苏辙：《苏辙集·栾城集》卷二十五《欧阳文忠公夫人薛氏墓志铭》，北京：中华书局，1990 年，第 419 页。

③ （宋）曾巩：《曾巩集》卷四十五《福昌县君傅氏墓志铭》，第 611 页。

④ （宋）陆佃：《陶山集》卷十六《陈留郡夫人边氏墓志铭》，《丛书集成初编》第 1931 册，第 181 页。

⑤ （宋）杨时：《龟山集》卷三十五《章端叔墓志铭》，影印文渊阁《四库全书》本。

屯营部曲室家，无虑数千万，繄夫人（向氏）是赖”。[①] 所谓“事决于夫人”“繄夫人是赖”，就是说这些主妇对全家的大小事务都享有裁决权，当然也包括对家庭财产的分配和使用。这些事例，充分说明了女性在家庭经济中不可或缺的地位，以及世人对女性家庭经营管理权的认可。

还有很多女性对家庭经济进行管理与经营，帮助家庭摆脱了困境甚至创立家业的事例。如高、孝宗年间，国子博士范文叔的父亲“既从官，不复问生理，身后家事益落落”，其母王氏“慨然自力，以济其艰”。[②] 王氏夫人凭借一己之力，帮助家庭渡过难关。同时期的袁燮“先君执大父丧，家务不理，太夫人（袁燮母戴氏）攻苦食淡，斥房奁，营丧葬，偿逋负，买田宅，恭俭恪勤，生理粗立”。[③] 戴氏所为，包括买房置地等经济行为，已超过了对一般家事管理的范围。还有两宋之交陈献臣的妻子时氏夫人“经理产业，不避寒暑，承事（夫）邃于医，务以药石济人，而家事置不问，姑且老，于是喜曰：‘自妇入吾门，吾心泰然矣。’”[④] 陈献臣以医为业，亦以夫人主事。无论是帮助夫族成就事业还是通过经营管理购置田产地业，这些女性凭借自己对家庭经济的用心管理，为家庭经济起到了添柴助力的作用。对于这种执掌家政、维持家庭经济正常运转的女性，宋代士人的态度是大加赞赏的。比如叶适对孟夫人的评价：“讳灵湛，六岁诵《周》《召南》之诗，通其意，识度过人。信安王以恭俭律家，夫人尤勤苦敬顺，事夫训子，率用寒素，精义择语，

---

① （宋）刘一止：《苕溪集》卷五十《宋故魏国太夫人向氏墓志铭》，影印文渊阁《四库全书》本。

② （宋）朱熹：《朱子全书·晦庵先生朱文公文集》卷九十《安人王氏墓表》，第4188页。

③ （宋）袁燮：《絜斋集》卷二十一《太夫人戴氏圹志》，影印文渊阁《四库全书》本。

④ （宋）张守：《毗陵集》卷十四《太孺人时氏墓志铭》，上海：上海古籍出版社，2018年，第188页。

类先生长者之法言；当家事，精密有断，近智士丈夫所为也。”[①]

在宋代，代表家庭经济权力的掌钥行为一般会在嫡妻间传承。如仁宗年间，康氏夫人管理家族库房财产出入，“因敕魏邸管库，悉专之夫人。及其薨，其出纳券籍皆可覆视，其持廉类如此”。[②] 再如神、哲宗年间，宣德郎刘湜的母亲徐氏，“年二十归刘氏，舅姑得之喜，即委以家政。方是时，刘氏累世好施，生事萧然，夫人既专内事，虽细务必亲之，规画处置，悉有法度可守，未几，刘氏复振”。[③] 执掌管钥，也就是保管家庭财产的所有契据，是掌握家中经济大权的象征。仁宗年间，吴郡处士许洸卒，其妻“尽推其畜藏券质，呼诸子而告之曰：‘而翁好学为善，足以遗而曹，此可以为养。吾闭口矣。’或以家事问之，终不一应”。[④] 可见，丈夫在世的时候，家里的契据家财都是由妻子掌管的。一般这些女性在负责家财的时候还会负责检查账簿，审计日常花销。《夷坚志》中就记载了一位夫人死后附身于婢女，仍“明旦区理家事，而检校庄租簿书尤力”[⑤] 的故事。

有的家庭，实行诸妇轮流管理的制度。如成都世家出身的房妙光，嫁入世代官宦人家，为宇文师说的继室。宇文家百口同居，丈夫死后，房夫人带领“诸子留里舍，教愈力，用愈俭，岁入之余，悉储以听，一毫不自私”。房氏丈夫的哥哥“合州晚岁闲适，夫人与其姒分月主家务，或客至纷沓，供酒肴无倦色。伯与姒皆敬叹之。姒既寡居，相好益笃，事无大小，未尝先可否，至不敢

① （宋）叶适：《叶适集·水心文集》卷十三《宋故孟夫人墓志铭》，第233页。
② （宋）郑獬：《郧溪集》卷二十二《霍国夫人康氏墓志铭》，影印文渊阁《四库全书》本。
③ （宋）唐庚：《眉山唐先生文集》卷十五《徐夫人墓志铭》，《四部丛刊三编》本。
④ （宋）沈括：《长兴集》卷二十六《故夏侯夫人墓志铭》，《四部丛刊三编》本。
⑤ （宋）洪迈：《夷坚志》补卷十六《鬼小娘》，第1701页。

专席而坐，若非辈行然。二十年如一日，亲党皆以为不可及”。[①]这种大家庭中妯娌轮流执掌家事的制度，既保证了公平，也均摊了劳动。

掌管家庭财产的女性，不免要处置家庭财产。如徽宗年间，任夫人“持令狐氏（夫家）生计，金钱出入，若有司存，赋田别上下壤，豆钟釜龠，升降取予，无一芒偏重”[②]，可见任夫人对家庭财产有很高的支配权。主妇对家庭经济决策有相当大的发言权，文献中也可见由女性决定买房置地的史料。巩法家因“畏胡南徙”，其子稍长，巩法的妻子“尽卖房中物买小宅，为娶妇立家室”。[③] 这些史料反映了女性在家庭经济决策中的话语权和对家产的管理与支配的权利。

宋代女性在家中对借贷及债务问题的处理也有相当大的发言权，涉及数额也十分惊人。神、哲宗年间，进士李恬的母亲赵氏为族人所尊重，某日“有女俗持里人笄髢中物，珠玑价十万，急贷于夫人，请半价，曰：‘是可乾没。’夫人曰：‘乘人之缓急而利之，则害仁；尊章在堂而私市，则病义。’智及此，又能守之”。[④] 仁宗时期，王夫人“堂无姑，夫人宰家事，内外无不允者”，她的公公对她的家事管理能力表示肯定说：“吾无忧矣。”夫人“宽裕而好礼，简俭而乐施。夫族有负市易钱百万者，夫人为出所有偿之”。[⑤] 两宋之交，强氏的丈夫孙农先，“慷慨有大节，不治防畛，姻旧称贷，一语之投，

---

① （宋）楼钥：《攻媿集》卷一百九《文安郡夫人房氏墓志铭》，上海：商务印书馆，1935 年，第 1543 页。

② （宋）李新：《跨鳌集》卷二十九《任夫人墓志铭》，影印文渊阁《四库全书》本。

③ （宋）叶适：《叶适集·水心文集》卷十四《杨夫人墓表》，第 260 页。

④ （宋）黄庭坚：《黄庭坚全集（辑校编年）》上册，《山谷外集》卷二二《赵夫人墓志铭》，南昌：江西人民出版社，2008 年，第 442 页。

⑤ （宋）张耒：《张耒集》卷六十《王夫人墓志铭》，第 885 页。

辄辇数百缗而去，胸中无疑事，豁如也。盖棺之后，券书满笥，于是一里儒早由八行选，后以伊川先生高弟进于朝，亦负钱三十万，则诒书陈义，镌诮诸子，当焚券以成父之志。夫人曰：‘不取一金之息，不遣一介诣门，淹速惟所命，折券则不可。’饬诸子曰：‘报书云尔。’已而诸犹子自言家有未分之田，计积岁粟麦之直，为钱无虑万缗。夫人惘然，不喻其故。或曰：‘分法过五年，有司不受诉，今隔世矣！复何道?’夫人曰：‘争财与让财孰愈?’尽出帑廪畀之，无秋毫计惜。族姻闻之曰：‘寡妇弱子，一旦丧家资之半，其家破矣。’夫人经理内治，衣粗食粝，勤俭自力。即舍东辟屋数楹，迎师教其子，晨夜课诵，不使嬉宕。而后营伏腊，输赋税，治宾祭，交宗党，应已然待未然，事无剧易皆中节法。积二十年，男授室，女得所归，田园资聚，稍复其故”。[①] 强氏夫人不爱财，虽为女流，却一掷三十万，一言九鼎，可以猜想见其平日气概。上述几则史料中的女性，都可谓经手巨额款项，足见她们在平日里对家庭经济的掌控能力之强。

以祖母的身份来管理家政，对财产的控制权力更大。仁宗年间，一位康氏夫人，子孙出仕者较多，“俸入甚厚，常惧不克，曰：‘此农家几户之赋，而我无功享之，宁不自愧?’故常推其财以赒其亲旧，问疾病则亲为制方药治之，岁市药至十余万钱。有不幸则又为买棺柩衣衾，哀恤之甚厚”。[②] 神宗年间，俞充回忆他的母亲辜氏夫人说：“外家素有产，既绝无后，先妣以法当得之。其后族人有欲分产者，以法不当得。先妣曰：‘吾有子，禄足以为养矣，乃援法而弗

① （宋）孙觌：《鸿庆居士文集》卷四十《宋故孙夫人强氏墓志铭》，影印文渊阁《四库全书》本。

② （宋）郑獬：《郧溪集》卷二十二《霍国夫人康氏墓志铭》，影印文渊阁《四库全书》本。

予之乎？’卒分予之。”① 可见辜氏也是执掌家中资产的角色，有权决定家庭资产的分配。

富裕人家的妾室，有时候也会受丈夫的委托，或者成为正妻的助手管理部分家务。仁宗、神宗年间，傅家纳妾周氏，妾“天性勤俭，不务华饰，奉嫡夫人孙氏，能以礼，不以府君之爱辄懈也。嫡夫人久而爱之，属以内事。康定中，傅氏之族，蕃衍日大，而府君以不足于养为忧，去城之东湖，得童山废田百顷，又得浪港废陂数百亩，府君以千金易之，曰：‘田将种之粳稌，而陂将养之刍苇也。’顾诸子尚幼，又欲令力学以世其家，问谁可主者，意在夫人，而夫人承其意，府君喜曰：‘汝才真可以此付也。’故常往来童山，独为捉其大要，而以其节目任之，凡所以更革而新之者，出于夫人之谋十三四也。居久之，生事就绪，岁有余入，而府君无内顾之忧者，实夫人之助也”。② 有的丈夫于嫡妻去世后，把家政交由最宠爱的妾室掌管。刘克庄回忆说：“或言里中有孤女陈氏，本大族，母微，携以适人，长无所归。先亲魏国为余纳之，事余三十五。警惠而勤力，付之管钥箧笥，谨守强记，无毫发遗忘。余麾节历江东，西以至峤南，先后四立朝，出处必俱。余终日坐书案，治公家事，户内琐碎，家有无，事缓急，计虑酬酢，一出其手，族戚部曲皆称其忠智。”③ 可见这位身份本来低微的女性，在丈夫的授权下，掌握着家庭财务的大权。《默记》中亦有妾室管理家政的史料：刘瑄的生母再嫁给别人做侧室，“其正室已亡，家甚富，而专家事，于资送女甚厚也”。④

---

① （宋）王珪：《华阳集》卷四十《辜氏墓志铭》，《丛书集成初编》第1916册，第565页。

② （宋）陆佃：《陶山集》卷十六《周氏夫人行状》，《丛书集成初编》第1931册，第185页。

③ （宋）刘克庄：《后村先生大全集》卷一百六十一《墓志铭·山甫生母》，成都：四川大学出版社，2008年，第4124页。

④ （宋）王铚：《默记》，北京：中华书局，1981年，第30页。

一些女性出资帮助丈夫经营文化事业。元祐年间，一位姓陈的居士，“少有四方志，已而，所向系轊，辄拂衣还里门，以诗书训诸子，且招善士为之师”，其妻林氏夫人“于时罄奁中物买地筑室佐其事，无一毫顾惜”。[①] 丈夫好著书，妻子则帮助收藏与整理。高、孝宗年间，兵火频仍，“正议（楼元应）好著书，手泽盈箧。兵火仓猝，居士尤以为忧，（楼妻张）夫人捐金募人窖藏，至今得为家宝”。[②]

宋代女性在家庭经济的经营事宜上也有一定的参议权和裁决权。她们中的很多人是家庭经济的实际掌权人，拥有管理和支配家庭财产的权利。有些富裕人家的女性不但组织家中婢仆进行生产，而且在生产过程中还亲力亲为。她们在家庭经济生活中扮演着重要角色。宋代社会富裕家庭中的女性并不完全像人们所想的那样是寄生的享乐阶层，亲自参与劳动者不在少数。

二、女性的相夫教子行为

宋代社会文化气氛浓重，邓广铭先生说：“宋代是我国封建社会发展的最高阶段，两宋期内的物质文明和精神文明所达到的高度，在中国整个封建社会历史时期之内，可以说是空前绝后的。”[③] 在这种社会氛围中，女性多才者不乏其人。如尚书黄子由的夫人胡氏“俊敏强记，经史之书略能成诵。善笔札，时作诗文亦可观”。[④] 有的女性能够慧眼识人，如“史中辉（史炤）之母张氏能知人，观其所为而知其贵贱贫富。文潞公、张杲卿、高敏之初举进士时，皆馆

① （宋）邹浩：《道乡集》卷三十七《夫人林氏墓志铭》，影印文渊阁《四库全书》本。
② （宋）楼钥：《攻媿集》卷一百《叔祖居士并张夫人墓志铭》，第1401页。
③ 邓广铭：《关于宋史研究的几个问题》，《社会科学战线》1986年第2期。
④ （宋）周密：《齐东野语》卷十《黄子由夫人》，北京：中华书局，1983年，第183页。

其家，张氏极礼待之，言‘潞公、杲卿、敏之大贵，且有名’。及达，皆如其言”。[①] 又如“尚书右丞相胡宗愈夫人丁氏，司封员外郎宗臣之女，自幼颖慧，无所不能，其善相人，盖出天性。在西府时，尝于窗隙遥见蔡丞相确，谓右丞曰：‘蔡相全似卢多逊。’……后蔡果南窜”。[②] 在陕西省安康市出土的一组宋代女陶俑（图4，作者摄于2015年8月）中也侧面反映了女性较高的文化素养。

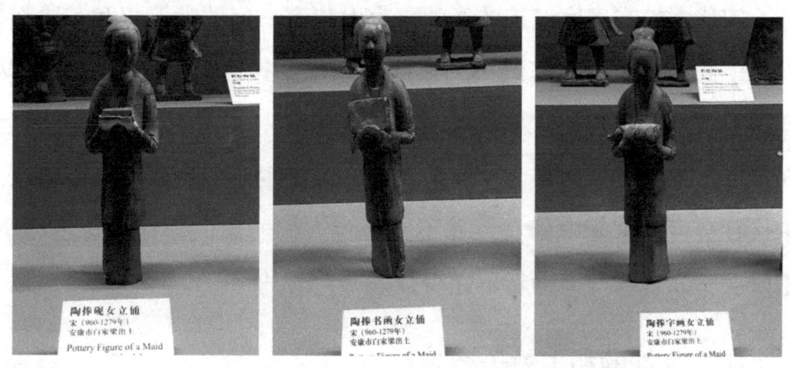

图4　宋代女陶俑（出土于安康市白家梁，陕西历史博物馆藏）

“相夫教子”可以说是古代社会对于女性的普遍要求。“相夫”无外乎就是照料妥当丈夫的生活起居并对丈夫的事业进行辅佐，“教子”则是女性在子女的家庭教育中必须要承担的职责。由于受到传统观念的影响，人们更多地强调男性在家庭中的重要地位，并以父权和夫权为中心，往往忽略女性在家庭中的作用。但事实上，女性对一个家庭的影响是不可小觑的。优秀的女性，承担着赡养父母、辅助丈夫、教育子女的职责，对家庭产生着重要的影响。

---

① （宋）范镇：《东斋记事》补遗，第3页。

② （宋）方勺：《泊宅编》卷四，北京：中华书局，1983年，第26页。

（一）对丈夫事业、生活的辅助

宋代的女性文化水平相对来说比较高，但是由于受到社会条件所限，她们不能将自己的学识尽情地发挥，所以很多女性便寄期望于夫婿，尽心尽责地给丈夫提供力所能及的帮助，希望自己的丈夫在仕途上能够一帆风顺并有所作为。帮助丈夫打理家务，对其事业进行辅助，成为宋代女性特别是社会中上层女性家庭生活的重要内容。

至于为人妻的义务与责任，即妇人该如何做才能成为丈夫的贤内助，首先，从传统角度来看，司马光认为，为人妻者应具“六德”，即：“一曰柔顺，二曰清洁，三曰不妒，四曰俭约，五曰恭谨，六曰勤劳。”① 其次，至于积极方面，尤指助夫成德立业而言，司马光于《家范·妻下》中以《诗经》中的作品为例说明：“为人妻者，非徒备此六德而已。又当辅佐君子，成其令名。是以《卷耳》求贤审官，《殷其雷》劝以义，《汝坟》勉之以正，《鸡鸣》警戒相成，此皆内助之功也。”② 并且指出在汉代即出现不少著名贤德夫妻的事例，诸如鲍宣妻桓氏弃盛妆与夫共挽鹿车归乡里③、梁鸿妻孟氏事夫“举案齐眉”④、乐羊子妻断机喻夫劝学⑤等等。这些事例中的女性所表现的不仅止于对丈夫的恭敬而已，而且在了解其夫的德行、志向后，与夫携手同心，夫唱妇随。

由此看来，传统女性的德才观向来是贵德的，“尤贵有才之德”，对于合于妇德规范，能辅佐丈夫成就事业，有利于男性齐家治国平

---

① （宋）司马光：《家范》卷八《妻上》，《女子柔顺方才可爱》，长春：北方妇女儿童出版社，2001 年，第 145 页。

② （宋）司马光：《家范》卷九《妻下》，《女人不妒品自高》，第 167 页。

③ （宋）司马光：《家范》卷七《夫》，第 140 页。

④ （宋）司马光：《家范》卷九《妻下》，第 164 页。

⑤ （宋）司马光：《家范》卷九《妻下》，第 161 页。

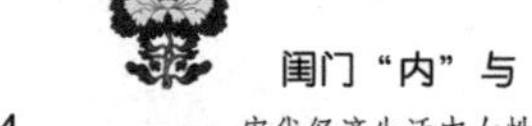

天下的女性才华和行为是被予以肯定的。《颜氏家训·治家》的一段训诫，便可代表传统女教对女性发挥聪明才智行为的看法："妇主中馈，唯事酒食衣服之礼耳。国不可使预政，家不可使干蛊。如有聪明才智、识达古今，正当辅佐君子，助其不足，必无牝鸡司晨，以致祸也。"① 对于那些"聪明才智、识达古今"的女性重要的是不要"牝鸡司晨"，预政致祸，而应充分发挥其才智以做好"贤内助"的角色，"辅佐君子，助其不足"。

家训作品中的某些观点总是能大致地表达一些比较真实的社会情况以及对女性价值的观点和看法。很多流传下来的墓志铭资料和笔记小说，也可以勾勒出轮廓大体清晰的社会画面。

曾有一位林氏夫人"敏察有智，能助其夫，非止以妇职为顺也"。② 南宋孝宗朝宰相周必大常被人引为"畏内"之"典型"。他"三入承明，率坐论事苍黄去国，夫人整比行李、收拾文书，纤毫无失"，周必大能够尽心国事，必然离不开妻子王氏的辅佐，使他专理国事而无后顾之忧。周必大在悼念夫人的铭文中说："嗟我于君，长几十年；君发尚鬒，我久皤然。孰云一朝，弃我而先！失此友益，矧伊妇贤。有问谁对，孰举我偏？……哀辞写心，苦泪迸泉"③，哀思溢于言表。另有"蔡卞妻七夫人，是荆公女，颇知书，能诗词。蔡每有国事，先谋之于床笫，然后宣于庙堂。时执政相语曰：'吾辈每日奉行者，皆其咳唾之余地也。'蔡拜右相，家宴张乐，伶人扬言

① （南北朝）颜之推：《颜氏家训》卷一《治家》，天津：天津古籍出版社，1995 年，第 24 页。

② （宋）叶适：《叶适集·水心文集》卷十六《夫人林氏墓志铭》，第 309 页。

③ （宋）周必大：《周文忠公集》卷七十六《益国夫人墓志铭》，影印文渊阁《四库全书》本。

曰：‘右丞今日大拜，都是夫人裙带。’中外传以为笑”。[①]

除了辅佐丈夫潜心学问、尽心政务，还有的女性对家中男性教子的不足提出意见。“张密学奎、张客省亢母宋氏，白之族也，其夫好黄白之术。宋氏伺其夫出，取其书并烧炼之具悉焚之。夫归，怒之。宋氏曰：‘君有二子，不使就学，日见君烧炼而效之，他日何以兴君之门？’夫感其言而止。”[②]

类似王氏、宋氏和七夫人这类的事例还有很多，这类女性自身颇具才干，对很多事情都有比较独到的见解。而在中国古代的社会条件下，对女性才华的压抑，是对她们精神世界的封闭。将自己的文化素养运用于夫妻生活当中，她们无疑是生活里聪明的“强者”，虽然不能在社会上占有一席之地，但通过对丈夫的辅佐与帮助，既使得夫妻二人在生活中情感颇笃，也使得自己获得相对完满的婚姻生活。

宋代女性在与丈夫的相处中还有一个很有意思的现象，就是丈夫表现出的“惧内”行为。其中的一个表现是，有很多史料都提到了一些女性“隔屏窃听”的行为。梅尧臣甚至以一种称赞的态度回忆他的妻子说：“吾尝与士大夫语，谢氏多从户屏窃听之，间则尽能商榷其人才能贤否，及时事之得失，皆有条理。”[③] 苏轼在为亡妻所作的墓志铭中，也有较为相似的话语：“客言于外，君立屏间听之，退必反复其言曰：‘某人也，言辄持两端，惟子意之所向，子何用与

---

① （清）潘永因：《宋稗类钞》卷六《诋毁》三十三，北京：书目文献出版社，1985 年，第 516 页。

② （宋）司马光：《涑水记闻》卷十《宋氏教子》，北京：中华书局，1989 年，第 179 页。

③ （宋）欧阳修：《欧阳修全集·居士集》卷三十六《南阳县君谢氏墓志铭》，北京：中华书局，2001 年，第 529 页。

是人言?’”[1] 还有符氏的丈夫张公雅在与士大夫议论的时候，“夫人多窃听之，退而品第其人物贤否，无不曲当”。[2] 此类例子在宋代女性的墓志铭中并不鲜见，这充分说明她们在对丈夫的辅佐中起到的重要作用。这些女性显然都是在寻找“内”与“外”之间的罅隙，这些“立于户屏之间”“隔屏窃听”的女性，必然都是一些对于“外事”有所了解，通过自己对事情的分析可以给丈夫提供有益信息的。她们在家中有一定的发言权，对于丈夫的决策也能提出一定的建议。她们虽然作为“内人”，却积极用自身的文化素质诠释出新的“内”与“外”的标准。

由此观之，无论是士人家庭还是普通百姓，妻子对丈夫都起到了一定程度的帮助作用。丈夫有了这样明智有识的妻子的辅佐与建议，他们的生活将更加美满，事业也是如虎添翼。

(二) 对子女的教育

1. 母亲在不同家庭环境中对子女的教育

在传统社会中，总体来说，女性的地位是从属于男性的。大部分女性从小就被灌输了“幼从父兄，嫁从夫，夫死从子”[3] 的观念，因此这也就导致很多女性一生中大部分时间都隐没于家庭生活中，为丈夫、为子女服务。除了料理家庭事务，教育子女成了她们生活中的另一项重要内容。

第一，士人家庭中的女性对子女的教育。

“门当户对”的世俗观念虽然在现代社会被人们所诟病，但作为

---

① (宋) 苏轼:《苏轼文集》卷十五《亡妻王氏墓志铭》，北京：中华书局，1986 年，第 472 页。

② (宋) 陈襄:《古灵集》卷二十《崇国太夫人符氏墓志铭》，影印文渊阁《四库全书》本。

③ (汉) 郑玄注，(唐) 孔颖达等正义：《礼记正义》卷二十六，上海：上海古籍出版社，1990 年，第 505 页。

古人婚配结合的规则之一，背后的原因除了维护阶级的稳定性之外，也比较符合士人家学传承的思想。由于士人家庭的女性，相比之下有着比较优越的家庭环境，家族成员的文化程度相对较高，对女性读书学习也持鼓励态度，所以这些女性一般都是婚前在娘家接受各种文化方面的培养和熏陶，做到俗话说的“琴棋书画，样样精通”。她们带着承袭自娘家的文化素养嫁入夫家，并以此辅佐丈夫、教育子女，继而将两个家族的文化有机地结合，通过较高水平的家庭教育让子孙功成名就。这一现象，可以理解为是两个士人家族的强强联合，这两个家族都有可能借此桩婚事而继续发展壮大。

眉州司功参军王琳的妻子韦氏“训二子坚、冰有法，后皆名闻”。[①] 韦氏虽然算不上出身显赫，但也是士族之家，她将自己终身所学用于教育子女，终于使得家族子嗣有所成就。这类女性教子的事例还有很多，如周必大的母亲“博通经史，亲教二子，于孩提且择良师友与之处”。[②] 张奎的母亲宋氏“不爱金帛，市书至数千卷，亲教督二子使读书”。[③] 叶适也曾为贤母杨氏作挽词说：“文昭有贤母，白首教篇章。”[④] 安人张氏夫人“自教（子女）诵《蒙求》《孝经》”。[⑤]“故太子中舍张君讳某之夫人，曰长沙县君胡氏，……夫人之为母也，以礼义慈严教育其子，故其男也有立而克嗣其世，女也适于人而宜人之家”。[⑥] 杨夫人在丈夫亡故之后，“不嫁，终身训二

---

① （宋）欧阳修，宋祁：《新唐书》卷二百五《列女传·王琳妻韦》，北京：中华书局，1975 年，第 5822 页。

② （宋）周必大：《二老堂杂志》卷四，《丛书集成初编》第 2767 册，第 76 页。

③ （宋）司马光：《涑水记闻》卷十《宋氏教子》，第 179 页。

④ （宋）叶适：《叶适集·水心文集》卷七《朱文昭母杨氏挽词》，第 96 页。

⑤ （宋）叶适：《叶适集·水心文集》卷十四《安人张氏墓志铭》，第 249 页。

⑥ （宋）欧阳修：《欧阳修全集·居士集》卷三十六《长沙县君胡氏墓志铭》，第 533 页。

子，使有立”。[①]

对于女性来说，子孙的功成名就几乎是她们生活中最大的期冀。林高的妻子黄氏，“平居日夜课诸孙以学，有不中程，辄扑之。及长，遂多知名，连以进士中其科”[②]；许洞的妹妹许氏，嫁给朝官沈周，生子沈披、沈括，披有吏才，括有文学，“其幼皆夫人所自教也”[③]；苏州龚氏家族，北宋时一门四代七名进士，龚识的孙女嫁给泉州德化知县李处道，亲教其子李援，使登进士第。[④]

对于宋代女性来说，她们直接在社会上施展才能的空间并不足够宽广。于是她们只能将自己怀揣的理想和抱负寄予子孙，通过子孙的功成名就来达到她们对自我价值实现的精神诉求。

第二，普通百姓家庭中的女性对子女的教育。

出身于普通家庭的女性占社会群体的大多数，无论是出身卑微，还是家境贫寒，都不影响为母者一腔教子热情。诸多事例证明，母亲对于子女的教育并非一定要有雄厚的家庭势力作为背景。两宋时期文化氛围浓厚，平民阶层能识文断字的女性也不在少数。很多母亲在家徒四壁的情况下依然教育孩子要努力读书，以自己掌握的文化知识亲自教育或者是熏陶影响着孩子。

欧阳修幼时家贫，“四岁而孤，母郑，守节自誓，亲诲之学”。由于家境贫寒，“至以荻画地学书”。即使是在这么艰苦的环境下，欧阳修在母亲的教导之下，“举进士，试南宫第一，擢甲科”，取得

---

① （宋）叶适：《叶适集·水心文集》卷十四《杨夫人墓表》，第260页。

② （宋）曾巩：《曾巩集》卷四十五《天长县君黄氏墓志铭》，北京：中华书局，1984年，第609页。

③ （宋）曾巩：《曾巩集》卷四十五《寿吕县太君许氏墓志铭》，第611页。

④ （宋）龚明之：《中吴纪闻》卷四《祖姑教子登科》，上海：上海古籍出版社，2007年，第2881页。

了很好的成绩。[①] 而“画荻教子”“欧母画荻”也成了后人传诵的教子佳话。赵鼎幼时，其母樊氏对其“教之，通经史百家之书”[②]；真德秀“四岁受书，过目成诵。十五而孤，母吴氏力贫教之”。[③] 这些母亲并不一定出身名门，也未必受过多么良好的教育，但却在孩子的教育方面有着卓越的见识。

第三，单亲家庭和“类‘单亲家庭’”[④] 中的女性对孩子的教育。

在中国古代社会特殊的婚姻形态中，很多家境状况良好的男性除了娶妻之外会再娶妾室，或者是在妻子亡故之后续弦。男性与女性婚育年龄差距悬殊，“老夫少妻”的社会情况和家庭结构较为普遍。虽然两宋时期社会风气比较开明，社会对于女性的压力较小，但是改嫁依然属于个别事例，社会主流的价值导向还是倾向于女性守节的。事实上，社会中的大部分女性也确实会自觉地选择守寡来继续自己已经完结的婚姻生活。所以在丈夫去世之后，很多女性不得不面对独立抚养子女、照管家庭的境况。如牛德昌的父亲牛铎早亡，“德昌少孤，其母教之学”，后来牛德昌在皇统二年（1142 年）及进士第。[⑤] 此类情况并不鲜见，很多女性在丈夫去世后，一人独立支撑家庭，仍然坚持积极对孩子进行教育。在这种父亲早亡、儿女“少孤”，由母亲一人执掌家中生活全部事宜的单

① （元）脱脱等：《宋史》卷三百一十九《欧阳修传》，北京：中华书局，1977 年，第 10375 页。

② （元）脱脱等：《宋史》卷三百六十《赵鼎传》，第 11285 页。

③ （元）脱脱等：《宋史》卷四百三十七《真德秀传》，第 12957 页。

④ 这里的“类‘单亲家庭’”是指在家庭中的男性长辈游学四方或在外为官的情况下，所有家庭事务均由女性独立承担的家庭环境。

⑤ （元）脱脱等：《金史》卷一百二十八《循吏传・牛昌德》，北京：中华书局，1975 年，第 2758 页。

亲家庭中，大部分女性也会将自己的所有精力倾注到子女身上，对其抱有更大的期望。

另外，由于古代特殊的社会情况，很多家庭会面临家中的男性家长“在外为官”或者“游学四方”的现象。丈夫离家，男性家长“缺席”，母亲成为唯一的家长，承担起支撑家庭的全部重任以及教育和训诫子女的任务，全权负责子女教育。北宋著名文学家苏轼“生十年，父洵游学四方，母程氏亲授以书，闻古今成败，辄能语其要”。[①] 十岁小童就能通古辨今，尤可见母亲教育子女的用心良苦。天长县君黄氏的丈夫在外为官，“其子就学，夫人常夜治丝枲，居其旁以勉之”。[②] 朝奉大夫姜处度的妻子龚氏“阃阈素严，户外绝行迹。夜设灯火，相对教书史，课纺织”。[③] 这些女性都是在丈夫在外为官或游学的情况下，独自完成教育子女的义务的。在这种以母亲为核心的家庭环境中，女性对子女的教育，占有绝对重要的地位。这种“类‘单亲家庭’”的情况在宋代士人家庭中几乎是普遍的。

2. 母亲对子女的文化教育和品德教育

很多时候，母亲对子女的教育内容中，文化教育和品德教育是分不开的。大多数情况表现为：在文化教育中兼有品德方面的教导。单纯的文化教育是不存在的，对子女品行上的引导才是母教中的重头戏。

母亲在子女幼年时期对子女品德方面潜移默化的教育，通常会对孩子的一生产生非常重要的影响。张奎“少嗜酒，尝有酒失，母

① （元）脱脱等：《宋史》卷三百三十八《苏轼传》，第10801页。

② （宋）曾巩：《元丰类稿》卷四十五《天长县君黄氏墓志铭》，北京：商务印书馆，1937年，第465页。

③ （宋）叶适：《叶适集·水心文集》卷二十五《朝奉大夫知惠州姜公墓志铭》，第491页。

怒，欲笞之，遂不复饮，至终身”。[①] 其母还在其会客时“辄于窗间听之，客与其子论文学、政事，则为之设酒肴；或闲话、谐谑，则不设也”。[②] 正是母亲的严厉教导，才有了张奎后来取得的成就。寇准“少时不修小节，颇爱飞鹰走狗。太夫人性平，尝不胜怒，举秤锤投之，中足流血，由是折节从学”。当他功成名就之时，母亲已不在世，想到母亲对自己的教诲，寇准“每扪其痕，辄哭”。[③] 陈尧咨“善射，百发百中，世以为神，常自号曰‘小由基’。及守荆南回，其母冯夫人问：‘汝典郡有何异政？’尧咨云：‘荆南当要冲，日有宴集，尧咨每以弓矢为乐，坐客罔不叹服。’母曰：‘汝父教汝以忠孝辅国家，今汝不务行仁化而专一夫之伎，岂汝先人志邪！’杖之，碎其金鱼”。[④] 母亲们以严厉的方式提醒年少的儿子切莫玩物丧志，将其引向正途。

还有母亲对儿子士气上的鼓舞，周虎母助其守城的故事就是最好的佐证。“（虎）开禧间守和州，敌骑蔽野，居民官军无以为食，城欲下者屡矣。其母夫人自拔首饰奁具，巡城埤，遍犒军，使尽力一战。命虎同士卒同甘苦，与之俱攻围以出战，士卒感其诚意，遂以血战……上守城功归于母……”[⑤]

文化教育也是母亲引导孩子的重要内容之一。不仅身居社会上层的母亲们注重文化教育，很多母亲在“家贫”的情况下依然努力为孩子创造条件，使其刻苦读书，期待孩子功成名就。比如，贾易

---

① （宋）司马光：《涑水记闻》卷十《张奎戒酒》，第 180 页。

② （宋）司马光：《涑水记闻》卷十《宋氏教子》，第 179 页。

③ （宋）司马光：《涑水记闻》卷七《秤锤投足》，第 131 页。

④ （宋）王辟之：《渑水燕谈录》卷九《杂录》，北京：中华书局，1981 年，第 113 页。

⑤ （宋）叶绍翁：《四朝闻见录》卷五戊集《周虎》，上海：上海古籍出版社，2012 年，第 109 页。

"七岁而孤，母彭以纺绩自给，日与易十钱，使从学"。[①] 尚书屯田员外郎钱治的母亲在他幼时家贫的情况下"尝躬织纴以资其学问"。[②] 南宋孝宗时的丘崇，自幼丧父，全靠母亲臧氏抚养成人。臧氏在"家甚贫"的条件下对儿子"夜必令执书"，不肯放任儿子"但为中人"而严格督促，使得丘崇终于考中进士甲科。[③] 无论贫与富、是否有良好的教育背景，都不影响伟大的母亲们对孩子读书的支持。这是母亲的天性使然，也反映出宋代社会积极开明的女性对于知识的一种崇拜。

3. 母亲对儿子和女儿教育态度的不同

同样是母亲，对儿子和女儿的教育方式却是大大不同的。唐代墓志中提到：郑夫人"训男以义方，示女以柔顺"，张夫人"教子以义方，诫女以贞顺"，还有位孙夫人也同样是"训女四德，示男六经"[④]。宋代也是如此。这种不同，应当说是由于中国古代社会男女教育目的的不同造成的。对男性的教育目的是"读书识礼"，在四书五经的上下求索中寻求做官的道路，以求实现人生价值，进而"光耀门楣"。而并不占主导地位的女性教育目的则是明理识德、相夫教子，是为了其更好地理解"三从四德"的意义，从而在将来的生活中更完美地尽到为人妻、为人母的职责。

(三) 刘后——皇族家庭中女性相夫教子的典型例子

北宋真宗于乾兴元年（1022 年）病逝，逝前曾遗令刘后参决朝政："帝大渐，遗诏皇太子于柩前即皇帝位。尊皇后为皇太后，权处

① （元）脱脱等：《宋史》卷三百五十五《贾易传》，第 11173 页。

② （宋）欧阳修：《欧阳修全集·居士集》卷二十五《尚书屯田员外郎赠兵部员外郎钱君墓表》，第 384 页。

③ （宋）叶适：《叶适集·水心文集》卷十三《故太硕人臧氏墓志铭》，第 240 页。

④ 均见周绍良主编：《唐代墓志汇编》，上海：上海古籍出版社，1992 年。

分军国事。”[①] 自此，刘氏开始垂帘听政，至仁宗明道二年（1033年）卒，共临朝称制十一年。对于刘氏的治绩，李焘的评论是：“太后称制，虽政出宫闱，而号令严明，恩威加天下。”[②] 还有评价说：“当天圣、明道间，天子富于春秋，母后称制，而内外肃然，纪纲具举，朝政亡大阙失。”[③] 在宋代的史籍中，对刘氏治国的记载颇显疏略。对此，有学者认为，这正反映了她摄政的成功：

> 随着她摄政初期的政治风云的过去，有关刘后活动的历史记载变得明显的沉寂了。在11世纪20年代的大部分时间里，没有对政府政务和敕令的指责，而这些政务和敕令是必须由太后批准的，史籍上几乎没有有关她言行的任何记录。这种现象毫无疑问地反映了摄政的成功。帝国处于和平之中，宰臣们的权力结构也处于异乎寻常的稳定和连续之中，尤其是王曾从1022年到1029年中一直居于相位。[④]

刘氏的治绩，其实并不在其夫宋真宗和其子宋仁宗两位皇帝之下。她注重文治，提倡节俭，惩办贪官，禁刹裙带之风。她对于赵姓王朝的忠诚，司马光称赞说：“保护圣躬，纲纪四方，进贤退奸，镇抚

① （元）脱脱等：《宋史》卷八《真宗纪》，第147页。

② （宋）李焘：《续资治通鉴长编》卷一百十二，仁宗明道二年五月癸酉，上海：上海古籍出版社，1985年，第1004页。

③ （元）脱脱等：《宋史》卷二百九十七《孔道辅传》，第9884页。

④ 贾志扬：《刘后及其对宋代政治文化的影响》，载漆侠主编：《宋史研究论文集——国际宋史研讨会暨中国宋史研究会第九届年会编刊》，保定：河北大学出版社，2002年，第135页。

中外，于赵氏实有大功。"①

不只是朝政，刘氏对宫闱事务也很熟稔。真宗生前，"宫闱事有问，辄傅引故实以对"。至她临朝后，"左右近习亦少所假借，宫掖间未尝妄改作。内外赐与有节"。刘氏对后宫的管理，也有两个事例可以说明。一是某日，柴氏、李氏二大长公主头戴假发入见，刘后感慨她们的年迈，因赐以镶珠的头帕。不久，润王妃李氏也以自己年老，而请赐头帕。刘氏回绝说："大长公主，太宗皇帝女，先帝诸妹也；若赵家老妇，宁可比耶？"还有一例，刘氏的侍者见仁宗皇帝的侍者"簪珥珍丽，欲效之"，刘氏便教育她说："彼皇帝嫔御饰也，汝安得学。"② 不仅如此，她对太子（即仁宗）的照顾也简直无微不至。据史载："太子动息，后必躬亲调护，暂去左右，则继遣询问。至于乳保小臣皆择谨愿岁久者，且夕教其恭恪。"③

刘氏与真宗有着极深厚的情感，早在真宗为太子之时，她就已宠幸专房，其后虽为真宗乳母拆散，但俟真宗继位，便再召她入宫封为美人。真宗历次巡幸，都以她相从。④ 景德四年（1007 年），章穆郭皇后崩，真宗原有意立她为后，却因宰臣们以其出于侧微，不可母仪天下而止。⑤ 直到大中祥符五年（1012 年），刘氏始以四十三岁之龄登上后位。刘氏终得立后，或许也与真宗在政事方面对她的依赖有关。微寒的家世并不曾使她的才能减色。史书称她性警悟，晓书史，处置宫闱事多援引故实，无不适当。更重要的是，她对政治事务也有着相当浓厚的兴趣，不但闻朝廷事能记本末，而且总是

---

① （宋）司马光：《司马光奏议》卷十《上皇太后疏》，太原：山西人民出版社，1986 年，第 108 页。

② （元）脱脱等：《宋史》卷二百四十二《后妃上·章献明肃刘皇后》，第 8612 页。

③ （宋）李焘：《续资治通鉴长编》卷九十八，真宗乾兴元年二月甲寅，第 872 页。

④ （宋）司马光：《涑水记闻》卷五《章献刘氏本蜀人》，第 11—12 页。

⑤ （宋）司马光：《涑水记闻》卷八《章献之过》，第 153 页。

陪着真宗一起批阅奏折，共议国事，直至中夜。她的“周谨恭密”，使真宗越发地倚重于她。[①]

刘氏同样善于处理后妃间的关系。仁宗的生母李宸妃，在刘氏欲据仁宗为己子后，将仁宗交由杨淑妃抚育。李宸妃死后，刘氏曾欲以宫人礼葬之，但经大臣奏争，刘氏同意以一品礼葬，并且着皇后服、棺中注水银，这一做法，使刘氏赢得了仁宗的尊重。而刘氏与杨淑妃的关系也非常融洽，这一点在其遗诰中，表现得非常清楚。明道二年，刘氏临终前公布遗诏，其中称：“皇太妃与吾同事先帝，并佑圣躬，宜尊为皇太后。皇帝听断朝政，一依祖宗旧规，如有军国大事，与皇太后内中裁制。”[②] 此时的仁宗已近二十四岁，完全具备了自主决策的能力，即使如此，刘氏依然将军国大事的最后裁定权，交给了杨淑妃，这充分表明了其对杨淑妃的信任。

刘氏是在帝位与皇权无法有效衔接的情况下介入政治的，且临朝称制至终。其事例说明了在夫皇驾崩、继任者年幼的情况下，母后临朝当政的必然性，也显示了中国古代社会皇权“家天下”的实质。刘氏在因继任皇帝年幼而接过夫皇的权力后，对天下进行了有效的治理，使政局相对稳定，也使夫家政权得以平稳继续。针对此，男性士人是多有褒扬的。这是因为她的所作所为的最终结果，是使夫家皇权的男权得以延续。在中国两千年的帝制社会中，作为“第一家庭”的皇帝之家，当皇权因各种原因出现问题时，女性的介入，也可以理解为是“内”与“外”界限的转换，在男性父系家天下原则下，此时的女性职责，被允许扩大至原本属于皇帝的职责范围内。出于男性家天下的利益考虑，男性皇权政治留给女性当政的空间，

---

① （宋）李焘：《续资治通鉴长编》卷七十九，真宗大中祥符五年十二月丁亥，第700页。

② （宋）李焘：《续资治通鉴长编》卷一百五十六，仁宗庆历五年正月乙酉，第1428页。

其目的也是为夫族服务的。从“家天下”的角度来看，刘氏的摄政行为也可以理解为是相夫教子的成功典例，只不过是这个“家”的定义被放大了。

三、与家庭内部其他女性的关系

女性在家庭中要面对复杂的妻妾关系和婆媳关系，如何处理好这些关系，是女性家庭生活中重要的一课。

（一）家庭关系中的妻妾关系

虽然说在宋代，妾室的家庭成员身份得到了礼法制度和社会习惯上的认定，但总体来说，妾在家庭中的地位并不高，并体现出复杂性。究其原因，与妾的婚姻背景以及妾生活的社会、家庭环境在宋代发生了变化不无关系。

1. 妾在家庭中的生活状态

第一，与“主内”之妻相比较，作为家庭成员的妾在夫家的地位是非常低下的。其原因首先应该归结于妾与夫的婚姻关系的特殊性。在宋代，娶妻是男方按照礼法，经过下聘礼、迎娶等多重环节的“明媒正娶”，妻子也会在嫁入男方家时携带一定数量的奁产嫁资。而妾与夫的婚姻关系则完全没有这些礼仪性的程序，只需一张买卖契约便可“成婚”。也就是说，妾是被当作财产买到夫家的，同奴仆婢使和家中的财物一样，是夫家的特殊财产。例如刘宰在墓志铭中称妾为“侧室”①，与“正室”相对，刘克庄称妾为“庶妻”②，与“嫡妻”相对，就是在民间社会规则中体现的这种婚姻关系的结果。

---

① （宋）刘宰：《故监镇江都税院李迪功墓志铭》，曾枣庄、刘琳主编：《全宋文》卷六八五五，第299册，第298页。

② （宋）刘克庄：《后村先生大全集》卷一百四十九《墓志铭·方子约》，第3831页。

第二，在宋代法律中，构筑了妻高于妾、婢的严格的家庭身份等级。但在实际的家庭生活中，具体情况也会出现变化。首先，妻妾身份的区别更加明确化，传统社会历来有“妻妾乱位之禁”，这种观念在宋代更加强化。宋人认为，男性即使是在正妻去世的情况下，也应该续弦再娶新妻，而不能以妾为妻，将家中宠妾扶为妻位。宋律规定，以妾为妻者，“徒一年半”①。所以社会中这种以妾为妻、扶妾上位的情况并不多见。宋哲宗绍圣年间，宗室赵宗景“乞以妾为夫人”，结果受到诏令“罢宗景，仍夺仪同”的重罚。② 虽然在南渡后，法度有所松弛，但南宋中后期以“正名分”为己任的“名教”理学再度兴盛并最终成为主流思想，对妻妾乱位之禁也极力维护。朱熹就说，“妻齐体于上，妾接承于下，而嫡庶之分定者，家之齐也”③，在一定程度上表示了宋人对妻妾乱位的态度。不仅如此，宋代的蓄妾行为更加普遍化，一夫多妾的现象被世人所认可。与此同时，宋人坚持的一夫一妻制也更加明晰，法律上对于正妻地位的维护也提供了诸多保障。从传世的史料来看，这一时期以妾为妻的事例很少发现。其二，宋人的蓄妾观也发生着深刻变化，“社会并不以置妾为当然”④。妻的正室地位不仅为法律所保障，而且也得到夫的自觉维护，一夫一妻制的实质意义得到确立，虽然“多妾”为社会和法律所承认，但妾室与正室妻在身份上的区别更加明晰。其次，宋代社会良贱身份差异的消失，模糊了妾与婢之间的界限，妾与婢同样都是被男性买入家中，是为其提供服务的“财产”。虽然主要的

---

① （宋）窦仪：《宋刑统》卷十三《婚嫁妄冒》，北京：中华书局，1984 年，第 213 页。

② （宋）楼钥：《攻媿集》卷八十九《华文阁直学士奉政大夫致仕赠金紫光禄大夫陈公行状》，第 1207 页。

③ （宋）朱熹：《朱子全书·晦庵先生朱文公文集》卷十二《己酉拟上封事》，上海：上海古籍出版社、安徽教育出版社，2002 年，第 169 页。

④ 陈顾远：《中国婚姻史》，武汉：武汉大学出版社，2013 年，第 68 页。

服务内容与性质不同，但在实际生活中区别不大。妾有时也要承担如婢一样伺候主公、主母的工作，而婢也有可能被男主人要求发生性关系，为其生子。随着宋代法律意义上的贱口奴婢退出历史舞台，奴婢身份在法律上已是良人。这样一来，妾婢之间原先截然不同的良贱身份差异消失了，二者的界线也就变得模糊起来。

综上分析，宋代家庭中正妻法律地位也相应有了明显提高，地位更加稳固，妻妾身份的差别化愈加明显。而妾与婢之间界限的模糊，二者身份的趋同性，使妾婢间的差别有所缩小。妾在家庭生活中地位低下比前代表现得更为突出。

第三，相对前代而言，宋代家庭中妻妾关系发生了改变，得到了改善。虽然说因妻妒妾造成的妻妾关系紧张局面在史料中多有所载，如《名公书判清明集》有题为“缘妒起争”的判文：“起讼之端，只因妾桂童生子，黄定偏于爱，余氏专于妒”①，但是，宋代对这种妻妾关系紧张的家庭比前代采取更加明确而积极的干预。如真宗景德四年，“国子博士、通判台州龚绶，制家无状，不能制悍妻，准敕断离，取笑朝列，不当亲民，诏徙监场务”②。这里宋代朝廷对妻妾关系紧张的家庭采取了惩处，龚绶因“制家无状”而遭贬官，其妻遭“断离”。政府的干预是对社会风气的绝对性引导，社会的态度都会受到影响。

2．家庭中的妻妾关系

宋代妾婢的生活，总体而言被笼罩在正妻的阴影之下，情形是不乐观的，这也同时构成了妻妾关系的一个方面。换言之，在宋代的妻妾关系中，矛盾冲突在所难免，正妻主母往往处于强势地位，

---

① 《名公书判清明集》卷十《缘妒起争》，北京：中华书局，1987年，第381页。

② （宋）李焘：《续资治通鉴长编》卷六十五，真宗景德四年六月丁未，第568页。

妾婢一般而言处于弱势。那么，是什么原因导致这种矛盾冲突的呢？难道真的如宋代士大夫所言的将一切罪责都归于女性的“天性善妒”吗？从现实角度看，妻妾冲突的根源主要基于以下两方面：

第一，妾的出现在某种程度上来说引发了正妻的危机感。对正妻而言，年轻貌美的妾的到来将意味着她会夺走很大一部分来自丈夫对自己的关注。如果丈夫宠爱妾室，就相当于家庭的核心（丈夫）向妾室的偏移。这种偏移可能会令正妻利益受损。而且妾室在这种对核心势力的争夺中，显得更具优势。于是就更容易引发妻妾间的矛盾冲突。另外，妾室的存在对正妻来说也是破坏她们心中“一夫一妻”美好生活愿景的“罪魁祸首”，是破坏她们对于爱情憧憬的“入侵者”。上文所提到的侍妾桂童的事例，就是妾室借助丈夫的宠爱对正妻进行打压。但是男性在看待妻妾之间的矛盾时，却普遍认为是因妻子的嫉妒引发的。司马光在《家范》中就把不嫉妒作为妻子的美德：“为人妻者其德有六，一曰柔顺，二曰清洁，三曰不妒，四曰俭约，五曰恭谨，六曰勤劳。”① 又曰：“妇人之美，无如不妒。”② 司马光的看法代表了部分男性士大夫的观点，认为妻子的嫉妒是引发妻妾冲突的根源。

第二，妾的介入可能会影响到家庭财产的分割。宋律曰：“寡妻妾无男者，承夫分。若夫兄弟皆亡，同一子之分。”③ 也就是说，在丈夫去世后，无子的妻和妾可以有同样的财产继承权。如果妾室怀孕生子，特别是产下男孩，那么将来在财产分割时，必然会分走一份家产。通过对前文提到过的案例分析得出，在宋代的家产继承中，嫡庶没有分别，妾生子可以和妻生子等额地继承到一份家产。如果

① （宋）司马光：《家范》卷八《妻上》，《女子柔顺方才可爱》，第145页。

② （宋）司马光：《家范》卷九《妻下》，《女人不妒品自高》，第167页。

③ （宋）窦仪：《宋刑统》卷十二《卑幼私用财》，第197页。

是妾有子而妻无子的情况，则更是对正妻不利。《名公书判清明集》中的《罗柄女使来安诉主母夺去所拨田产》一案即是妻妾因家产继承引发的冲突。虽然丈夫在情感上偏向于妾，但法律对于妻子的保护却是不可推翻的。当然也有因妾生子继承了家财而驱逐无子老妻、独霸家产的案例。这就说明，在宋代，因财产而引发纠纷，也是妻妾关系中不可调和的一环。

宋代有不少正妻为保全财产而虐杀孕妾、孕婢的事例。如郭彖就曾讲述了两个类似的故事：一个是盐官马中行之妻虐杀婢女的事件，此人妻子非常彪悍妒忌，家中一婢产子后，才断奶即将其子沉塘溺死。杀子之后，仍不解恨，又杂糠谷为粥，令趁热食，“婢竟以血癖而殂”。① 另一个则是李贯妻子“酷妒特甚，三婢怀妊，皆手杀之”，令人震惊。② 故事的结果均为枉死的妾婢化为冤魂向主母复仇，妒忌的正妻得到报应之类。这些神鬼的故事，从侧面反映出正妻虐杀有孕妾婢的社会现实。在宋代广受敬仰的紫姑之神，也与妻妾冲突中这样类似的血腥暴力事件有关。紫姑神信仰起源甚早，到唐宋时期开始广为流行。其原型据说是一个叫作何媚的家养之妾，因遭主母忌恨，于正月十五夜被虐杀于厕。后来何媚化身厕神，给人间带来庇佑，广受宋代女性崇拜。③ 被主母虐杀的妾婢，无论其结局是在民间传说中化身为神被人们祭拜敬仰，还是在志怪故事中化为鬼魅复仇或报复，大概都代表了社会中妾婢这一群体在精神上的一种反抗。因虐杀行为而衍生出的神仙鬼怪的故事，只是一种因在现实

---

① （宋）郭彖：《睽车志》卷三，《丛书集成初编》第 2716 册，第 22 页。

② （宋）郭彖：《睽车志》卷四，《丛书集成初编》第 2716 册，第 33 页。

③ （宋）沈括《梦溪笔谈》卷二十一云：“世传：正月望夜迎厕神，谓之紫姑。亦不必正月，常时皆可召。予少时见小儿辈等闲则召之以为嬉笑……近岁迎紫姑仙者极多，大率多能文章诗歌，有极工者，予屡见之。”（北京：中华书局，2015 年，第 206 页）

生活中无力反抗而引发的在精神空间中的臆想。文人们对于这种"报应"结局的渲染与描述，大概也可视作为一种舆论上对妻子不妒忌的劝诫和鞭策。

面对这种社会情况，不只是宋代朝廷强调支持和谐的妻妾关系，社会舆论也对虐待妾室的正妻多加谴责。如同《睽车志》中的故事一样，《夷坚志》中对凶恶妒妻最终受到天谴和报应的记载也颇多。如洛阳张次山妻，生前好妒而待妾薄，死后"坐平生妒忌……在此受罪"之报①；台州司法叶荐妻，"天性残妒，婢妾稍似人者，必痛挞之，或至于死"，后"化为虎"②。洪迈以"天谴"寄寓其谴责之意。除了神怪故事的恐吓，时人也从正面对为妻者加以道德要求："扶下以恩而无妒忌之失，使怨旷之祸不兴，此妇人之正也。"③

因此，和谐的妻妾关系是为宋人家庭所向往和追求的。在有妾家庭中的为妻者的传记或墓志铭中，有很多正妻善待妾婢的例子。如赵安人"待妾媵恕"④，方宜人"扶妾媵以恩"⑤，李氏认为妾"亦人女也"⑥，应该被善待。在宋代，也有些妾在家庭中的待遇和生活环境较为如意。例如《攻媿集》中记载，史浚以其父"久未有弄孙之乐"，夫人主动请其置妾。史浚大为感动，说："设心如此，何患不昌？"妻妾和谐，家庭生活和美，结局也是美好的："既而得子，今兹蕃衍，盖不妒忌之效也。"⑦ 在这里，作者将史家的昌盛归功于史浚夫人的宽容大度，可见在宋人眼中，妻子的宽容和和谐的

① （宋）洪迈：《夷坚志》支丁卷二《张次山妻》，第 980 页。
② （宋）洪迈：《夷坚志》补卷七《叶司法妻》，第 1608 页。
③ （宋）应俊：《琴堂谕俗编》卷上《重婚姻》，影印文渊阁《四库全书》本。
④ （宋）刘克庄：《后村先生大全集》卷一百五十四《墓志铭·赵安人》，第 3942 页。
⑤ （宋）刘克庄：《后村先生大全集》卷一百五十八《墓志铭·弟妇方宜人》，第 4043 页。
⑥ （宋）许月卿：《先天集》卷十《李太安人行状》，《四部丛刊续编》本。
⑦ （宋）楼钥：《攻媿集》卷一百五《朝请大夫史君墓志铭》，第 1479 页。

妻妾关系是夫家兴旺的前提。

宋人如此不遗余力地赞扬女性容忍丈夫纳妾之美德，令人怀疑可能社会中此类有包容之心的女性形象实属少见，因而故意宣扬和引人效仿学习。妻与妾，无论家庭地位的高低，属于“嫁给同一个男人的女人”，在男性眼中，只有其二者关系的和谐，才能有利于家庭经济的良好发展。

（二）家庭关系中的婆媳关系

日本著名律师丹山雅也在其著作中说：“如果谁能找到使相互视如仇敌的婆媳友好相处的办法，就等于获得了诺贝尔奖金！”① 在日常生活中，婆媳关系之间的问题和矛盾远比夫妻之间复杂得多。尤其是在中国古代社会的家庭模式结构下，问题也严重得多。从传统的意识形态来看，古代伦理宣扬的“孝”“悌”都是要求家庭成员顺从父母和友爱兄弟，不主张小家庭的分离和独立。不能独立生活的鳏夫和寡妇也一般要和已婚的儿女生活在共同的家庭单位中。《宋刑统》中还专门对“父母在而子孙别籍异财”作出了相关的处罚条例。可见，“舅姑慈爱”“媳妇孝顺”“宗亲和睦”的人丁兴旺的传统大家庭是宋人心中的理想家庭模式。而这种理想的家庭模式却难以避免地充满了各种各样的问题和矛盾，特别是婆媳之间的问题和矛盾。

1. 婆媳矛盾的来源

由一对夫妻及其未婚子女所构成的生活单位，称为“核心家庭”，类似于中国古代社会中的“小家庭”。而儿女（特别是儿子）成婚之后继续和父母生活在同一个家庭单位中，也就出现了两代，甚至多代重叠的“扩大的核心家庭”。如果兄弟成婚后都不独立成

① ［日］丹山雅也：《婆婆对付儿媳77计》，长春：吉林人民出版社，1986年，第2页。

家，那就形成了同胞的核心家庭的联合单位。这也就是古人理想的多代同堂的“大家庭”模式。在这种模式的家庭中，是以家产为中心，将财权集中在家长手中的父权家庭模式。婆婆，作为家中权力与辈分最高的女人而被尊重，并享受一定权力。这种“母权”在家庭中是不可挑战的。儿媳，则成为只身嫁到夫家，吃夫家的饭、住夫家的房、种夫家的田，所有的生产生活资料都由夫家提供，必须谦恭柔顺的角色。丈夫的家族为妻子提供了她赖以生存的全部生活基础，而婆婆作为丈夫家族中的女性尊长，无论在身份地位还是家庭角色上对儿媳而言都是一种高高在上的姿态。基于此，猜想古人婚嫁重财，为待嫁的女儿准备厚重妆奁的初衷或许也是为了解决或者至少是缓和这个矛盾。女儿孤身一人嫁入夫家，但她拥有自己可支配的嫁资财产，代表了她承载着来自娘家的支持。

那么，婆媳之间关系的症结点到底是什么呢？早在女孩出嫁之前，她便受到了来自母亲的各种关于如何做好儿媳的教导。对于稍有点文化功底的女性，《女孝经》和《女论语》等女性经典读物是她们熟稔于心的。其中的《事舅姑章》则为她们提供了很好的婆媳关系的行为指导。但这种道德标准是具有理想性的，事实上，“妇尽礼于舅姑是人伦，而孝于父母是天伦”，婆媳之间没有产生亲密关系的天然条件，她们没有血缘关系，也不是亲人。儿媳孝顺婆婆，完全是基于人伦关系之上的：婆婆是自己丈夫的母亲，而自己是婆婆儿子的妻子。在婆婆眼中，在情感上与儿媳也存在着一种天然的矛盾，丈夫在结婚之前原本是深爱着自己的母亲的，而娶妻之后，这种对母亲的爱或多或少地进行了“转移”。这种情感上的变化，多少会引起婆婆心中的不满。而婆婆的这种不满，必然会发泄到儿媳身上，从而成为矛盾的情感因素。

另外，婆媳关系本身还存在着一种自我矛盾。一个少女出嫁前都会在娘家接受成为合格媳妇的训导。但当她成为媳妇之后，会发现实际的婆媳关系并非训导中所言那么简单而和谐，这时同辈人的直接经验就成了她最容易接受的行为方式。等她在婚嫁多年终于熬成婆婆之后，又会不自觉地像她的婆婆当年一样，以家长的身份自居，并开始要求起自己的儿媳。在婆媳之争中，媳妇不自觉地把婆婆当成了自己的敌人，而当自己成为婆婆以后，又开始把媳妇当成了自己的敌人。女性在婆媳之争中，并没有因为自己角色的转换而变得互相体谅，反而把当年自己在婆婆家吃的亏受的气又重新甚至变本加厉地撒到了媳妇身上，这也成了婆媳关系中的恶性循环因素。

在宋代，婆媳之间的关系也非常微妙。在称谓上，“妇”多是与“姑”一起出现，突出了婆媳之间的关系；“妻”是侧重于丈夫而言的。大概可以理解为：成为妻子，只是一种生理上的划分，而要被顺利地称为“妇”，成为合格的儿媳妇，需要经过“妇见姑嫜”“舅姑醴妇”“妇以食进于舅姑”“妇食舅姑之余”等礼仪程序。即使是“舅姑已亡”，也要“庙见”，这是一种身份上的划分。在顺利成为媳妇之后，她主要的工作便是辅助婆婆操持家务。婆婆由于媳妇的到来而让她接手一些琐碎的工作，并借此锻炼她处理家务的能力。可是在这样的交接与训练中，婆媳之间就难免因为代沟、性格等因素产生不合。日常生活多琐碎，女儿与自己的亲生母亲尚且难免产生矛盾，更何况是婆婆了。

2. “姑令妇从”型的婆媳关系

在宋代，媳妇对婆婆的顺从几乎是绝对的。“不事舅姑”成为丈夫休妻的“七出”之条中重要的一条。① 在世人眼中，不孝顺婆婆

① （宋）窦仪：《宋刑统》卷十四《和娶人妻》，第223页。

的媳妇是不合格的，甚至是应当被“出”的。不仅媳妇慑于婆婆的威严而谦恭柔顺，丈夫在遇到婆媳冲突的时候往往也会选择牺牲妻子的利益而维护母亲的权威。

南宋诗人陆游和唐婉的婚姻悲剧，正是因为媳妇不懂得与婆婆的相处之道而被强制休掉引起的。在唐婉再嫁之后，二人相遇，陆游所作《钗头凤》仍然寄托着忧思。虽然陆游休妻并非出自本意，但母亲的意愿也是不可违背的。可见在宋人家庭中“母权”的不可挑战性。无论古今，婚娶之事，实在并非夫妻两个人的事情，而是同时牵涉了两个家庭。母亲的意愿，不但会影响到婚姻关系的和谐与否，甚至决定着姻缘的存亡。

《稽神录》中记载了这样一个故事：死去的舅姑召儿媳“执爨”，因酿造所用水质问题，儿媳被婆婆呵斥反被逐回阳世。[①] 这虽是神鬼论的无稽之谈，但却体现了婆媳之间少不了因为类似的这种日常琐事而产生矛盾。面对这种纠纷，通常需要媳妇的忍让和谦恭来换取家庭和谐。所谓“处家之法，妇女须能，以和为贵，孝顺为先。翁姑嗔责，曾不如曾。上房下户，子侄宜亲。是非休习，长短休争”。[②] 不仅是听从顺从，即使是“责罚加身”[③] 也不能有任何怨言。在宋人眼中，谦恭柔顺地侍奉婆婆才是理想的儿媳妇形象。

3．“慈姑孝妇”型的婆媳关系

在众多的宋代史料中，“慈姑孝妇”的婆媳关系似乎也是频频出现。宋人除了对婆媳互谦的行为表示赞许旌扬之外，也不自觉地借此对和谐的婆媳关系及家庭关系表示向往，倡导媳妇对待婆婆能够

---

① （宋）徐铉：《稽神录》卷四《延陵村人妻》，上海：上海古籍出版社，2012 年，第 42 页。

② （唐）宋若莘：《女论语·和柔章》，（明）陶宗仪等编：《说郛三种》，第 3293 页。

③ （唐）宋若莘：《女论语·事舅姑章》，（明）陶宗仪等编：《说郛三种》，第 3294 页。

做到“爱与母同”。在这种社会风气的倡导下，严守妇德孝道的儿媳也不乏其人。

有的儿媳靠出卖自己的劳动力来赡养婆婆。都昌吴孝妇，“为乡邻纺缉、浣濯、缝补、炊爨、扫除之役，日获数十百钱，悉以付姑，为薪米费。或得肉馔，即包藏持归”。① 吴氏把自己辛苦劳作挣来的钱全部用来供养婆婆的生活。即使是获得了一点肉食，也要先拿给婆婆，自己不敢独食。兖州民妇贺氏的孝行更甚，“其姑老且病，冻馁切骨，妇则佣织以资之，所得佣直，尽归其姑，己则寒不营衣，饥不饱食”，② 宁可自己忍饥挨饿，也要为婆婆治病。这种贤孝儿媳的形象，可谓社会中的楷模。

和谐的婆媳关系，除了儿媳对婆婆的恭谨之外，甚至还有儿媳对婆婆不当行为的规劝。司马光记述，汉代河南郡人乐羊子，在外求学多年，家中只有妻子侍奉供养婆婆。因为家中贫穷，当有别人家的鸡误入她家时，“姑盗杀而食之”，儿媳“对鸡不餐而泣。姑怪，问其故。妻曰：‘自伤居贫，使食它肉。’姑竟弃之”。③ 可见良好的婆媳关系并不是说媳妇要对婆婆所有的行为一味地顺从，当婆婆的行为出现偏差时，儿媳的及时规劝，也是很好的表现。

宋代文人用大量华丽辞藻来歌颂儿媳侍奉婆婆的孝行。对不能为婆婆尽孝而表示悲伤惋惜；婆婆去世则像死了亲生母亲一样悲痛；宁愿抛头露面，用自己的劳动换取钱财来奉养婆婆；及时对婆婆的不良行为进行规劝……这些都是宋人心目当中完美的儿媳形象，也是理想的追求。

---

① （宋）洪迈：《夷坚志》补卷一《都昌吴孝妇》，第1554页。

② （宋）李元纲：《厚德录》卷二，《丛书集成初编》第992册，第21页。

③ （宋）司马光：《家范》卷十《舅甥舅姑妇妾乳母》，《不与公婆辩曲直》，第177页。

4. 生产劳动中“妇姑协作”的和谐婆媳关系

在下层社会特别是乡村中的婆媳携手参与劳动的场景很普遍。媳妇嫁到婆婆家中，共同参与劳动和家务经营，全家人共同的目标便是把家中的农田种好、把女性分内的纺织工作做好，因为多一份劳动力的加入，能让全家得到更好的经济效益，让原本不太富裕的家庭吃饱穿暖。特别是在穿暖这一方面，负责家庭纺织的女性只有协作起来才能够获得最大的产出。宋人王居正的《纺车图》描绘的正是这种婆媳二人共同承担家庭纺织劳动的情形（图5）。[①] 没有礼教严厉约束的乡村，婆媳关系似乎显得更加自然。抛开了呆板拘谨的参拜与侍奉，近乎平等的婆媳关系显得更融洽。伦常规范不如上层社会般严苛，礼教的限制也不那么明显，婆媳二者给彼此的空间都更加宽广，关系也更加简单、和谐。

图5　宋绘《纺车图》（故宫博物院藏）

总瞰宋代的婆媳关系，矛盾大多来自“情感”和“权力”。对于作为纽带关系的丈夫，婆媳二人对他都倾注了自己的爱。一方面是希望他能专心孝顺并为自己养老送终的婆婆，另一方面则是与自己衣食起居息息相关、将终生幸福都系于他一人之身的媳妇。两方

① （宋）王居正：《纺车图》，《文物》1961年第2期。

面在情感上都希望能在这个中间人身上得到更多的回馈。有人认为“妇人之妒出于天性”，虽说此言多有偏颇，但婆与媳之间的嫉妒感确实也是产生纠纷的根源之一。另外，在宋代，女性对家庭事务的参与度和掌控程度都有所提升，妻子对丈夫的态度也不再是一味地谦恭顺从，她们渴望在家庭中获得更多的话语权。当家庭中的两个女人（甚至是大家庭中的多个女人）以婆媳的身份出现，并同时抱有这种要求之后，矛盾也就不请自来了。媳妇要求丈夫尽可能地摆脱来自婆婆和大家庭的控制，给予她更多的家庭权力，婆婆自然不满意媳妇对儿子行为的指手画脚，要求她更加柔顺。于是，这种权力之争便以家庭琐事中的矛盾为导火索，使得原本微妙的婆媳关系分崩离析。

然而婆媳关系也并不是像人们所想的那么不可调和。很多矛盾，多出于社会的中上层家庭，即经济条件处于温饱线以上的家庭。这种源自家庭模式和权力纷争的内部争端，是一种婆婆与媳妇之间权力的博弈。而平民阶层中的女性没有那么多心机，也没有条件和精力钩心斗角，她们更加专注于如何让家人吃饱穿暖、如何能让日子过得再舒服一点。在这种家庭中，婆媳二人有了共同的追求和目标，她们的关系也显得更为和谐一些。

第二节　独立支撑门户的女性——“女户”

女户是由女性独立作为户主的民户，户主一般是寡妇或者单身女性，也有一些女性户主是替代外出服役的丈夫、儿子执行“临时户主”的角色。她们承担着一定的赋税责任，同时也有一定与外界交往的机会。其独立地位，为地方官府和社会民众所承认。她们作为户主，独立掌握着家庭生计。

一、女户的定义与构成

（一）女户的定义

关于女户，《文献通考》是这样解释的："凡有夫有子，不得为女户。无夫、子则生为女户，死为绝户。"① 明确指出在没有男性继承人的绝户家庭中，独身女性可以担任户主，立为女户。在这样的家庭中，如果父母双亡，也有可能让女儿来担当门户，立为"女儿户"。宋人邓璩的女儿邓九娘，至老不嫁，以养父母。父母去世后，她将房产与数千亩田产施舍给数家寺庙，并将其祖父母、父母的遗像嵌入寺龛当中，使得世祀。② 邓九娘依照自己的意愿处理家产，说明了她一户之主的地位。在实际生活中，女户一般分为绝户女户与非绝户女户两种情况。

1. 绝户女户

中国古代传统社会尤其重视子嗣问题，无儿孙之家的家长为了防止自己身后户绝，一般都要招婿上门或寻找养子来立嗣。作为外姓人，赘婿上门后通常会受到歧视和排挤，曾有人形容赘婿"犹人体之疣赘，非应所有"，被视为多余的人。甚至有人把赘婿比喻成"布袋"，说"如入布袋，气不得出"③，受女方族人的蔑视。比如，蔡梓无子，且不曾立嗣，只招了赘婿。但族人不满意，趁赘婿外出伐木的时候将其殴打。④ 立嗣相对来说就不容易出现这种情况。因此，很多无子有女的人家只立嗣而不招赘，或者是又立嗣又招赘。

---

① （宋）马端临：《文献通考》卷十三《职役考二》，杭州：浙江古籍出版社，1988 年，第 136 页。

② 转引自刘筱红：《中国古代妇女的经济地位》，《中国史研究》1995 年第 4 期。

③ （宋）朱翌：《猗觉寮杂记》卷上，《丛书集成初编》第 284 册，第 37 页。

④ 《名公书判清明集》卷七《探阄立嗣》，第 205 页。

无子无女的人家一般也都要立嗣。宋代法律规定：“立嗣合从祖父母、父母之命”，“夫亡妻在，则从其妻”，“若一家尽绝，则从亲族尊长之意”。① 立嗣通常不能选择毫无关系的人，需要按照“亲属推广法”在两个方向上选择：一是同宗子，“无子者听养同宗于昭穆相当者”②，也就是要选立辈分合适的本家族中的侄子、侄孙，并且在年龄上“须小于养父之年齿”，“为母所养者，年齿亦合小于所养之母”③；另外就是外甥、外孙等母系家族中的子嗣，即亲姐妹或女儿的儿子。从原则上来讲，宋代法律禁止养“异姓男”，否则就要“徙一年”，连孩子的亲生父母也要受到惩罚。④

但是收养被遗弃的孤儿是例外。宋代法律规定：“其遗弃小儿年三岁以下，虽异姓，听收养，即从其姓。”⑤ 特殊时期收养标准会放宽，如南宋初年有令文：“应遭金人及贼寇杀虏，遗弃下幼小，但十五岁以下，听行收养，即从其姓。”⑥ 可见收养的标准根据社会环境的不同在民间执行时有所不同。在收养立嗣的情况中，从小抱养为政府相对鼓励。因为从小抱养的养子，与养父母容易沟通感情。具体就女户而言，无论是亡夫生前所立，还是寡妇自主立继，被立嗣人均以从小抱养者居多，大多数处于绝户状态的宋代女户也属这种情形，即在无夫子（嗣子）幼的单亲家庭中独立担任户主。

2. 非绝户女户

除绝户女户外，宋代还有另一类女户，即在某些无夫子（亲子）

---

① 《名公书判清明集》卷七《争立者不可立》《已有养子不当求立》，第211、214页。

② （宋）窦仪：《宋刑统》卷十二《养子》，第193页。

③ 《名公书判清明集》卷七《双立母命之子与同宗之子》，第217页。

④ （宋）窦仪：《宋刑统》卷十二《养子》，第193页。

⑤ （宋）窦仪：《宋刑统》卷十二《养子》，第194页。

⑥ （清）徐松：《宋会要辑稿·食货》六八之一二二，北京：中华书局，1957年，第6314页。

幼的单亲家庭中，暂时由母亲担任户主，执行照管职能。根据宋代法律："诸户绝人有所生母同居者，财产并听为主。"[1] 寡母继管财产、改立女户合理合法。前文中论证过一个事实，就是在中国古代传统社会中"夫死子幼"的情况相当普遍，所以依这种情况而推断，这类无夫子（亲子）幼的女户家庭应该也占有很大比例。当然，在无夫子幼的女户家庭中，也不乏因为离婚而独立生活的单身女性。比如比阳富人王八郎的妻子在离婚后，分得一半家产，带着女儿独立门户，过着相对富裕的生活。[2]

除个别女儿户之外，不管家中的儿子是亲生还是立继而来的单亲家庭，或者是无子无孙的绝户家庭，都是由女性来担任户主。

（二）女户的构成与数量

在宋代，女性独立支撑门户不是易事，正如时人描述她们的生活："而夫死子幼，居家营生，最为难事。托之宗族，宗族未必贤，托之亲戚，亲戚未必贤，贤者又不肯预人家事。惟妇人自识书算，而所托之人衣食自给，稍识公义，则庶几焉。不然，鲜不破家。"[3] 柳璟为了让四个侄儿照料其孀妻幼子，临终遗嘱每人每年给钱十千。几年后，诸侄竟然与柳妻对簿公堂。[4] 亲侄子尚且如此，何况外人！面对这种情况，宋政府允许女性纳招接脚夫来过日子："在法：有接脚夫，盖为亡夫子幼，无人主家设也。"[5] 这是针对有亲生子女的寡妇而言的。绝户女户也可以招纳后夫，"其前夫庄田，且任本妻为

---

① 《名公书判清明集》卷八《继绝子孙止得财产四分之一》，第 251 页。

② （宋）洪迈：《夷坚志》丙志卷十四《王八郎》，第 484 页。

③ （宋）袁采：《袁氏世范》卷一《睦亲·寡妇治生难托人》，《丛书集成初编》第 974 册，第 18 页。

④ 《名公书判清明集》卷八《诸侄论索遗嘱钱》，第 291 页。

⑤ 《名公书判清明集》卷九《已出嫁母卖其子物业》，第 296 页。

主，即不得改立后夫户名”[①]。这样的规定有助于改善女户单独生活所遇的艰辛与不便处境。

正如穆朝庆说言：“宋代确定女户的标准不是组成性别，而是户主的性别。”[②] 宋代女户家庭中可以存在男性成员，这些男性成员在身份上除赘婿、嗣子、幼子、接脚夫外，还有可能是义男、绝户亲属等等，这类男性成员还有成年、未成年之别。

宋代户口数据多是分列主、课户数目而已，涉及女户的少之又少。太平兴国年间（976—984 年）所编写的《太平寰宇记》，按照当时仍然沿用的唐代十道名称，记载了主、客户数量统计，卷十四对于河南道济州（今山东巨野）得出了这样的结果：

主户	14191
客户	2843
孤老女户	6217

这里所说的“孤老女户”，应该是“孤”“老”和“女户”三种户型的合称，与“孤老的女户”是两种完全不同的含义。《宋会要辑稿》中也明确指出宋代女户数量并不多，“大率一县之内，系女户者其实无几”。[③]

二、女户的社会生活环境

（一）官府的照顾

首先是在赋役方面。宋代官府原则上对全体臣民都课以赋役，

① （清）徐松：《宋会要辑稿·食货》六一之五八，第 5902 页。

② 穆朝庆：《两宋户籍制度与人口再探讨》，《中州学刊》1988 年第 6 期。

③ （清）徐松：《宋会要辑稿·食货》一四之四七，第 5061 页。

乡村户和坊郭户之间存在着差别。大部分女户属于乡村户，她们在赋税和徭役等方面会受到来自政府的照顾。

在赋税方面，对于宋朝民户而言，重要的赋税和负担主要包括两税、和买、和籴、科配、身丁钱等等。女户在这些方面都受到了政府相应的照顾。第一，“诸女户寡居第三等以上，虽有男子年十五以下，其税租应支移者，免全户之半。应科配者，降本户一等；第四等以下听免”。[①] 也就是说，第三等以上的寡妇女户家庭中，即使有男子，但是在男子不足十五岁的情况下，租税的支移减免二分之一，科配按照户口等级降低一等对待；第四等以下的则支移、科配全免。如果是无丁女户，“凡有科配，悉行蠲免”。[②] 第二，无丁女户免除身丁钱，不管主、客女户，在朝廷摊派食盐的时候，都可以受到一些照顾。绍熙元年（1190 年），广西提刑吴宗旦指出，廉州等地虽然是产盐地分，仍然实行抑配。其中，廉州“每斤三十二文，所立价钱太高，是至民食私盐，却乃计户给历均科，每月主户买盐三斤，客户二斤，寡妇一斤半”，[③] 即如果是女主户，所课的食盐也低于一般户。

女户在役法方面也是很受照顾的。宋代的役，包括力役、兵役、职役等。宋代与役法相关的户籍，包括丁帐、保甲簿和五等丁产簿，它们都登记女户。第一，无丁女户不承担力役。宋代初年多次颁布课种树令，女户尤其是无丁女户是被排除在外的。[④] 第二，女户一般不服乡兵之役，保马法也对女户给予了一定的照顾。宋代原则上实

---

① （宋）谢深甫：《庆元条法事类》卷四十八《支移折变》，（清）薛允升等辑：《唐明律合编》，北京：中国书店，1990 年，第 359 页。

② （清）徐松：《宋会要辑稿·食货》一四之四七，第 5061 页。

③ （清）徐松：《宋会要辑稿·食货》二八之三〇，第 5293 页。

④ （清）徐松：《宋会要辑稿·食货》一之一七，第 4810 页。

行募兵制，但是乡兵仍然大多实行强征，只是一般不脱离生产，其中保丁是最重要的。宋神宗朝全国推行保甲法，规定家有两丁以上的民户，推选一丁充任保丁；女户等并令“附保”，是不承担保丁之役的。[①] 宋代女户一般不服乡兵之役。在与保甲相关的保马法中，女户依据户等高低分别承担其役，第三等以上的女户需要按规定养马，第四等以下的仅出“助钱”。[②] 第三，北宋前期女户不承担差役，南宋复行差役法后，下等女户和无丁女户仍不必服役。在北宋前期实行差役法的时期内，女户、单丁户、官户、僧道等享有免役的特权。南宋恢复差役法之后，“单丁、女户及孤幼户，并免差役”。[③] 后来由于人力紧张，“物力高”的单丁户、有丁女户往往也被差遣应役，但人数有所限制。[④] 绍兴五年（1135 年）规定“每都不得过一人”[⑤]，并且允许募人充役。绍兴七年调整为：“一都内通差单丁、女户不能过五人”[⑥]，无丁女户仍然不必服役[⑦]。由这些朝廷颁布的条令可见，宋代官府无论在税还是役的方面，都充分考虑到了女户独自生活的艰辛，而在政策上给予一定的照顾。

其次是司法方面的照顾。作为一户之主，女性特别是寡妇必然要直接与社会进行接触，不可避免地会卷入各种纠纷之中。人们历来都惧怕同官府打交道，作为社会中的弱势群体，女户如果卷入官司纠纷就更难以自持。在宋代的刑事案卷中，称有夫妇人为“生人

---

① （清）徐松：《宋会要辑稿·兵》二之五，第 6774 页。

② （宋）李焘：《续资治通鉴长编》卷三百四十五，神宗元丰七年五月辛酉，第 3203 页。

③ （元）脱脱等：《宋史》卷一百七十八《食货志上》，第 4319 页。

④ （清）徐松：《宋会要辑稿·食货》六六之七九，第 6247 页。

⑤ （宋）李心传：《建炎以来系年要录》卷八十八，绍兴五年夏四月己未，北京：中华书局，1985 年，第 1471 页。

⑥ （清）徐松：《宋会要辑稿·食货》六六之七七，第 6246 页。

⑦ （元）脱脱等：《宋史》卷三十《高宗本纪》，第 555 页。

妇”（该词最早出现在《三国志·杜畿传》注中）[①]，即是针对有夫女性和无夫女性法律地位的不同而言。中国古代司法制度对女性特别是寡妇的照顾由来已久，宋代官府在法律诉讼的各个环节，包括投牒、出庭作证、判决、赎保等方面，也都给了女户适当的照顾，以维护这一弱势群体的相关权利。

政府对女户的照顾还包括官方的救济与收养。特别是对于那些“不能自存”的寡妇，官府责令近亲收养。如果没有近亲，即由官府出面，加以安恤。[②] 对于贫乏的寡妇，其生活主要依靠官府救济，朝廷常设收养机构——居养院，作为官方救济援助机构。除此之外，宋代官府也常常对女户进行一些临时性的救济。如天圣七年（1029年），京兆府人魏太娇不幸被他的妻子赵氏殴打致死，赵氏依律当处斩。魏太娇的母亲张氏夫人却声称赵氏四子年幼，自己又已年老，若将赵氏依法惩处，全家恐怕难以生存。京兆府将此事上奏朝廷，朝廷裁定依然将赵氏处死，但是由官府特别给予张氏钱物，让其自立女户，得以照管其家。[③] 可见，无论是收养还是救济，宋代政府对女户的官方照顾行为是相对完善的。

（二）乡间照顾与社会风俗

不仅是官府，宋代不少个人对于生活困难的女户也有一些救济。早在先秦时期，《诗经》中就有记载：“彼有遗秉，此有滞穗，伊寡

---

① 《三国志》卷十六《杜畿传》注引《魏略》：“初畿在郡，被书录寡妇。是时他郡或有已自相配嫁，依书皆录夺，啼哭道路。畿但取寡者，故所送少；及赵俨代畿而所送多。文帝问畿：‘前君所送何少，今何多也？’畿对曰：‘臣前所录皆亡者妻，今俨送生人妇也。’帝及左右顾而失色。”（中华书局1959年版）“生人妇”是与寡妇相对而言的，曹魏时政府的有关制度已注意将二者区分开来。

② （宋）窦仪：《宋刑统》卷十二《脱漏增减户口》，第187页。

③ （清）徐松：《宋会要辑稿·刑法》六之十一，第6699页。

妇之利。”[①] 就是说女性在丧夫之后，贫苦无依，需要对其进行一定的物质帮助，让其度日。这种救济行为虽然是一种自发的风俗性习惯，但却显示了民间对弱势群体的照顾与关怀。

程祥跟从伯父居住，伯父死后，生活无所依靠。不久，程祥也不幸去世。程的妻子度氏靠着典卖奁具以抚育孤子，生活非常困难。程迥得知此事后，奔波于官府，为孤儿寡母争取到了一定的政府救济。[②]钱塘人孙力道的行为更是让人赞叹。他的同窗好友舒子进本来是富家子弟，后来家道中落，却一直照顾一个本姓的寡妇和她的两个孤子。由于贫穷，寡妇舒氏无从再嫁。孙力道深有怜悯之意，表示金榜题名后将娶舒氏为妻。后来孙力道果然得以高中，虽然当时已经年过四十，但相貌英俊，不少高官争着想招其为婿。孙却一一推辞，坚持还乡迎娶舒氏。此时的舒氏已经是满头白发、垂垂老矣，但孙力道却毫无嫌弃之意，与之“欢如平生”。[③] 以自己的婚姻为代价，无私地照顾一个寡妇及其孤子，这样的事情虽然少见，但却难能可贵。

所谓社会风俗，即某些约定俗成的习惯，是官府法规、条例、文件的补充和完善。宋代女户的立户问题也与社会风俗相关，并受其限制。

首先，女户家有二十岁以上男丁时，其女户地位已经难以保持。女户须转化为普通民户。大约起始于家中男子十七岁，完成于二十岁或成丁之时。其间，担任女户户主的女性一般意义上来说已被划归“老年”。某个女户的存在一般来说，都是暂时性的。

宋法律规定：“寡妇无子孙年十六以下，并不许典卖田宅。”[④]

---

① 《诗经·大田》，郑州：中州古籍出版社，2005 年，第 195 页。

② （元）脱脱等：《宋史》卷四百三十七《程迥传》，第 12949 页。

③ （宋）施德操：《北窗炙輠录》卷下，上海：上海古籍出版社，2012 年，第 117 页。

④ （清）徐松：《宋会要辑稿·食货》一四之四七，第 5061 页。

也就是说，如果女户家中有十六岁以下的子孙，女性家长出于供养需要，可以典卖田宅。如果年满十七岁，寡母则有了独立处置家产的权力，可以批准售卖。男子“二十而冠”这个成人礼之后，即可责以成人之事：“冠礼废，则天下无成人，或人欲如鲁公十二而冠，此不可。冠所以责成人，十二年非可责之时。既冠矣，且不责以成人事，则终其身不以成人望他也，徒行此节文何益？虽天子诸侯，亦必二十而冠。”① 可见，古人认为，二十岁的成年男子基本上已有义务与能力执掌门户、照顾家人了，即为“成丁”。男子成丁后，家中执掌门户的女户户主也就此卸任，所谓“妇人不专行，必有从也”②。虽然寡母在家中仍然有很多的尊长权，但鉴于宋代女性大概“五十一而老”③ 的年龄界定，当女户需要转化成为普通民户时，寡母一般已经处于“老”的状态了。在某种意义上来说，让垂垂老矣、无力视事的老母亲退出家庭管理工作，也与传统“孝道”相吻合。宋代很多女性也认为“吾老矣，今而后可以从子”④ 是自己应有的一个归宿。

其次，对于女户，如前文所述多数宋人都抱有同情态度，并适时地施以援手。但两广地区风俗，女性自立门户不必受家中是否有男丁影响，“无男而立女户”是一种普遍现象。⑤ 因为在南方的有些地区，男女分工完全与北方颠倒，身强力壮的女性反而成为家庭经

① （宋）程颢、程颐：《二程集·程氏遗书》卷十五《入关语录》，北京：中华书局，1981 年，第 146 页。

② （晋）范宁注，（唐）杨士勋疏：《春秋谷梁传注疏》卷一，隐公二年，上海：上海古籍出版社，1990 年，第 13 页。

③ （宋）王安石：《王文公文集》卷九十九《长安县太君墓表》，第 1008 页。

④ （宋）王安石：《王文公文集》卷八十六《鄱阳李夫人墓表》，第 916 页。

⑤ （宋）刘克庄：《后村先生大全集》卷一百五十一《墓志铭·铁庵方阁学》，第 3879 页。

济中的主导。[①] 再加上在两广地区婚姻风俗比较自由开放，男女青年相爱即可自由结合。[②] 平民百姓的女儿，长到十四五岁即可自力更生，开始为自己准备嫁妆，置办齐全之后嫁与自己的心上人，父母不加干涉。[③] 女子过时不嫁则称“老女”。[④] 在这样的社会环境中，在无男性继承人的绝户家庭，如果女性成年后没有嫁人，后自立门户作为户主独立生活，当地人也习以为常，觉得“女户”是一件平常事，和普通民户没有太大区别。

三、“女官户”——特权阶层的存在

女户是由女性担任户主的民户，“官户”是与“民户”相对而言的。从表面上看，官户无法与女户联系在一起。实际上，宋代女官户这一特权阶层的存在，有其自身的合理性与可能性。

宋宁宗朝时，臣僚提议进行保甲登记，单独规定“某人系官户，是何官品，曾不系析户”，[⑤] 这反映了朝廷对官户的重视。根据王曾瑜先生的研究，宋代关于官户与民户的界限，即何者为官户，何者为民户，有一系列具体而烦琐的规定，其主旨在于慎惜名器，以维护等级秩序的神圣性，保障官位品秩的尊严。[⑥] 女官户的特权要比单纯女户所受到的照顾多得多。而且，宋代官户世袭，由官户转为民户的可能性不大，官户的特权相对来说也比较稳定。那么，在某个官户家庭，如果暂时由寡妇来担任户主，它仍属于一般官户。但在

① 详见下篇第一章第一节中“农业生产中女性作用强于男性的情况”一部分内容，此处不赘述。

② 程民生：《宋代地域文化》，郑州：河南大学出版社，1997 年，第 30 页。

③ （宋）庄绰：《鸡肋编》卷中《广南僧率有室家》，北京：中华书局，1983 年，第 65 页。

④ （宋）刘克庄：《后村先生大全集》卷一百五十一《墓志铭·铁庵方阁学》，第 3879 页。

⑤ （清）徐松：《宋会要辑稿·食货》六六之二九，第 6222 页。

⑥ 王曾瑜：《宋朝阶级结构》，北京：中国人民大学出版社，2010 年，第 253 页。

南宋年间发生了这样一件事情：赵八郡主的丈夫死了，立为女户，意在“抚恤孤遗”。但后来郡主再嫁，“其户犹是赵八郡主”，官府察知此事后，“谓是妇人从夫，若欲以宗女盖蔽编民户役，世无此条”，依照律令定差。[①] 根据南宋役法的规定，宗女夫户必须服役，[②] 但赵八郡主的后夫则是钻了个律令的空子，以郡主前夫之家得立女户，后来冒立女户逃避服役。这也可以从侧面证明女官户所享的特权。

赵氏贵为郡主，其前夫的官职足以立为官户，那么在赵八郡主依法担任女户户主之后，前夫之家处于女户和官户之间，所受待遇兼有役法对女户的照顾和官户的特权，视之为单纯的女户或者官户都有失偏颇，所以“女官户”是一种特殊的情况。此外，宋代的一些制度也有利于女官户的出现。如宋代官户并无单独的户籍，同样须编入乡村和坊郭户籍，并划分户等。[③] 官户与民户通用一套户籍，由官户改立女官户，则无户籍变动，这无疑成为女官户出现的可能性。

四、女户的来源

女户立户规范加以细化、具体化，就形成了女户的立户条件。在宋代，女性的财产继承权是其中重要条件之一，除此之外，是否由女性担任户主，还要受到其他诸多社会客观条件和个人主观条件的制约。

（一）家庭结构的影响

在中国古代家庭中，常规模式是由一夫一妻或一夫多妾的小家

---

① 《名公书判清明集》卷三《以宗女夫盖役》，第 76 页。

② （元）脱脱等：《宋史》卷一百七十八《食货志上六》，第 4319 页。

③ 王曾瑜：《宋朝阶级结构》，第 25 页。

庭发展成大家庭，单个小家庭往往由大家庭分化产生。但随着社会经济的发展，大家庭的负担相对较为沉重，已经不能适应社会的发展形势。如果家庭成员的社会地位发生变化，则更是增加了大家庭的管理难度。再加上一些天灾人祸的影响，大家庭最终无法避免分化、消失的结局。就当时的社会情况而言，父母在而别籍异居的情况已成为普遍现象。宋代初年，朝廷规定：“诸祖父母、父母在，而子孙别籍异财者，徒三年。若祖父母、父母令别籍，及以子孙妄继人后者，徒二年，子孙不坐。”[①] 这一法律规定是从唐代继承下来的。为维护孝道，宋代政府常强调“别籍异财之禁”。但是，在实际执法的过程当中，也只能是“已分居者勿论”[②]。大观三年（1109 年），臣僚在论及福建路的情况时仍说：“家产计其所有，父母生存，男女共议，私相分割为主，与父母均之”，“建州尤甚，曾未禁止”。[③] 面对别籍异财的事实，绍熙三年（1192 年），朝廷的政策也不得不调整为：“凡祖父母、父母愿为摽拨而有照据者，合与行使”，官府不得阻拦，以避免引发不必要的争端。[④] 朝廷对分家异财控制的放宽，也从一个侧面反映出宋代家庭规模的变化，这种小型结构家庭在当时应该是普遍存在的。只有在小型家庭普遍存在的社会环境中，女户家庭才有可能存在。[⑤]

女性能否得立户主，与女性在家族中的地位也有密切关系。家族制度相对发达完善的地区，女性独自立户的可能性就较小。而在制约相对宽松的城市，女性在家中的自主性明显要大，特殊情况下

---

① （宋）窦仪：《宋刑统》卷十二《父母在及居丧别籍异财》，第 192 页。

② （宋）李焘：《续资治通鉴长编》卷一百八，仁宗天圣七年五月己巳，第 964 页。

③ （清）徐松：《宋会要辑稿·刑法》二之四九，第 6520 页。

④ 《名公书判清明集》卷十《兄弟之讼》，第 371 页。

⑤ 王曾瑜：《宋朝阶级结构》，第 76 页。

担任户主的概率就要高很多。在大型家庭中，男性以理财为务，是管理者；女性以家务为主，是劳动者，女性处于一个服从的地位。而在小型家庭中则不同，前文举过一个贺氏的例子，她的丈夫不孝顺，在外做小生意，好几年才回家一次，也不出钱照顾家中生活。为了照料老弱的婆婆，贺氏受雇于人，以纺织为生。① 虽然小家庭中女性拥有的只不过是对家庭财产的经营权和管理权而不是所有权，但“主母”的地位仅次于男性家长。一旦家中出现变故，自然由家中女性继立门户，成为女户。

（二）“再嫁”的影响

显而易见，在一般情况下，如果女性再嫁，自然不可能再独立门户成为女户。宋代法律和社会舆论不禁止女性改嫁，这就减少了女性成为女户的立户可能。

随着宋代商品经济的发展，人们的思想开始逐步被“重利轻义”所影响。这种思想变化反映在婚姻关系中，最直接的影响便是婚姻论财风气的盛行。宋代寡妇如果矢志守节，便获得了继管亡夫财产的权力。由于宋代法律对寡妇继承财产的规定相对松弛，因此出现了不少试图携带亡夫财产再嫁的事情。如北宋初年，宰相薛居正的儿子薛惟吉死后，留下可观的遗产。妻子柴氏没有孩子，于是打算携带亡夫的资财再嫁，朝廷官员张齐贤和向敏中都有迎娶之意。② 程颐一语道破：“本朝向敏中号有度量，至作相，却与张齐贤争取一妻，为其有十万囊橐故也。”③ 官员争娶有财产的寡妇，娶到了还会引以为荣。无独有偶，魏了翁的女儿在丈夫去世以后，准备再嫁。

① （宋）李元纲：《厚德录》卷二，《丛书集成初编》第992册，第21页。

② （元）脱脱等：《宋史》卷二百六十五《张齐贤传》，第9150页；卷二百八十二《向敏中传》，第9553页。

③ （宋）程颢、程颐：《二程集·河南程氏文集》卷十《大全集拾遗》，第407页。

乡人因为她兼有两家财产，争着娶魏氏为妻。后来魏氏嫁给刘震孙，还引起了其他人的嫉妒。[①] 从这里可以看出，寡妇再嫁，因有资财而受到欢迎。她们带着财产嫁与他人，放弃了自立门户成为女户的选择。

当然，关于再嫁问题也要考虑很多因素。比如，如果女性年少丧夫，甚至有的尚无子嗣，这种情况下她们在今后几十年的生活中守寡的可能性不大。还有很多女性认为有了子嗣便有了终身寄托，守寡是有意义的，也是必要的。这种情况下形成的女户是比较稳定的，直到家中男孩子长大之后再逐渐过渡成为普通户。还有一个因素来自女性在家中的身份，也就是说，是否守寡不再嫁取决于这个寡妇是否明媒正娶，即是妻是妾、是嫡是庶。虽然在无男性继承人的绝户家庭中，寡妇无论是妻是妾都享受同样的财产继承权，但年轻貌美的小妾为亡夫守寡的情况似乎少之又少。再加上家中嫡妻“主母”对小妾和婢仆的买卖权，失去存在意义的妾室与婢仆一般会被主母发卖，而不是留在家中独立门户。

（三）女性个人行为方式对立户的影响

即使在完全相同的背景下，不同的人也会有不同的选择和行为方式。如上提到的再嫁问题，的确有不少女性选择再嫁，重新开始自己完整的婚姻家庭生活。但也有不少女性或者因为性格朴实，或者因为受传统价值观念影响较深，或是因为子女原因，选择终生守寡守节。如都昌妇人吴氏，她寡居无子，凭双手谋生，侍奉双目失明的婆婆。婆婆年迈，打算为她招一个接脚夫帮衬着过日子，而吴氏却以“女不事二夫，新妇自能供奉”为理由拒绝了婆婆的怜爱

① （宋）周密：《癸辛杂识》别集上《刘朔斋再娶》，北京：中华书局，1988 年，第 244 页。

之意。①

其实，在丈夫去世之后，寡妻面临最大的问题不是再嫁而是生存。只有在生存问题得到保障的情况下，女性才有可能安于现状，担当门户。再嫁，对于某些贫穷寡妇来说，是一条“求生之路”。但也不乏一些独立的女性积极参加社会劳动，她们或者是维持原有的经济基础，或者是独立经营，作为女户独立维持家中生活。这一部分内容将在下篇中详细探讨，在此不再赘言。

总之，宋代女户的立户是一个相当复杂的问题。除了受女性财产继承权的制约外，还取决于诸多社会客观条件和个人主观因素。这些条件的作用大小不尽相同，虽然个人素质往往起着非常重要的作用，但毕竟属于个别现象。综合观之，宋代女性独立女户，成为一家之主的情况并不多见。

五、女户的财产

考察宋代女户的家庭角色时，必须要注意到女性的财产问题。具体可从财产的获得、分配和管理三方面来探讨。

（一）财产的来源

1. 名实合一的继承方式——绝户女儿与寡妇继承

在财产继承问题上，就宋代女儿的继承人地位而言，有在室女、归宗女、出嫁女三种类型。在宋代，女性如尚未出嫁一般与父母兄弟同居，只有在绝户的情况下，女儿才有可能成为家产的继承人，主持门户。关于绝户的遗产处理，北宋初年规定：“诸身丧户绝者，所有部曲、客女、奴婢、店宅、资财，并令近亲转易货卖，将营葬事及量营功德之外，余财并与女。无女均入以次近亲，无亲戚者官

① （宋）洪迈：《夷坚志》补志卷一《都昌吴孝妇》，第1554页。

为检校。”[①] 即除发丧的费用之外，在室女可以继承全部财产，从而改立女户。另外，如果有已嫁亲女被休，或因夫亡无子，不曾分到夫家财产，已经回归娘家之后父母才身丧户绝的人，也可以依照在室女的身份继承绝户遗产。[②] “元符新规”中即明确规定：“户绝财产尽均给在室及归宗女。千贯已上者，内以一分给出嫁诸女。止有归宗诸女者三分中给二分外，余一分中以一半给出嫁诸女，不满二百贯给一百贯，不满一百贯全给。”[③] 这是对女儿继承户绝财产的相关法规的完备。如熊资去世之后，他的妻子阿甘已行改嫁，“惟存室女一人，户有田三百五十把。当元以其价钱不满三百贯，从条尽给付女承分”。[④] 另外在南宋时，户绝之家的在室女能够以其父亲的名分参与到与父辈兄弟之间的财产分割中，份额减半，另一半依法没官。亡夫生前私置的产业则应尽给其女，“今佥厅及推官所拟，乃止给三分之一，殊未合法”。[⑤] 不难看出在室女获得全部户绝财产的继承法基本通行于整个两宋时期，并且其财产权利有所扩大。在有女无子而又未立嗣的绝户家庭中，女儿便成为家产的第一继承人。不过，这种家庭中的女儿只能在未嫁时继承全部家产。如果想永久地继承全部家产，则必须承担继立门户、传宗接代的责任。

除遗产继承外，获取嫁资也是女儿继承父家财产的一个重要途径，但嫁资或者是遗嘱嫁资均不能成为女户的财产来源。即使日后嫁随夫家，也不得立为女户。宋代《户令》中规定：“寡妻妾无男者，承夫分。若夫兄弟皆亡，同一子之分。”[⑥] 宋代法律准许“妻承

---

① （宋）窦仪：《宋刑统》卷十二《户绝资产》，第 198 页。
② （宋）窦仪：《宋刑统》卷十二《户绝资产》，第 198 页。
③ （宋）李焘：《续资治通鉴长编》卷五百一，哲宗元符元年八月丁亥，第 4688 页。
④ 《名公书判清明集》卷四《熊邦兄弟与阿甘互争财产》，第 110 页。
⑤ 《名公书判清明集》卷八《侵用已检校财产论如擅支朝廷封桩物法》，第 280 页。
⑥ （宋）窦仪：《宋刑统》卷十二《卑幼私用财》，第 197 页。

夫分”成为户主，而且“未去一日，则可以一日承夫之分”。[①] 但寡妻妾的代位继承权是有条件的：一是必须在夫家守志，若改嫁，夫家财产“皆应分人均分”[②]；二是必须为亡夫立嗣，将代位继承的财产转移给所立之子。曾经有这样一个案例：李学文结婚不久就去世了，其宗族将他的堂弟立为嗣子。后来他的妻子阿张以“所立嗣子辈分不当”诉之官门。官府判决令嗣子归原家，“别令命继”。但阿张在李学文弟弟李学礼的教唆下，“乃称学文自亲弟下不愿更与之立嗣，如此则是绝学文之后矣”！由于“李学文既无昭穆相当之子，而其母阿张又常有不愿命继之词”，官府最后的判决结果是：等到将来李学礼“如有两子”，“令将一子以继学文之后”。[③] 如果最后李学礼也没有儿子，则听从寡妻阿张的安排。出于私心，寡妇不愿为亡夫立嗣，但“不孝有三，无后为大”的观念影响着人们，不立嗣似乎是不可能的。由此可见，寡妻的代位继承主要是为亡夫的继子起一个传递财产的作用。

2. 无名有实的继承方式——夫亡子幼之家的寡母代子继承

《宋刑统》中规定：“兄弟亡者，子承父分。兄弟俱亡，则诸子均分。”[④] 即父亲先于祖父死亡，准许儿子代替父亲承受祖父遗产，家产的继承者应该是家中诸子。如果儿子年幼，寡母守节不改嫁，意味着将要承担其亡夫的所有义务，包括撑立门户、抚养子女等。本着权利与义务相统一的关系，寡妻可以代子继承，实际上也就是一种继管形式。也就是说，在夫死子幼的家庭中，寡母即是通过这种无继产之名，却有继产之实的间接方式继承了财产。

---

① 《名公书判清明集》卷八《检校嫠幼财产》，第280页。

② （宋）窦仪：《宋刑统》卷十二《卑幼私用财》，第197页。

③ 《名公书判清明集》卷八《叔教其嫂不愿立嗣意在吞并》，第246页。

④ （宋）窦仪：《宋刑统》卷十二《卑幼私用财》，第197页。

女性一生基本上要经历为人女、为人妻、为人母的三个阶段，在这三种角色之中，“为人母”的地位最高，在家中也最有发言权。就个体小家庭而言，“为人母”之后的真正掌权时便是丈夫与公婆皆已去世，女性成为家中唯一长者的时候。那么，在子女尤其是儿子尚为年幼、能够自主地管理财产之前，寡母就会以一家之长的身份“继管”财产暂立为女户。

（二）财产的分配

1. 非绝户女户

在有亲子的女户家庭中，寡妇实际是代子继承。待儿子成年之后，将财产依法归还给儿子。对于亲子的继承权，有三种不同的情况：若仅有子一人，其财产全部归该子所有；若有诸子，则按“均分”的原则进行分配；若既有儿子又有女儿，北宋时“姑姊妹在室者，减男娉财之半”①，在室女的份额相当于未娶妻之男性聘财的一半，南宋时则是“父母已亡，儿女分产，女合得男之半”。②

2. 绝户女户

因无直系男性子孙，户绝继承人的范围和顺序较正常的继承要复杂得多，因此与宋代户绝继承相关的法律规定也更加完备和详密。在户绝家庭中，既有立继子孙与命继子孙之分，也有在室女、归宗女、出嫁女之别。在女儿户立户的时候，部分在室女即以户主的身份继承了全部户绝财产，但此处所谓的在室女却并非户主，而是无亲子的寡妇担任户主的女户家庭中的一分子。该类女户在寡妇再嫁及身亡之后，财产分配“方依户绝法”施行③，情况比较复杂，不同人群的继产份额也不一致，北宋南宋更是不尽相同。

---

① （宋）窦仪：《宋刑统》卷十二《卑幼私用财》，第197页。

② 《名公书判清明集》卷八《女婿不应中分妻家财产》，第196页。

③ 《名公书判清明集》卷八《夫亡而有养子不得谓之户绝》，第277页。

（三）财产的管理

在大部分女户家庭中，女性既然替代丈夫或是儿子成为一家之主，就意味着将承担他们的所有义务。作为报偿，便是享有继管家庭财产的权利。《宋刑统》中规定："应典卖物业或指名质举，须是家主尊长对钱主，或钱主亲信人当面署押契帖。或妇女难于面对者，须隔帘幕亲闻商量，方成交易。"① 当时，虽然女性不便于抛头露面，但在物业所有权发生重大转移的活动中，即使是"隔帘幕"也必须亲自参与，如此交易才是合法有效的。南宋法律对此有更加明确的规定，如无亲子寡母在世时，"财产并听为主"②，以致有"母已出嫁，欲卖产业，必须出母著押"③ 之事。在交易田产、立定地契的时候，这一点表现得更加突出，即"交易田宅，自有正条，母在，则合令其母为契首"。母亲，既是家长又是户主，寡母自然居于交易地契签押第一人的地位。宋代有一个案例：魏家兄弟五人同财共居，母亲李氏仍健在。按照法律规定，在典卖家中田宅的时候应该由母亲作为"契首"，兄弟五人再画押。但是儿子魏峻私自抵押了众人的田产，并向邱汝砺借钱饮酒赌博行乐。由于是违法交易，结果经官之后判决："钱没官，业还主，契且附案，候催追魏峻监钱足日毁抹。"④ 可见，在女户家庭中，非寡母做主而进行的交易是不合法的，法律不予保护。在另一案例中，陈文卿的妻子吴氏曾经抱养过一个男孩，起名陈厚，后来又亲生了陈谦、陈寅二子。陈文卿在世时，吴氏夫妇无故将家产分为三份，陈文卿去世之后，吴氏又做主分析了未分之家业。养子陈厚出卖了自己分得的财产，后来引发了纠纷。

---

① （宋）窦仪：《宋刑统》卷十三《典卖指当论竞物业》，第 272 页。

② 《名公书判清明集》卷八《继绝子孙止得财产四分之一》，第 205 页。

③ （宋）黎靖德：《朱子全书·朱子语类》卷一百二十八《法制》，第 4017 页。

④ 《名公书判清明集》卷九《母在兄弟有分》，第 301 页。

官府对此事判决："然使吴氏初无偏私之意，未即分开产业，至今同爨而食，母为之主，则陈厚虽欲出卖而无从"，最终，"唤上陈厚，当厅先拜谢其母，陈谦、陈寅次拜谢其兄"，并将所析之户及其物业合归陈文卿一户，"而使吴氏掌之，同居共爨，遂为子母兄弟如初"。[①] 在这个案例中，吴氏偏私自己的两个亲生儿子，违法分析家产，但判官没有追究吴氏的责任，而是责令他们重新同居，体现了对寡母的尊重，也维护了女性对女户财产的管理权。

寡妇的财产管理权是有一定限度的，仅是暂时代替幼子管理家财。当子孙成年，能够支配财产的时候，寡妇的实际财产权便会不断被削弱，更多地成为名分上的虚权。寡妇的这种财产管理权在某种程度上可以说是极其不稳定和矛盾的。

虽然如此，暂时由家中寡母担任户主，为年幼子孙的成长提供了充裕的时间，从而对某些特殊家庭和社会起到了一定的稳定作用。这正是宋代朝廷多次下令禁止长辈尚在，子孙即分析户产的原因。"准法，父母在，不许别籍异财者，正欲均其贫富，养其孝弟而已。"[②] 南宋某些官员的判词也突出地反映了这一点。根据案例记载：张介然有三个儿子，在他去世之后，他的妻子刘氏管理家事。后来长子张迎娶陈氏为妻，不幸早丧而无子。"盖刘氏康强，兄弟聚居，产业未析，家事悉听从其母刘氏之命，所以子虽亡，寡妇安之，此不幸中之幸也。"[③] 官府正是通过确立寡母刘氏一户之主的地位，解决了一场潜在的家庭纷争，稳定了局面。反之，分家之后各显其能，再加上过早地分析家产，因个别子孙不懂持家之道，容易造成兄弟之间贫富差距过大，甚至兄弟反目。信州贵溪县有闻氏兄弟二人邦

---

① 《名公书判清明集》卷八《母在不应以亲生子与抱养子析产》，第 278 页。

② 《名公书判清明集》卷八《母在不应以亲生子与抱养子析产》，第 278 页。

③ 《名公书判清明集》卷七《争立者不可立》，第 211 页。

荣和邦华。父亲在世的时候，已经预先为他们安排好了生计：“于县启茶肆，以与邦华，于州启药肆，以与邦荣。”父亲死后，兄弟二人分家。邦华肆意挥霍，几年间将父亲留下的财产挥霍殆尽。由于邦荣夫妻勤俭持家，日子过得“衣食丰余”。此时，仍然在世的母亲由于有心偏袒小儿子，便指使邦华到官府投诉说“以为母在堂，不应分析”。邦荣不服，于是兄弟二人打起了官司。官府也是难以定夺，直到其母去世，才最终判决所有家产一分为二，“各受若干，其先为华所坏者，理为所得之数”。邦华不服判决，心生恶念，下砒霜毒死了哥哥邦荣。邦荣的儿子廉夫虽然明白父亲真实的死因，但又苦于没有证据无力投诉，为了报复，又害死了叔叔邦华。①大家庭虽然已经不适应社会的发展趋势，但是在子孙尚幼、尊长在世的情况下，由家中尊长来主持门户，控制家中财产，还是比较妥善的。宋代社会是一个广泛析居的社会，个体小家庭在削弱了家族的联系的同时，加强了与国家和社会的联系，从而使得女户的稳定作用得以加强。

总之，在宋代，女儿和寡妇是绝户财产的继承者，夫亡子幼的家庭中，寡母间接地继承了家产，部分拥有财产继承权的女性方能改立女户。就女户而言，她们中的大部分占有一定数量的财产，虽然寡妇的财产管理权容易受到社会其他因素的干扰，但对于某些特殊家庭甚至是整个社会来说，起到了一定的稳定作用。

---

①《名公书判清明集》卷七《争立者不可立》，第211页。

第二章　宋代女性对家产的"继承"与"继管"

第一节　女性对娘家财产的继承

一、女儿的遗产继承

女性的家庭角色都是从"女儿"开始的，她们和父家有着割不断的血脉联系。父母为了女儿嫁得体面、婚后生活幸福，除了为她们备足妆奁之外，还赋予了女儿财产继承权。女儿以婚姻为界限分为三种：未婚的"在室女"、已婚的"出嫁女"和由于离婚、夫死等各种原因而回归父家的"归宗女"。下面将对这三类不同情况女性的继承财产加以详细探讨。

（一）在室女的继承

女性在未出嫁之时是在室女，有一般继承和绝户继承两种情况。第一种是一般继承。所谓一般继承是指父母一方或者双方死亡，子女对财产的自然继承。习惯上认为中国古代女性"在家从父，出嫁从夫，夫死从子"，人身并不完全自由。即使参与家庭的劳作与经营，对财产的处分权也不高。但是从史料中反映出来的宋代女性在社会和家庭中的经济形象来说，这种说法失之偏颇。就财产权来说，女性的继承地位在宋代就得到很大提高。北宋时期《宋刑统》中户律婚规定，在室诸女在继承本家财产时只能分得嫁妆，并且数额为男性诸子结婚聘礼的一半。到了南宋，根据《名公书判清明集》（以下简称《清明集》）中“女合得男之半”[①]以及“二女与养子均分”[②]等案例的记载，说明在室女可继承财产的数额增加到兄弟总继承数额的一半，而不再仅仅是聘礼的一半。另外还有很多在室女是通过遗嘱继承的形式来分得家产的，并且数额各不相同。以下就《清明集》中的案例来探讨在室女的继承权问题。

《清明集》卷五“争业”中有一条名为《继母将养老田遗嘱与亲生女》的案例，可作为分析的出发点。

> 叶氏乃蒋森后娶之妻，蒋汝霖乃蒋森元养之子，子可以诉继母乎？蒋汝霖自合坐罪，然亦其继母之舅有以使之。契勘蒋森家业有田谷二百九十硕，蒋森在时，自出卖三十二硕，蒋森死后，叶与其兄叶十乙秀合谋，擅割其田业为三：汝霖得谷一百七十硕，叶氏亲生女归娘得谷三十一硕随嫁，叶氏自收谷五十七硕养老。归娘既是叶氏亲生，又许嫁叶氏姊子郑庆一，由是叶、郑合为一党，而汝霖之势始孤。使汝霖能尽孝以回其母心，谨礼以守其父业，岂不尽善。今乃遽将分到之业，节次卖破，其母、妹安得不疑惧而防闲之？母、妹之情既隔，于是汝霖始敢不逊而生讼矣。已分之业，已卖之田，官司难以更与厘正。只据见在，则归娘三十一硕谷田，自合还归娘随身，汝霖不得干预。叶氏五十七硕谷田，叶氏尚在，岂外人敢过而问。[③]

案件的起诉人蒋汝霖是蒋森的养子，蒋家一共有谷田二百九十硕，

---

① 《名公书判清明集》卷八《女婿不应中分妻家财产》，第278页。

② 《名公书判清明集》卷八《女合承分》，第290页。

③ 《名公书判清明集》卷五《继母将养老田遗嘱与亲生女》，第141页。

在蒋森死后，他的续弦妻子叶氏和其兄长合谋把家中田产分为三份，其中养子蒋汝霖得谷田一百七十硕，叶氏亲生女归娘得三十一硕以作随嫁之用，叶氏自占五十七硕作为养老田。后来归娘与其姨娘家的儿子郑庆一订立婚约，把郑家也牵扯到这一宗田产纠纷之中，蒋汝霖认为叶、郑两家有串通合谋的倾向，于是便将所分得田产逐渐卖出，并把继母叶氏诉之于官府。虽然是继母、子的关系，但以子告母似乎是一种不利于蒋汝霖的不孝行为。蒋汝霖却突破了这层关系，并做足准备诉之于公堂的关键在于：蒋汝霖是蒋森的元养之子，是名正言顺的"承分人"。在法律上，亲子与养子一样，负有祭祀和赡养父母家庭的责任，同样也享有和亲子一样的财产继承权。所以在这个案件中，蒋汝霖诉讼继母属不孝行为是与法定财产继承无关的人情关系行为。法官翁浩堂的判决明白地指出了这一点：

但叶氏此田，以为养老之资则可，私自典卖固不可，随嫁亦不可，遗嘱与女亦不可。何者？在法：寡妇无子孙年十六以下，并不许典卖田宅。盖夫死从子之义，妇人无承分田产，此岂可以私自典卖乎？妇人随嫁奁田，乃是父母给予夫家田业，自有夫家承分之人，岂容卷以自随乎？寡妇以夫家财产遗嘱者，虽所许，但户令曰：诸财产无承分人，愿遗嘱与内外缌麻以上亲者，听自陈。则是有承分人不合遗嘱也。今既有蒋汝霖承分，岂可私意遗嘱，又专以肥其亲生之女乎？仰蒋汝霖今后洗心改过，奉事叶氏，不得咆哮；叶氏亦当抚育男女，勿生二心。及不得使叶十乙秀干预蒋家事务，以离其母子。汝霖且略加惩戒，决小杖二十，再犯重治。申州照会。[①]

这一段解说可谓详尽无疑，其中既断定了财产的分割，也对蒋汝霖不孝顺继母的行为进行了惩戒。在这个判决中可见，“子承父分”原则是最根本的家财分割原则，即使是继母遗嘱也不能改变承分人应该享受的财产权利，这就是判词所引《户令》中“有承分人不合遗嘱”的根本精神。事实上，莫说继母，即使是父亲遗愿也不能改变像“子承父分”这样既隶属又超然于“父家长制”体制的原则。

此案中还有个财产比例的问题：叶氏在第一次分田时是应用了“女合得男之半”的原则，但她犯了一个技术性的错误，将八十多硕田分为归娘的随嫁田和自己的养老田。这一点让蒋汝霖有机可乘，他利用“子承父分”原则的法律效力高于寡母遗嘱这一点，形成了叶氏死后养老田归他所有的这种对自己有利的情况。这样一来，蒋汝霖分得数额是归娘的七倍多，不符合“女合得男之半”的原则。但是为什么叶氏没有将八十八硕田按照合情合理的原则全部分给自己的亲生女归娘呢？这恐怕是因为叶氏也并不完全信赖自己的女儿，为自己留了养老田，是在给自己留后路。至于在遗嘱中将身后财产留给女儿，大概是因为女儿嫁给了自己亲姊的儿子郑庆一，亲属网系增强，安全感也随之增加，叶氏的本意还是将田产归于与自己有血缘关系的娘家亲族。

虽然在这个案例中在室女归娘没有按照她母亲的意愿得到随嫁的三十一硕田地，但在另外一个侧面也反映出尽管女儿的实际所得利益不如家中男子，但女儿的随嫁财产确实是被法律保障的。再者，从叶氏的角度来说，她认为将田产在遗嘱中以随嫁田的名义留给自

① 《名公书判清明集》卷五《继母将养老田遗嘱与亲生女》，第141页。

己的亲生在室女，不属于家产继承的范畴，不会被蒋汝霖夺走，这是理所应当的。这就说明，在当时某些女性眼中，嫁妆与家产并不相同。该案件中的遗嘱因为侵犯了男子继承权，所以被废除，而在其他涉及在室女的遗嘱中，女儿财产性质又有不同的体现。

《清明集》卷七《遗嘱与亲生女》一案中记载：

> 曾千钧亲生二女，兆一娘、兆二娘，过房曾文明之子秀郎为子，垂没，亲书遗嘱，摽拨税钱八百文与二女，当时千钧之妻吴氏、弟千乘、子秀郎并已佥知，经县印押。今秀郎生父文明乃指遗嘱为伪，县印为私，必欲尽有千钧遗产，何其不近人情如此！文明以其子为千钧后，自不当干预其家财产。况文明尚欲子其子，乃使千钧终不得女其女，于理可乎？抑不思父母产业，父母支拨，为人子者，孰得而违之。使秀郎不得为千钧子，尺地寸土，且不可得。今既为千钧子，念其女兄，如念其父可也，今亦以遗嘱为伪，是不特不弟其女兄，实不孝于其父矣！千钧命以为子，果何望哉？司理所拟甚明，且免施行，再不知悔，则不孝无父之罪，不可逃矣。但兆一娘近日既亡，则所得税产，朱新恩合与立子承绍，未可典卖。庶千钧爱女之意，不绝如线，而亦可以服文明父子之心。示取知委申。①

由吴恕斋判决的判词中说："（曾千钧）亲书遗嘱，摽拨税钱八百文与二女"，但却没有明确表述是过继子秀郎所得。在这个案件中法官吴恕斋指斥秀郎与生父曾文明曾意图侵吞曾千钧全部遗产，就连曾

---

① 《名公书判清明集》卷七《遗嘱与亲生女》，第237页。

千钧遗嘱给两个女儿兆一娘、兆二娘的税钱八百文也不放过，吴恕斋反驳曾文明父子的理由很值得深思：第一，“今秀郎生父文明乃指遗嘱为伪，县印为私，必欲尽有曾千钧遗产，何其不近人情如此”；第二，“况文明尚欲子其子，乃使千钧终不得女其女，于理可乎？”吴恕斋认为既有过继子这种情分在，秀郎理所应当顾念兄妹、父子情分，他谎称遗嘱伪造而争家产的行为，实在是不孝的。

由此可以清楚地看到，吴恕斋的驳回理由并不是从纯法律层面出发的，而是更多地掺杂了“人情”。他没有引用法条，也没有指斥曾文明父子犯法，而是从家庭伦理角度出发指出了曾文明父子的不道德之处。而顾于“人情”的理由则是从合理性角度说明曾千钧二女分得一定财产是合乎常理的。这样的反驳理由，无论吴恕斋本人还是曾文明父子都感觉“法外人情”似乎没有足够的说服力，所以吴恕斋也并没有对曾文明父子的行为进行任何惩罚。这样既避免了秀郎作为合法男性承分人对遗嘱提出异议，也避免了曾文明父子利用南宋遗嘱法中“诸财产无承分人，愿遗嘱与内外缌麻以上亲者，听自陈”① 的条文而钻法律空子否定遗嘱，霸占家产。

另外，这也再次证明了如果家中存在拥有完整合法继承权的儿子，通过遗嘱交给在室女的财产不管名义上是“随嫁”还是“税产”，实际上都是家长留给女儿的生活之资，法理上并不能和男子继承权相提并论。判决最后命朱新恩立子承绍已经去世的兆一娘得税产，将女子生活费性质的财产转化为男子继承性质的财产，并声明“庶千钧爱女之意，不绝如线，而亦可以服文明父子之心”。这样的判决既是对国家法律条文的公正执行，也是调和家中男子继承和女子接受奁产与生活之资纠纷的成功典范。

---

① 《名公书判清明集》卷五《继母将养老田遗嘱与亲生女》，第141页。

《清明集》中的《女合承分》案也是此类女性继产问题比较有代表性的案例。案件中牵涉三名儿女，包括两名在室女孝纯和孝德，一名过房子孝先。全家有田三千亩，库十座，在父亲郑应辰生前“二女各遗嘱田一百三十亩，库一座”，比较孝先所承受的两千七百四十亩田及八座库，这实在是九牛一毛。然而孝先却仍不满意，欲得全部家产。根据判词所断说“乃徒较其遗嘱之是非”，以遗嘱不合法为起诉理由，行为跟上文《遗嘱与亲生女》案例中的曾文明父子行径相似。但在这个案件中，法官范西堂被孝先的刻薄计较所激怒，除了维持按照遗嘱所分数额外，并用刑罚惩罚了孝先。他提出：“假使父母无遗嘱，亦自当得，若以他郡均分之例处之，二女与养子各合受其半。”① 孝先作为拥有完整继承权的承分人，不满意遗嘱，贪求更多，范西堂评价其行为“不义之甚”。他提出一种新的分析方法“他郡均分之例”来威吓孝先，提醒他如果按照此种方法，孝德、孝纯将分走更多家产，“二女和养子各合受其半”。问题在于，不管范西堂如何强调孝先养子的身份，始终不能改变他的承分人地位。那么为何不否定遗嘱的法律效力，弃之不用，改用“他郡均分之例”给予两名在室女更多财产呢？关键在于所谓“他郡均分之例”不管是什么法条，它的法律效力始终低于官方法律和父亲遗嘱，作为一种民间习惯法或者是地方法规而存在，属于次级法。范西堂如果采用这种次级法，恐怕孝先难以信服，如果进一步上诉反而给他留下更多把柄。在这种两难的情况下，维持遗嘱所分比例、惩罚孝先，既保证了女儿的财产承分所得，也出于人情对不孝不义行为进行了整治。

综合上文中的案例分析，关于非户绝情况下在室女的一般继承

---

① 《名公书判清明集》卷八《女合承分》，第290页。

可以总结出四点：第一，在有男性承分人的情况下，根据《清明集》中南宋遗嘱法“诸财产无承分人，愿遗嘱与内外缌麻以上亲者，听自陈”法条，男性承分人的家产继承权高于遗嘱的法律效力。第二，在对在室女明显不公的例子中，即使男性承分人有异议，也会尽力执行遗嘱以保障在室女的“生活之资”。在遇到这种情况时往往会忽略第一点结论中的前提，而用伦理道德说教来调解纠纷。第三，遗嘱分给在室女的家财在性质上与男性承分人不同，是以嫁资的名义给予的生活费，并非对家财的直接继承。第四，遗嘱分给在室女的财产份额不定，一般情况下依据父母意愿以及家庭经济条件分给。

除了上述情况中的一般继承外，宋代女性财产继承主要发生在户绝家庭中。所谓户绝，指家庭中缺乏男性血统继承人继承家业和延续香火。“立继有据不为户绝”说明生前有养子的家庭，父母去世以后财产不能作户绝处理。所以户绝财产的继承人必须是家庭中的出嫁女或者在室女。宋代关于户绝财产的女性继承法规十分完善。

在室女户绝财产继承的问题实际上是非常复杂的，比较非户绝情况的遗嘱分产来说，首先应该搞清楚什么是“户绝”。下面先举两个被判不是户绝的个案为例探讨。

首先是《清明集》卷七的《立继有据不为户绝》一条案例：

> 照得户婚讼牒，不一而足，使直笔者不能酌情据法，以平其事，则无厌之讼炽矣，家不破，未已也。事到本司，三尺具在，只得明其是非，合于人情而后已。吴琛有女四人，子一人，此宗枝之所备载。长曰二十四娘，即石高之室，次曰二十五娘，乃胡闿之妻，子曰二十六，乃吴有龙也，即今立异姓者，次曰二十七娘，据称已嫁许氏者，幼曰二十八娘，即今陈词未嫁者。雁行之序既陈，苟得之讼

> 可折矣。石高、胡闿，赘婿也，义犹半子，倘吴琛以二婿为可托，则生前无由立异姓之男，向立闾丘，以续其传，复娶李氏，以为其室，该有在矣。绵历寖久，孙枝挺然，一家之中，父父子子，长长幼幼，各安于数年之远，曾无异辞，而一旦遽起讼端，其故何也？得非有龙行不当为吴琛之子邪？则吴琛之死，斩衰之制，二婿行之乎？有龙行之乎？得非有龙行之邪！得非以有龙吴二十四娘等兄弟邪？则有龙之死，大功之制，姊妹行之乎？他人行之乎？况有龙既能生事死葬，克尽人子之责，而谓之非子，则不可也。若必欲以有龙非已子，称曰义男，则二十四娘何不诉于吴琛方死，名位不正之时，乃独诉于有龙既死之后？在法：诸义子孙所养祖父母、父母俱亡，或本身虽存，而生前所养祖父母、父母俱亡，被论诉及自陈者，官司不得受理。又准法：异姓三岁以下，并听收养，即从其姓，听养子之家申官附籍，依亲子孙法。虽不经除附，而官司勘验得实者，依法，有龙虽曰异姓之男，初立之时，已易其姓，父死之后，吴琛有词，又给据以正之，如此则不可谓之义男矣。胡闿又称吴氏之产，乃二婿以妻家财物，营运增置，欲析归四女，法则不然。在法：诸赘婿以妻家财物营运，增置财产，至户绝日，给赘婿三分。今吴琛既有植下子孙，却非绝之比，岂可遽称作绝户分邪？徐考其两词之所自凭者，遗言也，县据也。①

在这个案件中，吴姓家庭有四个女儿，其中两个招了赘婿，一个

① 《名公书判清明集》卷七《立继有据不为户绝》，第215页。

“据称已嫁许氏”，最小的是未婚在室女。除了这四个女儿之外，还有一个抱养的异姓儿子吴有龙。在吴琛过世之后，他的妻子不能协调家庭，未婚在室女二十八娘“及时而不以礼遣”，在她达到适婚年龄后没有给她准备好嫁妆；加上其他几个女儿也不满意家产分割，故闹上公堂。如此一个复杂的案件，被审理者处理得得当分明。首先是未婚在室女二十八娘的上诉，赵知县“遂有均分议嫁之判”，也就是要吴有龙妻儿分给二十八娘家财以作嫁妆之用。与此同时，招了赘婿的两个女儿跳出来说吴有龙只是义子，而不是吴家法定抱养子，应据“赘婿户绝承分法”来析分，要求“给赘婿三分”。但满足这种要求的前提必须是户绝家庭。既然法官断吴有龙为养子而非义子，那么此家庭便不是户绝家庭，此法不适用。另外，招有赘婿的女儿凭出嫁女身份意图分割家财是不允许的，因为“已嫁承分无明条，未嫁均给有定法”，“无明条”指的是在非户绝状态下的出嫁女不能分得财产，“有定法”是指“诸分财产，未娶者与聘财，姑姊妹在室及归宗者给嫁资，未及嫁者则别给财产，不得过嫁资之数”。这种分配方式相比《宋刑统》中“其未娶妻者，别与娉财；姑姊妹在室者，减男娉财之半”最大的进步是，切断了嫁资与聘财之间的分配比例的联系。嫁资变成了独立存在的个体，其分配数额由家庭内部决定，不再受国家成文法规的严密控制，这或许也表示了国家公权力对家庭私财领域所属控制权力的退让，从侧面证明了上文案例中嫁妆与聘财之间的关系。本案案题虽为《立继有据不为户绝》，但判词中却屡引户绝相关法条，而结尾部分有“所有案官引用户绝拨女分之拟，本司难于检断”之语，可见拟判的司法处理也相当谨慎。

这个案件还反映了另一个值得思考的问题：招有赘婿，仍然住在父母家里的女儿的尴尬处境问题。宋代法律规定的女儿身份只有在室女、出嫁女和归宗女三种，有赘婿的女儿实际上属于“出嫁女”，但却依然“在室”。事实上，这种身份就类似于三种女儿身份的综合体，却因为定义模糊而在财产分割问题上缺乏成文的法律保障。她们的财产多通过赘婿体现，在《夫亡而有养子不得谓之户绝》的案例中，也遇到了这种情况。

> 阿甘见在虽招到接脚夫，而有三岁以下收养之子，非户绝分明。帖县将所籍之物给还阿甘子母，牒提举司照会。续又据宁都县申，具到因依丰台判，据本县当来所申，丁昌在日已养得三岁以下之子，然则丁昌元非绝户，朱先之告妄耳。林知县既明知之，乃复绳之以不除附之法，彼村人安识除附为何事，今详林知县亦未识此二字之义也。此谓人家养同宗子，两户各有人户，甲户无子，养乙户之子以为子，则除乙户子名籍，而附之于甲户，所以谓之除附。彼侯四贫民，未必有户，兼收养异姓三岁以下，法明许之即从其姓，初不问所从来，何除附之有。若只谓丁昌养子，合申官附籍则可耳，然法亦有虽不除附，官司勘验得实，依除附法之文。①

在这个案件中关于“户绝”有两点重要信息：第一，如果家中有同宗养子经过“除附”手续，或者符合法律规定抱养的三岁以下异姓子已从养父之姓，该家庭不是户绝家庭。也就是说，养子经过合法手续处理或者本身处于合法收养状态的都可以否定户绝。这一点与上文案件中吴有龙既为养子，故家庭不属绝户家庭的情况相同。第

① 《名公书判清明集》卷八《夫亡而有养子不得谓之户绝》，第272页。

二，判词中言：“按户令：寡妇无子孙并同居无有分亲，召接脚夫者，前夫田宅经官籍记讫，权给，计直不得过五千贯，其妇人愿归后夫家及身死者，方依户绝法。”意思是说，家庭中在寡妻尚存世的情况下，不能以户绝之法处置其家产，即使她招接脚夫也一样。除非该寡妻自愿回归夫家，离开原属父家，或者是在无子情况下身故，才可以适用于户绝的相关条法。

经以上两例可证，所谓“户绝”就是父母双亡，缺乏合法嫡系承分人的状态。另外，从南宋时户令的“诸已绝之家立继绝子孙谓近亲尊长命继者”这句文本来看，近亲尊长所立命继子的身份便是户绝之家中的合法继承人。换言之，一个家庭必须是先经过户绝状态才能再有命继子；在命继子确立之前，家庭处于“已绝之家”的状态。

关于户绝状态家庭中在室女的财产继承问题，还必须提到一个重要的环节就是“检校”。关于检校制度，《清明集》中的《官为区处》是一个最好的案例。该案件的大致内容为：李介翁和郑三娘生了一个女儿，叫良子。在介翁死后，由于良子年幼，故而官府将良子分到的财产代为检校，作为其日后的嫁资，并托其生母郑三娘抚养良子。但郑三娘却不顾自己亲女的利益，据良子嫁资为已有，并携产嫁人。在这个案件中，法官韩似斋严厉地批评了郑三娘的自私，对良子的处境给予同情和充分考虑，其判词为：“当此之时，为官司者，便当据条任理而行之，乃听阿郑之词，同所问于十岁之良子，彼何知哉？一时乐归于所生之旁，岂知其身他日之利害何如也。阿郑之言，惟希珂是听，良子之言，惟阿郑是听，官司不深为良子计，而问计于良子，亦卒不免惟良子之是听。”[①] 其判决已经不只是对良

① 《名公书判清明集》卷七《官为区处》，第230页。

子嫁资家产的析分，而是站在良子的切身利益角度来设想，希望她能够顺利完成婚姻大事。可见，由官府来检校嫁资是保障未成年在室女财产承分，避免其被亲属族人侵吞的最好方法。

另外《清明集》中还有一则案例也涉及检校。在《侵用已检校财产论如擅支朝廷封桩物法》的案例中，一个曾姓家庭，有曾仕殊、曾仕珍和曾仕亮三兄弟。他们在名义上处于共产状态，一起继承他们父亲的遗产。判词中说“仕殊私房置到物业”，可见仕殊应该是拥有一定私财的。在这个旁系同居共财的家庭中，共财仅仅是名义上的，家产在实际上已经分析，各房均存有私财。当仕殊死后，两兄弟认为有机可乘，便以“共财”为借口，想要将仕殊的财产瓜分掉。这个时候仕殊的女儿曾二姑已经出嫁，她不甘心父亲的财产被两位叔父夺走，故上诉。仕珍、仕亮认为，二姑是仕殊已经出嫁的女儿，不能承分其父的家产。而且二姑在出嫁时已经分得嫁资，余下的财产自然也无权继承。法官胡石壁拆穿了这两位“狼戾顽嚚，犯义犯刑，恬不知畏”[①] 的兄弟的真实目的。他判断：曾仕殊死时，二姑年幼，故财产由官检校。而曾氏兄弟动用检校之财，本身已经犯了重法。并且自仕殊去世之时起，其家庭的户绝状态就已生效，所以二姑在户绝时实为在室女而非出嫁女，财产理所应当由她全部继承。从以上案例可以看出，对于户绝之家庭的财产在室女是可以全部继承的。

（二）出嫁女的继承

女子一旦出嫁，就要离开她原来的家庭进入到另一个家庭中开始新的生活，从此以夫家为主体，她与父家亲族的亲疏关系也因婚姻生活的开始而产生改变。但是由于与父家血亲关系不会改变，所

① 《名公书判清明集》卷八《侵用已检校财产论如擅支朝廷封桩物法》，第280页。

以其在财产和家产继承问题上也没有改变，这也是家产、嫁妆等资财承分问题而导致出嫁女与父家甚至是父家亲族之间产生纠纷的关键之所在。

依据宋代法律规定，出嫁女在有兄弟承分家产时，无权继承父家的任何财产，只有在父母去世，家庭为户绝状态，被继承人未立遗嘱且无立继子和在室女的情况下，才有一定的继承权。《宋刑统》卷十二《户绝资产》中有关于出嫁女对父家财产的继承限制："如百姓及诸色人死绝无男，空有女已出嫁者，令文合得资产。"但是紧接着又增加了继承的限制："其间如有心怀窥望，孝道不全，与夫合谋有所侵夺者，委所在长吏严加礼察，如有此色，不在给予之限。"并补充说："所有店宅、畜产、资财、营葬功德之外，有出嫁女者，三分给与一分，其余并入官。如有庄田，均与近亲承佃。"根据宋初的这条法令，出嫁女在没有异心的情况下可以继承户绝资产的"店宅、畜产、资财"中的三分之一，而庄田则"均与近亲承佃"，出嫁女没有继承权。之后宋政府又颁布《户绝条贯》，重申上述规定，并规定"今后户绝之家，如无在室女有出嫁女者，得资财、庄宅、物色，除殡葬营斋外，三分与一分，如无出嫁女，即给与出嫁亲姑姊妹侄一分。"这条法令同样没有提到出嫁女可以继承田产。其后，法令有所变化，出嫁女对户绝的继承开始包括田产。《长编》中就有对天圣六年（1028 年）二月出嫁女继承田产的记载："民妻张氏户绝，田产于法当给三分之一与其出嫁女。"① 从《清明集》中的很多案例可以看出，南宋时期出嫁女对户绝财产的继承是包括田产的。从仁宗天圣年间开始，出嫁女继承户绝的资产包括田产在内，与前朝条法中的出嫁女不继承庄田相比较，显而易见出嫁女的继承权限扩大了。

---

① （宋）李焘：《续资治通鉴长编》卷一百六，仁宗天圣六年二月甲午，第 947 页。

（三）归宗女的继承

出嫁之后因为丈夫去世或被休弃等原因回归父家的女性，称之为归宗女。除去奁产陪嫁之外，无论是在室女、出嫁女、归宗女，在父亲的财产有兄弟继承的情况下，均无财产继承权。女儿只有在父家出现户绝的情况下才能享有受到限制性的财产继承权。又因以上三种女性法律身份的不同，财产继承权也有所不同。根据宋律的规定，归宗女和在室女对户绝之家的继承权利相对较为直接，分配状况也比较相似。

归宗女如果是父家的亲生女，被夫家所出或者是夫亡无子，且不曾分得夫家财产，回归父家之后户绝者，可以拥有与在室女同等的继承权。北宋初期对此做出专门的规定："如有出嫁女被出，及夫亡无子，并不曾分割得夫家财产入已，还归父母家，后户绝者，并同在室女例。"① 哲宗元符元年（1098 年）又定新规："户绝财产尽均给在室及归宗女，千贯已上者，内一分给出嫁诸女。止有归宗女者，三分中给二分。"② 这条法规重申了宋初关于归宗女与在室女均分户绝财产的规定，并对宋初的法令在分配数额上做出进一步的调整和规定。若家中只有归宗女，则只能继承户绝资产的三分之二，其余部分归官所有。而到了南宋，归宗女的财产继承权又被进一步削弱："户绝财产尽给在室诸女，而归宗女减半。"③ 归宗女只能继承在室女对户绝财产承份额的一半，这种情况的出现，大概与孀妇在夫亡无子或是夫妻离异的情况下可以将出嫁时的随嫁物资带回父家有关。

南宋时期的民妇阿陈便是这种情况：

---

① （宋）窦仪：《宋刑统》卷十二《户绝资产》，第 198 页。

② （宋）李焘：《续资治通鉴长编》卷五百一，哲宗元符元年八月丁亥，第 4688 页。

③ 《名公书判清明集》卷九《孤女赎父田》，第 316 页。

> 陈氏之为徐孟彝之妻，则以徐孟彝之家为其家，而得所归矣，不幸而夫死，必当体其夫之意，事其姑终身焉，假使无子，犹不可归，况有女三人，有男一人，携之以归其父之家犹不可，况弃之而去，既不以身奉其姑，而反以子累其姑，此岂复有人道乎？父给田而与之嫁，是为徐氏之田矣。夫置田而以装奁为名，是亦徐氏之田也，陈氏岂得而有之。使徐氏无子，则陈氏取其田，以为己有可也，况有子四人，则自当以田分其诸子，岂得取其田而弃诸子乎？①

阿陈在夫亡无子的状态之下，携带自己的妆奁田产十余亩回归父家，其夫家族人对此也并无异议，可见当时的社会习俗和政府官员对此皆认可。而且女性在嫁后归家之时将自己随嫁的首饰财物等私财带回父家，这些私财仍归其个人所有，这大概也正是南宋新规限定和压减归宗女对户绝财产继承份额的重要原因之一。

二、嫁妆——“特殊”的家产

女儿出嫁时娘家为她准备好嫁妆，不仅是娘家对她关爱的表现，也是她出嫁之后对娘家财产继承的一种特殊方式。在她嫁到夫家之后，嫁妆的多寡往往决定了女性在夫家的地位，是其经济基础。当她过世之后，她的嫁妆又成为她子孙分家产时继承的对象。嫁妆，可谓伴女性一生。

（一）宋代女性的嫁妆种类与数量

一般来说，嫁妆是女性从娘家获得的财产权，获得手段最为直

① 《名公书判清明集》附录《徐家论陈家取去媳妇及田产》，第604页。

接，并且是每个出嫁的女性都享有的获得财产的方式。在宋代，嫁妆的称谓有很多，人们通常会称之为奁产、妆奁、陪奁等等。“奁”本义是指女性梳妆所用的镜匣，里面会放置一些日常戴的首饰，不仅是女性日常生活的必需品，也是出嫁时嫁妆中必要的一部分，所以“奁产”便成为女性出嫁时娘家给予财物的统称。

宋代厚嫁之风盛行，女方父母在接受男方以钱财、首饰、珠宝、绸缎之类的聘财之后，会将这些资财的一部分作为女儿的嫁妆。除此之外，女方的父母还会从自己的家庭收入和积蓄中拿出一部分来，将两者结合在一起，组成一份比较体面的嫁妆。这份嫁妆，会在成亲的时候，由女儿作为陪嫁，带入其夫家。也就是说，虽然在订立婚约的时候，男方要送给女方一些财物作为聘礼，但是这些聘礼在成婚之后，还是会跟女方的嫁妆合二为一，再以女方嫁妆的形式回到夫家。

除了聘财之外，据《梦粱录》中记载，嫁女时，婚帖中的“具列房奁”包括：“首饰、金银、珠翠、宝器、动用帐幔等物，及随嫁田土、屋业、田园等。”① 在具体生活中女性的嫁妆表现得更为多样。《清明集》中记载过这样一个案例，说是一个叫江滨臾的人想要休掉自己的妻子虞氏，无奈没有理由，于是就编造自己的妻子与人通奸有染，想借此休妻。主审此案的官员经查明发现此事并不属实，“又谓妻盗搬房奁器皿，及勒令对辨，则又皆虞氏自随之物”。② 这里所谓的“自随之物”中的房奁、器皿也是嫁妆。对于一些家境殷实的人家来说，女性的嫁妆还常常包括土地。“照得虞艾存日，娶陈氏，得妻家摽拨田一百二十种，与之随嫁。”③ 陈氏的嫁资便是这一百二

① （宋）吴自牧：《梦粱录》卷二十《嫁娶》，北京：古典文学出版社，1956 年，第 304 页。

② 《名公书判清明集》卷十《夫欲弃妻诬以暧昧之事》，第 381 页。

③ 《名公书判清明集》卷八《立昭穆相当人复欲私意遣还》，第 248 页。

十种田地，可谓数量不少。“有县尉解到契一道，系息娘原随嫁奁田，每年计出租谷六十六石。”[①] 在这里妻子息娘随嫁奁田数量不菲，并得不少租谷。可见当时富裕人家陪嫁田地的现象有一定普遍性。

有些女性还会为了小家庭的生计或是为了维护夫家族属的和谐，将自己的奁产贡献出来。单夔母叶妙慧初嫁时，单家甚贫，妙慧便“密以嫁时簪珥鞶帨鬻以为助，又自攻苦茹淡，专力区处”。[②] 南宋孙应时亦载有一位戴氏夫人，因夫家“用常不给”，“辄贸服珥以进，无吝色”。[③]

女性将私财奉给夫家长辈，因行兼孝义，更为士大夫大书特书。哲、徽宗时，大理寺丞王毖的妻子李氏曾捐出私财为公公做金带，“夫人之舅与其从弟，同时拜天章阁待制，从弟家治黄金带为燕服。夫人顾舅家贫不可得，悉其奁中物易金作带藏之。待制出守陕州，盛服燕客，夫人出带使大理君献之，而家人初不知”。[④] 捐私财为舅置装，并非绝对必需，不过念及夫家体面，对此事秘而不宣，也仍为照顾夫家颜面。朱熹亦记载：赵善应“罢崇德归时，（其母）晁夫人尚无恙。箧有余金，将出以献，而探之不获，盖令人已奉而致之姑矣”。[⑤] 小家庭的财产献给父母，由儿子奉上当然可以，但由媳妇献上就更有利于家庭的和谐。有的媳妇于翁姑丧葬之时，十分地悲痛，并不惜厚葬，也是孝顺的表现。孝宗年间，林文质的父亲去世时，“不克葬”，其妻朱氏“言涕俱出，谓林君曰：‘吾父母未葬，

---

① 《名公书判清明集》卷十三《叔诬告侄女身死不明》，第502页。

② （宋）袁说友：《东塘集》卷二十《故太淑人叶氏行状》，影印文渊阁《四库全书》本。

③ （宋）孙应时：《烛湖集》卷十二《戴夫人墓志铭》，影印文渊阁《四库全书》本。

④ （宋）张耒：《张耒集》卷六十《李夫人墓志铭》，第887页。

⑤ （宋）朱熹：《朱子全书·晦安先生朱文公文集》卷九十二《笃行赵君彦远墓碣铭》，第4254页。

尚以生为？’竟倾赀以塴焉”。①

根据不同家庭的经济情况，女性的嫁资奁产的数量也会有所不同。宋代有法律规定，女性的嫁资必须为“减男娉财之半”。也就是说，在这个家庭中，给女儿的嫁妆的数额，是儿子娶妻聘财额的一半。如果女方家庭富裕，奁产自然丰厚；如果女方家境一般，父母往往会提早做好准备，以免出嫁时难堪；如果女方家庭条件堪忧，有些父母甚至还会借钱来解决女儿的嫁妆问题。在宋代社会，不仅父母要根据自己家庭经济状况来为女儿及早准备妆奁，即使在父母双亡的情况下，兄嫂也有为在室待嫁的姊妹准备嫁妆的义务。叶梦得的妹妹出嫁的时候，由于男方稍嫌弃其家嫁妆不够丰厚，叶梦得的妻子只得“积箱箧所有及所存奁具，仅留伏腊衣衾”。② 叶梦得的妻子为了丈夫的妹妹能有一份体面的妆奁，主动放弃了自己的嫁妆为小姑准备嫁资。甚至在兄长去世的情况下，寡嫂也应当承担此项义务。宋代有一位被后人称颂的女性陈堂前，她在丈夫死后，“夫之妹尚幼，堂前教育之，及笄，以厚礼遣嫁”。③ 可见宋代社会对女性嫁妆的重视程度之高。

（二）嫁妆的所有权

在宋代，出嫁的女性在嫁到夫家之后，所获得的从娘家带来的奁产与夫家的财产并不完全混同。原则上，嫁妆奁产的所有权基本上属于妻子所有。这一点在《宋刑统》中有明确的规定：“诸应分田宅者及财物，兄弟均分，妻家所得之财，不在分限。”④ 不仅如此，

① 辛更儒：《杨万里集笺校》卷一二六《林夫人朱氏墓志铭》，北京：中华书局，2007年，第4905页。

② （宋）叶梦得：《石林家训》，北京：中国书店，1985年，第28页。

③ （元）脱脱等：《宋史》卷四百六十《列女传·陈堂前》，第13485页。

④ （宋）窦仪：《宋刑统》卷十二《卑幼私用财》，第197页。

在《清明集》中《妻财置业不系分》一案中的判词里也提到："在法：妻家所得之财，不在分限。又法：妇人财产，并同夫为主。"① 也就是说，妻子从娘家带来的嫁资，不在夫家家产分割时被分割的财产之列。但是同在一个家庭中生活，一种资产即使在法律上有明确规定，具体使用权也不可能完全清楚地分开。所以，一般来说，女性的嫁妆奁产是与丈夫的共有财产。但如前文所引《宋刑统》中的条例所规定的，这份共同财产，只属于妻子与丈夫之间的小家庭，而不能被丈夫家的大家族所占用、侵吞甚至是分割。下面举《清明集》中《妻财置业不系分》这个较为典型的案例来说明妻子的嫁资奁产与夫家大家庭中共有财产的区别。

> 陈圭诉子仲龙与妻蔡氏，盗典众分田业与蔡仁，及唤到蔡仁，则称所典系是仲龙妻财置到。执出干照上手，缴到阿胡元契，称卖与陈解元装奁置到分明，则不可谓之众分田矣。在法：妻家所得之财，不在分限。又法：妇人财产，并同夫为主。今陈仲龙自典其妻装奁田，乃是正行交关，但蔡仁实其妻蔡氏之弟，则踪迹有可疑者。又据陈圭称，被蔡仁积计赁屋钱啜卖。拖照系端平三年交关，系在三年限外，不应诉理。②

在这个案件中，陈圭告儿子陈仲龙、儿媳蔡氏，"盗典众分田业与蔡仁"，而蔡仁则称"所典系是仲龙妻财置到"。经查证，这些田产确实是仲龙的妻子蔡氏用她的嫁资置办的，所以翁浩堂判决："若是陈

① 《名公书判清明集》卷五《妻财置业不系分》，第140页。

② 《名公书判清明集》卷五《妻财置业不系分》，第140页。

圭愿备钱还蔡氏，而业当归众，在将来兄弟分析数内；如陈圭不出赎钱，则业还蔡氏，自依随嫁田法矣，庶绝他日之争。”[①] 这说明，如果陈圭赎回则是公家，也就是家庭共有财产；若是仲龙与蔡氏赎回，则仍属仲龙夫妇私财，与家庭共有财产无关。

上述案例可以证明，女性从娘家带来的嫁资奁产，有别于夫家大家庭中的共同财产，是属于夫妻双方的特有私财。那么女性对于这份私财又是否享有完全的所有权呢？这个问题需要分三种情况来进行分析：

第一种情况：在夫妻关系存续期间，也就是夫妻双方均在世的情况下，妻子对于妆奁，不具有完全的所有权。古代社会中，遵从“夫妻一体”的家庭原则，也就是说，妻子不能作为一个独立的主体，而是附属于其丈夫的。她的财产，也理所应当归自己的丈夫所有。在夫家大家庭分割财产之后，妻子从娘家带来的嫁妆与所分得的家产合二为一，成为夫妻二人小家庭的财产，丈夫对这份财产拥有绝对的所有权和支配权。宋代法律中明确地规定了“妇人财产，并同夫为主”,[②] 也就是说，对于这份小家庭私产，妻子要以“夫为主”，自己只能处于辅助地位，不能擅自处分。

值得注意的是，女性出嫁时娘家准备丰厚的嫁资奁产的真正意图，其实是提高女性嫁到夫家之后的地位，这是一份具有赠予意义的资产。所以虽说妻子的这份资财以夫为主，但是丈夫在处理这份资产的时候往往会考虑妻子的意见、征得妻子的同意，或是经夫妻双方达成一致后再进行处置。在宋代，不乏一些士人，即使家庭经济严重困难，宁愿举借外债处理家庭经济难关，也尽量不动用妻子

① 《名公书判清明集》卷五《妻财置业不系分》，第 140 页。

② 《名公书判清明集》卷五《妻财置业不系分》，第 140 页。

的嫁资奁产。而同时，妻子往往会主动拿出自己的嫁资，来帮助家庭渡过经济难关。前述叶梦得的事例即为如此：叶梦得为自己的妹妹置办嫁妆，他首先拿出自己的俸禄，然后向朋友借了三千缗，仍嫌嫁妆不够丰厚。他的妻子主动拿出自己的“箱箧所有及所存奁具，仅留伏腊衣衾”，为了使小姑“奁具不致敛薄”。[①] 从叶梦得凑钱的顺序可以清楚地看出，他先是动用自己的俸禄，然后向别人借钱，最后才在妻子的许可之下动用其奁产的。如果说，真的如宋律规定的那样，嫁妆奁产也要“从夫为主”，那么他是不可能宁愿借钱而不动用其妻的奁财的。由此推测，在小家庭内部，虽然名义上丈夫对嫁资奁产具有更大的所有权，但实际上妻子享有更高的处分权。没有妻子的同意，丈夫不能擅自处分妻子的奁产。

第二种情况：如果婚姻关系没有存续，也就是当夫妻之中有一方死亡的情况下，嫁资奁产的归属问题又出现了两种情形。如果是妻子先于丈夫死亡，对妻子的嫁资奁产，宋律规定：“妻虽亡殁，所有资财及奴婢，妻家并不得追理。”[②] 妻子死后，其嫁入夫家时所带入的嫁资奁产，以及婚后夫妻二人一同用此嫁资经营赚取的家产和丈夫从原有大家庭中继承来的一份家产，并入一起，算作丈夫的财产，由丈夫管理支配，妻子的娘家人不能干涉，亦不得要回。如果丈夫先于妻子去世，那么这种情况就演变为寡妻的嫁资奁产的归属问题。该问题在下一部分详述。

第三种情况：如果夫妻双方都已死亡，那么妻子的嫁资奁产则自然而然地归总到家庭财产中，合并在婚后夫妻二人一同用此嫁资经营赚取的家产和丈夫从原有大家庭中继承来的一份家产中，作为

---

① （宋）叶梦得：《石林家训》，第 28 页。

② （宋）窦仪：《宋刑统》卷十二《卑幼私用财》，第 197 页。

遗产被子孙继承。但是这里又出现了一个问题，在古代社会的大家庭中，男性一般是一妻多妾的，就有可能出现同父异母兄弟分割财产的情况。那么女性的奁产到底是应该并入家产均分给所有儿子呢，还是作为私属资财只分给自己的儿子呢？这个问题似乎没有标准答案，只能通过一些案例来猜测性地做大概的分析。《清明集》中《郭氏刘拱礼诉刘仁谦等吕占田产》一案中就涉及了这个问题。刘下班与妻子郭氏生了一个儿子拱辰，与妾生了两个儿子拱礼、拱武。当刘下班夫妻去世之后，三个儿子均分了刘氏夫妻的家产，唯独妻子郭氏的嫁资奁产被她的亲生儿子拱辰独占，当时其余二子没有提出异议。但是当拱辰死后，拱礼、拱武便认为当时的分家方式是不合理的，向官府提出诉讼。法官们对于此案的看法也不一致，一种认为嫁资奁产应该由拱辰全部继承，不与其余二子分割；第二种认为按照诸子均分的原则，妻妾之子应该等同对待，将家产重新均分；第三种认为应当将奁产的一半分给拱辰，另一半由拱礼、拱武均分。这三种处理意见一直没能达成一致，后来此案转由黄榦接手，他认为，在理论上，应该遵从第二种意见。因为依宋律，母亲的嫁妆当属家庭财产，诸子均分，不分嫡庶。但是从情理上来说，第三种处理意见“虽不尽合天下之公理，但曲尽世俗之私情”。最后判定按照第三种意见执行。① 这个案例说明，女性的嫁资奁产属于家庭财产的一部分，照理当诸子均分，无嫡庶之别，但在实际的家庭财产纠纷中，嫡子对于自己亲生母亲之奁产，在继承问题上占有一定情感优势。

（三）寡妇的嫁妆奁产权

继续前文所遗问题，在宋代，如果丈夫先于妻子死亡，那么寡

① 《名公书判清明集》附录二《郭氏刘拱礼诉刘仁谦等吕占田产》，第606页。

妻在处分“并同夫为主”的嫁资奁产时将遇到三种情况。

第一种情况：寡妻守节。当丈夫去世之后，妻子为死去的丈夫守寡，不再嫁。在这种情况下，寡妻就理所应当地享有嫁资奁产的完全所有权和处分权。在这种家庭中，寡妻代替丈夫，成为家庭中的家长，拥有家庭的财产权，其中自然也包括嫁资奁产的所有权和处分权。当寡妻死后，奁产并入家产被子孙继承。

第二种情况：寡妇归宗。在宋代，寡妇归宗的现象并不常见，大抵与改嫁之风盛行有关。归宗的寡妇一般有两种，一种是暂时回归娘家，等遇到合适的结婚对象再行改嫁；另一种是从此不再改嫁，在娘家度过余生。《清明集》中有这样一个案件，从中可以窥见一些归宗女的情况：寡妇阿张在丈夫吴子顺死后，无子，只有自己的奁产田地十余种。丈夫族人吴辰试图为阿张立继，其目的是骗取阿张的奁产田地。阿张不肯，想带着自己的奁产回归娘家养老，因而引发了诉讼。吴氏亲房尊长吴君至证明：“所余田是张氏自随田，非吴氏之产也。”① 最终法官李文溪判定寡妇阿张带田产回归娘家，并惩罚了从中挑唆之人。可见归宗的寡妇是可以将自己的随嫁奁产带回娘家的。

第三种情况：寡妇改嫁。这种情况，又可以细分为寡妇有子改嫁和无子改嫁两种情况，而有子改嫁又分携子改嫁和弃子改嫁两种情形。在夫亡子幼的情况下，携子改嫁可以将从前与前夫一同经营的家庭财产一并带走，当然其中也包括自己的嫁资奁产。等到亡夫的亲子长大之后，这一部分家产再交由他来继承。但是寡妇携子改嫁带走前夫遗产是要受到一定限制的：“妇人随嫁奁田，乃是父母给

---

① 《名公书判清明集》卷八《利其田产自为尊长欲以亲子为人后》，第258页。

予夫家田业，自有夫家承分之人，岂容卷以自随乎？”① 如果寡妇弃子改嫁，则根据宋律：“尝为人继母而夫死改嫁者，不得占夫家财物，当尽付夫之子孙，幼者官为检校，俟其长然后给之，违者以盗论。”② 可见无论是携子改嫁还是弃子改嫁，宋代社会对女性带走随嫁财产的控制都是比较严格的。那么在寡妇无子的情况下又是怎样一种状况呢？根据宋代律令，寡妇改嫁，“其见在部曲、奴婢、田宅不得费用，皆应分人均分”，③ 也就是说，在这里限定的是寡妇在改嫁之前从亡夫家继承得来的财产，而对嫁资奁产却没有明确的限制。曾有案例的判词言：“父给田而与之嫁，是为徐氏之田矣。夫置田而以装奁为名，是亦徐氏之田也，陈氏岂得而有之。使徐氏无子，则陈氏取其田，以为己有可也，况有子四人，则当自以田分其诸子，岂得取其田而弃诸子乎？”④ 明确表示，随嫁田是寡妇父家赠予其女儿的私人田产，在寡妇无子即将改嫁之时，可以将其带走。

综合以上几种情况来看寡妇的妆奁权问题，可以得出以下结论：丈夫死后，寡妇对嫁资妆奁有绝对的所有权和处分权。宋代没有专门的法律条文来对此加以限制，在现实生活中，寡妇携自己的随嫁之产或是回归娘家，或是另从再嫁，都是社会舆论认可的。

（四）离异女性的嫁妆奁产权

夫妻离异之后，婚姻关系解除，妻子离开夫家生活。在宋代，根据离婚原因分出妻、和离、义绝三种不同情况，对于妻子当年随嫁的嫁资奁产在离婚后的处理方式也有所不同。

第一种情况：出妻。宋代法律规定的“七出”之条是这样的：

---

① 《名公书判清明集》卷五《继母将养老田遗嘱与亲生女》，第141页。

② （宋）李焘：《续资治通鉴长编》卷十八，太宗太平兴国二年五月丙寅，第153页。

③ （宋）窦仪：《宋刑统》卷十二《卑幼私用财》，第197页。

④ 《名公书判清明集》附录《徐家论陈家取去媳妇及田产》，第604页。

“七出者依令：一无子，二淫泆，三不事舅姑，四口舌，五盗窃，六妒忌，七恶疾。”① 为妻者，只要犯了这“七出”之条中的任何一条，夫家都有权利将其休掉，断绝与妻子的婚姻关系，而且不用归还妻子随嫁带来的嫁资奁产。在性质上，似乎带有一些对女性因不守“妇德”而被休弃的惩罚。这种条款的法律化，在丈夫休掉妻子时赋予丈夫单方面的法定权利，完全偏向男性一方，具有很大的不平等性。

第二种情况：和离。和离也就是协议离婚。宋代法律对这种协议离婚的情况有如下规定：“若夫妻不相安谐而和离者，不坐。”② 要“和离”解除婚姻关系，必须具备的一个前提就是，夫妻双方都同意。和离的夫妻双方任何一方都没有明显的过失，大都是因为感情不和而以协议的方式和平离异。那么在这种情况下，双方关于离婚后对财产问题的处理会在协议中明确地体现出来。对于妻子随嫁的嫁资奁产，自然也会在协议之中分析清楚。至于如何分配，完全由夫妻二人来约定。但是，在实际生活中，也会出现夫妻和离时对财产问题不能达成一致的情况，在这种情况下，就需要对簿公堂，通过官方来解决问题。《夷坚志》中就记载过这样一则故事：“唐州比阳富人王八郎，岁至江淮为大贾，因与一倡绸缪，每归家必憎恶其妻，锐欲逐之。妻，智人也，生四女，已嫁三人，幼者甫数岁，度未可去，则巽辞答曰：‘与尔为妇二十余岁，女嫁，有孙矣，今逐我安归？’王生又出行，遂携倡来，寓近巷客馆。妻在家稍质卖器物，悉所有藏篋，屋内空空如窭人。王复归见之，愈怒曰：‘吾与汝不可复合，今日当决之。’妻始奋然曰：‘果如是，非告于官不可。’

① （宋）窦仪：《宋刑统》卷十四《和娶人妻》，第223页。

② （宋）窦仪：《宋刑统》卷十四《和娶人妻》，第223页。

即执夫袂，走诣县，县听仳离而中分其赀产。”① 丈夫王八郎与妻子因第三者插足而感情破裂，却因为对于财产分割问题没有达成一致而不能和离，最终诉诸公堂。县官判决夫妻二人中分财产，也就是将财产均分。这说明，在和离的情形中，女性的财产权有一定的保障。

第三种情况：义绝。所谓“义绝”，就是法律明文规定对夫妻双方实行强制离婚。《宋刑统》中对“义绝”的情况作了专门的规定：“义绝谓殴妻之祖父母、父母，及杀妻外祖父母、伯叔父母、兄弟姑姊妹，若夫妻祖父母、父母、外祖父母、伯叔父母、兄弟姑姊妹自相杀，及妻殴詈夫之祖父母、父母，杀伤夫外祖父母、伯叔父母、兄弟姑姊妹，及与夫之缌麻以上亲若妻母奸，及欲害夫者，虽会赦皆为义绝。”② 此条律法，对“义绝”情形有明确的判定，就是夫妻其中一方犯了伦理道德范围内所难以原谅的重罪，比如殴打对方或对方的亲人，甚至杀害对方的亲人等恶行。只要夫妻之中有一方犯了“义绝”之中所涉及的内容，就要官方解除双方婚姻关系，否则也会受到惩罚。《宋刑统》中就规定：“诸犯义绝者离之，违者徒一年。”③ 夫妻双方因为“义绝”而离婚，如果是为妻一方犯法，自然无权要求随嫁资财；如果是为夫一方犯法，妻子也可以要求夫家归还其嫁妆资财。

第二节　女性对夫家财产的继承与管理

在财产继承方面，女性的财产权利主要体现在对夫家财产的继

① （宋）洪迈：《夷坚志》丙志卷十四《王八郎》，第484页。
② （宋）窦仪：《宋刑统》卷十四《和娶人妻》，第223页。
③ （宋）窦仪：《宋刑统》卷十四《和娶人妻》，第223页。

承、管理和处分上。从夫家继承财产，主体资格主要是寡妇。根据宋代法律，丈夫死后，丈夫的遗产由儿子继承，而不是由寡妻直接继承。除非夫死无子，继承权才有可能由寡妻获得。但是，在财产继承的操作中，寡妻通常都是实际的遗产继承者。寡妻在夫家获得遗产继承权的同时，必须为丈夫守节，承担为夫家立继和赡养亡夫父母等义务。寡妇有子、无子还是招子立继，守节、改嫁还是招接脚夫，身份是正妻、妾室还是婢女，对财产继承的影响很大，以下分为不同情况论述。

一、妻妾对财产的继承与处分

（一）妻子与财产

1. 孀妇在守节情况下的财产继承

寡妻守节不改嫁，就表明她将承担其丈夫去世后留下的所有义务，那么相应地作为回报，寡妻在守节状态下理所应当地具有继承亡夫留下的家产的权利。寡妇守节又分为有子守节和无子守节两种情况。

对于无子寡妇的财产继承权，宋代法律规定："诸应分田宅者，及财物……寡妻妾无男者，承夫分。若夫兄弟皆亡，同一子之分。"在这里，法律明确规定了亡夫的财产应由寡妻继承。但是又对这种继承关系增加了限定："谓在夫家守志者，若改适，其见在部曲、奴婢、田宅不得费用，皆应分人均分。"①

在无子的情况下，寡妇典卖田宅的行为是不被允许的。宋代法律也制定了诸多条例来规范此事，如："诸寡妇无子孙，擅典卖田宅

---

① （宋）窦仪：《宋刑统》卷十二《分异财产》，第197页。

者杖一百，业还主，钱主、牙保知情与同罪。”① 从这些法律条文的规定中可以得知，若寡妇无子，在继承夫产之后的典卖行为，属于违法。

日本滋贺秀三的“夫妻一体”概念，对研究分析寡妇的财产权很有帮助。他认为，妻子不能成为法律意义上的继承人。无子的寡妇在继承财产后需立嗣，为继子保持住家产，不得将家产非法传给其他人。无子寡妇对亡夫的财产只是合理地保管，如果寡妻没有立继子，而且因人品问题或是意图不轨行为，那么夫家族人会将她告上官府，官府就会暂时接管财产，然后命令夫家族中的长者或族长商量立嗣事宜。显然，立嗣是无子寡妇首先应该考虑的问题。②

另外一种情况就是寡妇有子守节。首先，如果是在子孙年幼的时候，寡妇典卖田宅是不允许的。虽然寡妇在财产占有、使用和管理方面具有一定权力，但是在财产处置方面也要受到一定的限制。在《清明集》一则案例的判决中，可以看到这样一条明确的法律规定：“寡妇无子孙年十六以下，并不许典卖田宅。盖夫死从子之意，妇人无承分田产。”③ 根据这一规定，无子寡妇擅自典卖田产，不仅交易会被取消，还会受到杖刑的惩罚。在子孙年幼的情况下，也是同样的处理方式。“其见存若干，如阿曹果能守节，而春哥又果是抚养之子，即将见存产置籍印押，责付阿曹管业，不许典卖，以俟其子之长。”④ 寡妇对亡夫财产的继承权的性质实际上是“继管权”。阿曹是在子幼的情况下，在一段时间内对家产进行管理或者说保管，等儿子长大，再由儿子继承。

---

① 《名公书判清明集》卷九《鼓诱寡妇盗卖夫家业》，第 304 页。

② ［日］滋贺秀三：《中国家族法原理》，北京：法律出版社，2003 年，第 338—339 页。

③ 《名公书判清明集》卷九《鼓诱寡妇盗卖夫家业》，第 304 页。

④ 《名公书判清明集》卷七《宗族欺孤占产》，第 237 页。

虽然法律规定如此，但在复杂的现实生活中，难免会有一些例外。在特定情况下，官府也会承认寡妇在子孙年幼时做出的关于典卖田宅的决定。“阿章绍定年内，将住房两间并地基作三契，卖与徐麟，计钱一百五贯。当是时，阿章，寡妇也，徐鼎孙，卑幼也，律之条令，阿章固不当卖，徐麟亦不当买，但阿章一贫彻骨，他无产业，夫男俱亡，两孙年幼，有可鬻以糊其口者，急于求售，要亦出于大不得已也。”① 此案中，寡妇阿章在没有任何产业、极度贫穷的情况下，如果不典卖田宅就难以糊口并养育两孙，不得已典卖田宅。因此阿章的典卖行为在情理之中，没有被追究法律责任。

当儿孙渐长成年，寡母就成为家中的唯一尊长。在中国古代社会，家中尊长在家庭管理中的诸多方面都要受到尊重，特别是家庭财产处分。《宋刑统》中规定：“应典卖物业或指名质举，须是家主尊长对钱主，或钱主亲信人当面署押契帖。或妇女难于面对者，须隔帘幕亲闻商量，方成交易。”② 可见家中尊长对家财有处分权。在亡夫家庭中，寡母便成为家中的尊长，在家产的处分方面拥有很大权力。《清明集》中记载着这样一条案例：“交易田宅，自有正条。母在，则合令兄弟同共成契首，兄弟未分析，则合令兄弟同共成契。未有母在堂，兄弟五人俱存，而一人自可典田者。魏峻母李氏尚存，有兄魏岘、魏峡、弟魏峤，若欲典卖田宅，合从其母立契，兄弟五人同时着押可也。魏峻不肖饮博，要得钱物使用，遂将众分田业，就丘汝砺处典钱。”魏峻非法典卖田产，后被告上公堂，被判决“钱没官，业还主，契且附案，候催追魏峻监钱足日毁抹”。③ 从这个案例中可以得知，寡母的家庭尊长地位是受到法律保护的，儿子若不

---

① 《名公书判清明集》卷六《已卖而不离业》，第 164 页。

② （宋）窦仪：《宋刑统》卷十三《典卖指当论竞物业》，第 271 页。

③ 《名公书判清明集》卷九《母在与兄弟有分》，第 301 页。

经过寡母同意，私自典卖田宅，是法律所禁止的，买卖行为也被视为无效。《宋刑统》中规定：“兄弟亡者，子承父分。兄弟俱亡，则诸子均分。”① 也就是说，如果有儿子，儿子是继承亡父财产的合法主体，而不是其寡妻。但是《宋刑统》中又有另一条规定：“祖父母、父母在，而子孙别籍异财者，徒三年。”② 也就是说，儿子名义上继承了家产，但真正对其进行掌管的，还是与儿子一起生活的寡母。如果儿子擅自处置家产，就会受到“徒三年”的处罚。在《宋史》中记载的一个案例中，儿子就因私自典卖田产而将遭到“坐狱”的惩罚。“（程迥）改知隆兴府进贤县。省符下，知平江府王佐决陈长年辄私卖田，其从子诉有司十有八年，母鱼氏年七十坐狱。廷辨按法追正，令候母死服阕日，理为己分，令天下郡县视此为法。迥为议曰：‘天下之人孰无母慈？子若孙宜定省温凊，不宜有私财也。在律，别籍者有禁，异财者有禁。当报牒之初，县令杖而遣之，使听命于其母可矣。’”③ 这则母与子的财产纠纷，充分反映出寡母在家产支配方面极大的权力。

不仅法律严格限制儿子处置财产，而且这种私自处置财产的行为也是为大众舆论所禁止的。司马光就曾告诫子孙：“凡为子为妇者，毋得蓄私财。俸禄及田宅收入尽归之父母姑舅。当用，则请用之，不取私假，不取私与。”④ 司马光对自己子孙的教诲，侧面反映了社会舆论的导向。子孙卑幼是不可以藏私房钱的，一切经济收入都要交由家中长辈掌管。如果需要用钱，也必须请示，不得私自获

---

① （宋）窦仪：《宋刑统》卷十二《卑幼私用财》，第197页。
② （宋）窦仪：《宋刑统》卷十二《父母在及居丧别籍异财》，第192页。
③ （元）脱脱等：《宋史》卷四百三十七《程迥传》，第12949页。
④ （宋）司马光：《司马氏书仪》卷四《婚仪下·居家杂仪》，《丛书集成初编》第1040册，第41页。

取。尽管这种要求不切实际，但反映出社会整体的原则。从法律上的明文规定，再到舆论大众的通常做法，可以对此下一个结论：寡妇有子守节的情况下，虽然法律规定由儿子继承家产，但是寡母却有相当大的财产处置权。也就是说，在对亡夫财产的继承中，寡妇扮演了一个“继管”的角色。如前文案例所述，在一般的交易中，母亲的名字是被排在首位的。一份合法、有效的契约上必须有母亲和儿子的签押，并且以母亲的签押为首。法律如此规定，确实保障了寡母的财产权益。但在一定程度上也说明了，如果寡母想要处置家产，也必须经儿子的联名签署才可以生效。寡母虽然在财产典卖方面有极大的权力，但也并不是对财产可以任意处置，儿子也会对其进行监督，二者的权力是受到彼此制约的。

不管在有子守节还是无子守节的情况下，作为寡妻都有管理和使用亡夫财产的权力。其一，在无子守节的情况下，寡妻有占有、使用和管理亡夫财产的权力，还同时享有为亡夫立继的权利与义务。其二，在寡妇有子守节的情况下，虽然法定要求“子从父分”，但无论法律还是伦理道德，都对儿子擅自处理家产进行了限制。

2. 孀妇在改嫁情况下的财产继承

寡妇改嫁可以分为几种情况，根据寡妇有无儿子和对儿子的抚养情况的不同，继承方式也会有所不同。不过，无论是哪种形式的改嫁，只要再嫁情况发生，寡妇便丧失了对亡夫财产的继承、管理和处分的权力。因为寡妇对亡夫财产继承权的取得，是基于为亡夫守节并承担其应尽义务之上的，改嫁就意味着不可能再替其亡夫承担这些义务，所以寡妇一旦改嫁，所有的继承权益都将不复存在。

首先，寡妇再嫁之后，无权再占有其已亡前夫的房屋地产。

“……改嫁，于义已绝，不能更占前夫屋业”，财产应当“合归”原夫家。[①] 改嫁后的寡妇，无权再继续占有和使用前夫房产，应跟随后夫，去后夫家生活。

其次，寡妇再嫁之后，之前分得的前夫家遗产将不再为其所有，更不得私自处置前夫的家产，否则将被视为“盗卖”。《清明集》中有这样一则案例，讲的是寡妇徐氏再嫁之后盗卖夫之子田产的事情。“徐氏于子壮年事陈嘉谋，是嫁之也，非接脚也，安得据人之屋，卖人之业，岂有是理哉？其徐氏自卖所分一分之业，委是违法。”[②] 判词中清楚地讲明了改嫁寡妇不得再占有和使用前夫房产，更无权买卖其产业。徐氏所分的一份大概是在改嫁前所获亡夫遗产，但改嫁后，这份产业就不归她所有，她的这种典卖行为即为“盗卖”，是违法的，应该归还夫家。

再次，寡妇再嫁之时，不能带着亡夫的财产随嫁，只能带走原来结婚时自己的嫁妆奁产。这一点在《宋刑统》中有明文规定：“若改适，其见在部曲、奴婢、田宅不得费用，皆应分人均分。”[③] 寡妇在改嫁之后，完全丧失了对已亡前夫遗产的所有权，将由其他继承人均分。

还有一种情况，就是寡母携子改嫁。一般来说，寡妇再嫁后就脱离了前夫家，与前夫家庭断绝了关系。寡妇与前夫所生的子女也是由前夫的家族所抚养的。但是在实际生活中，可能是由于母子血脉相连，寡母选择携子改嫁的情况是很常见的，范仲淹的母亲即为这种情况。《清明集》中记载：“再嫁之妻将带前夫之子，就育后夫

---

① 《名公书判清明集》卷九《已嫁妻欲据前夫屋业》，第 355 页。

② 《名公书判清明集》卷九《已出嫁母欲卖其子物业》，第 296 页。

③ （宋）窦仪：《宋刑统》卷十二《卑幼私用财》，第 197 页。

家者多矣。”① 根据“子承父分”的法律规定和权利义务相统一的原则，寡母带走的儿子可以继承亡父产业，并由其母亲代管。儿子继承父亲产业，这是情理之中的事。寡母无论是否改嫁，都承担了抚养儿子，为亡夫延续香火的义务，如果儿子尚幼，为其代为管理也是合情合理的。《清明集》中就有这样一个复杂的案例：“罗谦生子三人，长曰昷，次曰窋，三曰佡。父母身亡，已当服阕，分而为三，省簿各有姓名。今罗窋死，有男罗宁老随母改嫁同曾祖之弟罗棫。后宁老又死，罗棫以宁老所分田产，作绝户献于官。”② 罗宁老继承了父亲的财产，并随母改嫁。他所分得的田产就很有可能是由其母亲保管的，宁老死时无子，那么这份田产就应当按户绝财产处理，被继父交给官府。

在守节情况下，寡妇对夫家的财产享有继管权。改嫁之后，如果带着亡夫的遗子，那么由遗子继承的其亡夫的财产也由其寡母代管。在无子改嫁和弃子改嫁两种情形中，女性只能带走自己的嫁妆奁产，无权再对亡夫财产占有、使用和买卖了。

3. 孀妇在招接脚夫情况下的财产继承

寡妇守节不改嫁的情况下，通常是会受到来自大家庭中其他成员的欺负的，尤其是在儿子尚年幼的情况下。不仅如此，毕竟在古代社会，女性独自面对生活确实有很多不便之处。还有一些寡妇可能会因夫家家财丰厚，并顾及孩子，而不愿改嫁。综合种种原因，很多寡妇就会选择另一种方法来使自己孤立无援的境况得到缓解，这种方法就是招接脚夫。

但是，不是所有情况都适用于招接脚夫。对于招接脚夫，法律

---

① 《名公书判清明集》卷七《义子包并亲子物业》，第 242 页。

② 《名公书判清明集》卷八《罗棫乞将前夫财产没官》，第 107 页。

和舆论给予了一些限制。如果前夫死亡时，财产还未分割，同时寡妇与前夫的兄弟们生活在同一个父系大家庭中；如果家中有劳动力，不需要靠招接脚夫来承担劳作的责任：这两种情况是不允许招接脚夫的。此时，如果招接脚夫的话，就形同改嫁。前文所引《清明集》案例中也有记载："徐氏于子壮年事陈嘉谋，是嫁之也，非接脚也，安得据人之屋，卖人之业，岂有是理哉？其徐氏自卖所分一分之业，委是违法。"① 这就充分说明，家中有劳动力，则招接脚夫等同于再嫁。所以说，宋代社会对于女性招接脚夫的态度并非出于女性自身情感因素的考虑，而多是对寡妇单独抚养孩子、履行家长义务和家庭生计经营的考量。

与此同时，宋代的法律对于招纳接脚夫后组成的新家庭做出了一些规定："妇人夫在日已与兄弟伯叔分居，各立户籍，之后夫亡，本夫无亲的子孙及有分骨肉，只有妻在者，召到后夫，同共供输，其前夫庄田，且任本妻为主，即不得改立后夫户名，候妻亡，其庄田作户绝施行。"② 这则法令明确反映出了社会及舆论的态度，寡妇在招接脚夫之后，可以获得前夫的田产，但是不能转到接脚夫名下。也就是说，接脚夫在新组成的家庭中，对其妻前夫的财产只有使用和管理的权力，并没有所有权。等到其妻子死后，这些田产或者由其亡夫亲子继承，或者由于无人继承而依照户绝处理，接脚夫不能染指。

到了南宋时期，政府又对接脚夫使用前夫遗产的数量做出了限制："寡妇无子孙，并同居无有分亲，召接脚夫者，前夫田宅经官籍记讫，权给，计直不得过五千贯，其妇人愿归后夫家及身死者，方

① 《名公书判清明集》卷九《已出嫁母欲卖其子物业》，第296页。

② （清）徐松：《宋会要辑稿·食货》六一之五八，第5902页。

依户绝法。"① 接脚夫使用其妻的前夫遗产的数量不得超过五千贯，如果妻子改嫁或者是死亡，这些遗产要按照户绝法来处理。可见，接脚夫的地位非常之低。法律的规定在某种程度上也反映了社会舆论的看法，虽然接脚夫是对前夫留下的遗产进行代管，但在人情上却不被社会所接受，舆论认为这样做侵犯了夫家的利益，也与伦理道德中的女性应该忠贞守节、不适二夫的观念相违背。所以，寡妻用招接脚夫的方法来帮助自己生活，借以巩固自己在原夫家的地位以及保护自己和幼子不受族人欺负，虽起到一定的作用，但是效果却往往不尽如人意。

（二）妾室与财产

除了特殊情况外，在法律上，作为妾室对夫家的财产是不具有任何权利的。不过在现实生活中，妾与夫家的财产仍具有一定程度上的联结。这种联结程度的高低，主要取决于她在家庭中所达到的位阶的高低。至于妾室能达到何种位阶，则以夫和正妻在家庭中的主事状态以及妾室有无生子为依据，具体情况不同，对妾室继承财产产生的影响也不尽相同。

1. 妾室的一般法定财产继承权

在大多数情况下，妾室与夫家的关系是由买卖关系开始的，如前文所述，男性通过牙人立下契约，通过买卖甚至是租赁的方式来使得一个女性作为其妾室，在有限的期间内妾对夫进行服侍，包括生子。因为妾室本身与夫家之间最原始的关系属于买卖交易关系，所以妾室是不需要准备任何妆奁的，她在夫家的生活基本上也只是作为夫家的"临时财产"存在，是在履行夫家对其的"使用权"。所以，妾室几乎没有可以自由支配的财产。

① 《名公书判清明集》卷八《夫亡而有养子不得谓之户绝》，第 273 页。

无论在礼制还是法律上，妾室在家庭中的身份被严格地规范和束缚着。《宋刑统》中明确规定妾室与夫家财产是毫无关系的：“其媵及妾，在令不合分财。”① 妾室在丈夫去世之后，不能像正妻一样拥有管理、使用和占有家产的权力，相反地，她成了家产中的一部分，甚至可以再次被转手买卖。但是如果丈夫与其正妻皆已亡故，家中又没有男性子孙，被正式确定为户绝家庭后，留存不改嫁的寡妾可以接手亡夫家的家产管理，但是这种继管权只限于其本人在世时享有，并无权将家产私自处置或是携家产改嫁。待寡妾死后，仍然按照户绝财产处理的方法对其亡夫财产进行处分，寡妾没有处置权。如果发生寡妾改嫁的情况，自然要将其所继承的亡夫家产交还夫家，由应分人均分。

已在夫家生了儿子的妾室，在家庭中的地位可能会因此而有所提升。有子，特别是有儿子的妾室，可以借由子女，有接触到家产的机会，因为在宋代法律中有明确规定庶生子与嫡子一样具有取得家产的权利。寡妾在儿子年纪尚幼、未成年之时，可以代管其幼子所继承的财产，等到儿子长大成人之后再将财产的管理权交还给儿子。这种情况和正妻对幼子的代位继承制度是一样的。因此，争产诉讼的主题若是牵涉到子女的财产归属问题，妾室有可能因为同居母亲的身份而取得与正妻共同处置财产的权利与机会。如南宋的判决文书中即提到“诸户绝人有所生母同居者，财产并听为主”②，显示了宋代法官对于生母权利的维护。

因此，当有子妾室面对无子正妻，并不见得就一定处于劣势。尤其是当庶生子已成年，他不但具备合法继承的资格，也具有足够

① （宋）窦仪：《宋刑统》卷十七《谋杀》，第275页。

② 《名公书判清明集》卷八《继绝子孙止得财产四分之一》，第251页。

保护和照顾生母的能力时，妾室的地位便得到很大提升，并成为妾室争取家产时手中最重要的筹码。正妻不一定能再一手掌控家产，她必须和妾室以及其已成年的儿子妥协。有些庶生子在母亲的帮助下，独占家产，成为继产中最大的受益者。如宋代潭州一老妪本为人嫡妻，无子，其夫之妾有子，“夫死，为妾所逐，家资妾尽据之”，老妪上诉多年后，知州王罕为其申了冤，把家产断归了老妪。[①] 年老的寡妻，因无子而受到妾婢的欺凌，无奈她们只得为自己争财。但其实这些家产的断予只是让老妪免于无家可归，这个家庭中最后的继承人还是那个妾生子。因为根据宋律“子承父分”的原则，儿子才是真正的遗产继承人，逐渐老去的正妻可能也免不了需要妾室所生之子的供养和照料。这种关系上的变化，直接影响了妾室在家庭中的位阶关系和妻妾之间的相处方式。这种复杂的关系，也直接证明了，无论妻妾，儿子才是在继承家产的过程中最重要的角色。

事实上，妾室能够取得家庭财产的控制权，通常还是以丈夫与正妻皆已亡故，而她又育有子女的情况居多。妾室在这种情况下成为家庭中的长辈，尤其是生有儿子的妾室，对家产的控制权力相对来说较强。若发生争产等类似纠纷，她们甚至能与亡夫的族人分庭抗礼。《清明集》中有这样一则案例：已经去世的田县丞有二子二女，一个儿子是抱养的田世光，另外一个儿子珍珍和两个女儿均为妾室刘氏所生。未分家前，养子田世光已经去世，因此刘氏成为家庭中财产的实际掌权者。田县丞的弟弟想以自己的儿子田世德为死去的田世光立嗣，“欲以一子中分县丞之业”，假称这种做法是田世光的遗嘱之意。但这份遗嘱未经族人签押，也无官府印押，而且田

① （宋）江少虞：《宋朝事实类苑》卷二十三《官政治绩・王罕》，上海：上海古籍出版社，1981 年，第 282 页。

世德是田世光的堂兄弟，辈分不合。刘氏不满，因而诉诸官府。原判官员根据“在法：诸户绝人有所生母同居者，财产并听为主”而判“产业听刘氏为主”。[①] 后经上诉重申，法官刘克庄开始也同意维持原判，但在查证中发现，刘氏在诉讼过程中只字未提田世光的两个幼女以及自己所生的两个女儿，因而了解到刘氏的真实意图是霸占全部家产给其亲子珍珍，既没有替两个孙女着想，也没有考虑两个女儿的权益。后经斟酌决定首先劝服刘氏接受田世德为田世光的继子，再将田产一分为二，一半给刘氏的三个子女，其中珍珍得到二分之一，两个女儿各得四分之一。另外一半分给田世光的两个女儿和立继子田世德，其中两个女儿各得四分之一，田世德分四分之一，其余的部分作为田世光的丧葬费处理。并在裁决之后，因儿女皆年幼，将田县丞的财产进行检校，不许他人典卖。在这则财产争讼的案例中，刘氏虽为田家妾室的身份，但因有子承分，其对财产的控制力和在家中地位可见一斑。

2. 妾室的遗嘱继承权

无论妾室在家庭中的地位高低，几乎没有法定继承亡夫遗产的资格，只能靠孩子取得代位继承权，但是宋代的遗嘱继承却为妾室合法继承遗产开辟了新的渠道。《宋史》中就记载了一个由遗嘱给妾室遗产而引发的纠纷。“民有嬖其妾者，治命与二子均分，二子谓妾无分法，（杜）杲书其牍云：‘《传》曰子从父令，律曰违父教令，是父之言为令也，父令子违，不可以训。然妾守志则可，或去或终，当归二子。’”[②] 亡夫杜杲的遗志其实就是想通过自己的遗嘱，为寡妾留下一点资产，以便其以后生活。对这种不离不弃照顾丈夫的妾

① 《名公书判清明集》卷八《继绝子孙止得财产四分之一》，第 251 页。

② （元）脱脱等：《宋史》卷四百一十二《杜杲传》，第 11412 页。

室，无论法理还是人情，都会多一些宽容和同情。高文虎的老年生活几乎全部由其侍妾银花陪伴和照料，二人感情颇深，因此高文虎希望给她一些回馈并保障她在自己亡后的生活，为了避免在“他日或有忌嫉之辈，辄妄有兴词”，他立下遗嘱，为银花留下遗产，即使日后不幸闹上公堂，亦可“明正官司，必见其事情”。①

与丈夫感情颇深的妾室，借由遗嘱分得家产，势必会影响到诸子分产时的利益，因此此类诉讼很多。换言之，妾室对家产的遗嘱继承，对诸子分产造成影响，因而引发纠纷的不在少数。如上文所引杜杲判决的案例即是因诸子对父亲遗嘱中给予妾室遗产而产生纠纷，并以“妾无分法”来拒绝接受父亲的遗愿，终须诉诸公堂来解决和平息纠纷。法官的态度则是从父亲遗嘱的意愿出发，以“子从父令”的理由强制性地要求儿子们接受遗嘱中的财产安排。这也可以从侧面说明，妾室无论是否有遗嘱保护，始终是无权继承夫产的。即使有亡夫遗嘱，也必须以终生守节为代价来保住这份暂得的财产，因为一旦改嫁或是死亡，其分得财产还是会归还原主。

妾室取得财产的原因有所不同，但官府在此类案件的实际操作中，还是比较注重尊重原主的意愿的。而且妾室所分得的财产，实际上并不是所有权，而是使用权。

二、母亲对财产的继承与处分

在中国古代社会，女性一生所扮演的角色中，地位最高也最具有家庭权力的就是在她成为母亲特别是婆婆之后了。在从儿媳变为婆母的这个时期，女性所拥有的家庭财产权也相应发生了重大变化。

（一）母亲的受赡养权

儒家思想的“孝道”被摆在重要的地位，历来被中国人所尊崇。

---

① （宋）周密：《癸辛杂识》别集下《银花》，第272—274页。

母亲在年老丧失劳动能力之后，被子孙所赡养，并依赖子孙为其重要的经济来源也被视为天经地义的事情。上自帝王、官员，下至平民百姓，良好的孝行都会被社会舆论树立为典范，引领社会风气。在皇室中，太后和已经为人母的公主们，算是婆母角色中身份最高的一族了，她们不仅家产丰厚，而且可以得到良好的赡养。宋代官员也很讲究孝道，其俸禄中的很大一部分都要被用来孝敬父母，赡养二老晚年。淳熙六年（1179 年），闻人某赴楚州录曹，“母春秋高，不肯去乡里，乃嘱其弟舜民侍养，而独之官。经三月，积俸钱百千，买楮券，遣仆持归遗母”。[①] 可见官员用其俸禄赡养母亲，保证母亲的正常生活，这是为人子理所应该做的。还有些士人甚至会因不能奉养父母而选择放弃仕途，张云卿即是一例。司马光居洛阳时，邵雍为他举荐了品行高尚的张云卿，张家贫困，司马光为他提供了在国子监说书的机会，月俸七千钱。但张云卿却因无法在母亲身边时刻照料其起居饮食而拒绝了司马温公的邀请。[②] 张云卿照顾母亲可谓是全心全意，他的这种高尚品德，得到舆论的赞许，也反映了宋代社会的大众价值观和尊崇孝道的理念。

可见，无论贫富，无论何种身份地位，无论从事何种职业，赡养双亲，行孝之道，是宋人眼中的头等大事。杨某是个收入微薄的小商人，他宁愿自己生活拮据，也要“稍积余钱，则专用养母，自奉甚薄”。[③] 出家人万道士云游修道，也是“以千钱寄其母”，来奉养自己的母亲。[④] 从这些普通人的事例中足见社会伦理导向对百姓生活及社会观念的影响。反过来看，母亲从子女那里得到生活所需的

---

① （宋）洪迈：《夷坚志》支癸卷三《闻人氏事斗》，第 1244 页。

② （宋）邵伯温：《邵氏闻见录》卷十八，北京：中华书局，1980 年，第 199 页。

③ （宋）洪迈：《夷坚志》支癸卷四《画眉山土地》，第 1249 页。

④ （宋）洪迈：《夷坚志》三志辛卷七《万道士》，第 1438 页。

经济来源是为社会普遍认可的，子女赡养父母是应尽的义务。

（二）母亲的家产所有权

在宋代社会，家产是归整个家庭所有的，所以身为家庭中的个人，只能享有部分所有权，即自己小家庭的财产所有权，而不能享有全部的家产所有权。这种所有权具体体现在母亲身上，主要包含三个方面，那就是分家权、著押权以及支配权。

第一，关于母亲的分家权。宋律中有令文："母在，子孙不得有私财。借使其母一朝尽费，其子孙亦不得违教令也。"① 这是对家产所有权归属于包括祖父母、父母在内的长辈的明确规定。其中，虽然祖母、母亲的排名在祖父、父亲之后，但也是具有此项权利的，尤其是在家中男性家长去世之后，女性家长的此项权利将会更加突出。如果想分家，就必须在其家长的同意并主持之下进行。前文列举过蒋氏家族的案例，其母叶氏将家产以不同的比例分割给了自己的继子和亲生女，继子蒋汝霖觉得分配不公，故此告上公堂。值得注意的是，蒋汝霖状告继母叶氏的理由并不是叶氏擅自分割家产，而是分割不公。这就说明，作为继母的叶氏是有权利分割家产的。继母尚且如此，更何况亲生母亲的分家权利了。

除此之外，此案例还反映出来一个问题，那就是母亲有权获得部分财产作为自己的养老之资。以此条案例中的判词为例："以为养老之资则可，私自典卖固不可，随嫁亦不可，遗嘱与女亦不可。"② 母亲，不论是亲生母亲还是继母都可以在分家之时自留资产以供养老。但法律赋予母亲的这种对财产的控制权中限制其私自买卖，改嫁归还，不能以遗嘱形式任意分配等规定，多半还是从社会公认的

---

① （元）脱脱等：《宋史》卷四百三十七《程迥传》，第 12590 页。

② 《名公书判清明集》卷五《继母将养老田遗嘱与亲生女》，第 141 页。

女性“出嫁从夫”的考量，目的是保持其夫家族的财产完整性。

第二，母亲拥有著押权。所谓著押权（著押，或作“着押”），就是当家庭中面临田地、屋宅等买卖交易或者是借钱等重大事情的时候，必须有母亲的签字画押才具有法律效力，否则属于违法行为。在现实生活中，儿子不经过母亲同意，私自盗卖自家田产房产的行为屡见不鲜。曾有一案记述陈安国出卖田业的契书中“皆有（母）阿江及弟安节着押”，但弟安节不肯承认，其母亲也不知此事。后经验证，此契书果为安国假造。① 那么陈安国之所以在私自典卖田产的时候假造有母亲和弟弟签字画押的契约书，正是因为如果没有这样一份法律文书，他将无法卖出田产，即使售卖成功，也属违法行为。不仅母亲的著押权得到法律的保护，而且如果不经母亲同意，儿子私自盗卖家产，也是为世人所不齿的。宋代一位老妇人有一所百年老屋，她的儿子不孝，私自将此老屋典卖给了苏东坡。苏知道此事始末之后，勃然大怒，“取屋券焚之，呼其子，命翌日迎其母还其居，不索其值”。② 苏东坡的做法得到了世人的大加赞赏，不孝子也相应地遭到了世人的鄙视。从世人对此事的态度中，足见当时的社会观念对于母亲的著押权以及对田宅买卖和家庭财产处理这种重大事件的决定权的认可程度。

第三，母亲对家庭财产具有支配权，但这种支配权要受到一定的限制。母亲能够完全支配的财产只有属于自己的那部分嫁资奁产，还有她的养老之资。女性从父家带来的陪嫁和父家为其所置的产业是其终身绝对拥有的财产，尤其是当女性的地位在夫家由儿媳变成婆婆之后，这部分财产由她独占和支配。吴贡士的前室妻子去世了，

---

① 《名公书判清明集》附录二《陈安节诉陈安国盗卖田地事》，第599页。

② 丁傅靖辑：《宋人轶事汇编》卷十二《二苏》，北京：中华书局，1981年，第609页。

留下一个七岁的儿子吴汝求，吴娶续弦之妻王氏。他“续置田产，所立契券，乃尽作王氏桩仓”。后来吴贡士去世，王氏便带着这些田产改嫁了。官府虽明知“王氏所置四十七种之田，系其故夫已财置到”，但是“既作王氏名成契”，也只好“请王氏以前夫为念，将所置到刘县尉屋子业与吴汝求居住”，并要求吴汝求“不得典卖”。[①]从这个裁决中判断，官府认为既有契约明确证明田产属于王氏个人所有，那么她对这部分田产就具有绝对的所有权和支配权。这种权利是合法的，官府也无权变更，只能从法外人情的角度建议王氏念其前夫情分，将一间房产给吴贡士的儿子居住。这则判决充分体现了女性对于私人财产的绝对权利。

（三）母亲的家产管理权

当家庭中的男性家长在世时，女性对家产的管理权表现为作为妻子对丈夫家庭内部事务的辅助上，处理日常的家政，帮助丈夫成就事业。墓志铭对此类事实有大量记载。如夏氏夫人刚嫁到吕家，“家道未为甚裕，吕君不遗余力，经理其家，至有田近数千亩，遂甲于永康。夫人节啬于内，课女工甚悉，以辅成吕君之志。又赞吕君教其前母之子约，必使自见于士林，取其女若夫置屋傍，使能自昌其家”。[②]一个贤内助可以使家族兴旺，这恰恰说明女性对家中资产的管理权力。这一部分内容在前文中已有详述，故在此不再赘言。妻子尚且有如此之权力，更何况母亲作为一家之长的身份对家产的管理权了。

即使是在丈夫去世以后，身为寡母，在儿子成家立业之后，也依然享有家产的管理权。《清明集》中记载：张介然有三个儿子，在

---

① 《名公书判清明集》卷十《子与继母争业》，第381页。

② （宋）陈亮：《陈亮集》卷三十八《吕夫人夏氏墓志铭》，北京：中华书局，1987年，第503页。

他去世之后，他的妻子刘氏“尚存，其长子张迎娶陈氏，早丧而无子”，“兄弟聚居，产业未析，家事悉听从其母刘氏之命”。[①] 这就证明了寡母在儿子成家立业之后，能继续享有对家产的管理权，那么在儿子的幼年时期，这种权力就更是毋庸置疑的了。

（四）母亲对儿子财产的管理权

虽然古人历来推崇“同居共爨”、多代同堂的大家族式的生活模式，但在实际生活中，父母与儿孙别居异财，分家生活，也属较为普遍的现象。如果儿子已经分家，那么在儿子死后，他的家产则由孙辈继承，父母不再是法理之内的继承人。如果儿子死后，家中没有男性孙辈继承人，儿子的父母则一般会为其选立养子，将养子作为法定立继者。在这种情况下，父母也是同样不能继承儿子的财产的。但是如果儿子先于母亲死亡，法律上也承认母亲可以作为儿子财产的法定继承人。南宋的一些法律中规定，如果在户绝之家，并且在有生母同居的情况下，“诸户绝人有所生母同居者，财产并听为主”[②]，这就明确规定了生母在特殊条件下，具有对其亡子遗产的继承权利。不仅如此，宋代关于死商遗产继承所列举的法定继承人中，也增加了父母对儿子遗产的继承权利。“死商钱物等，其死商有父母、嫡妻及男，或有亲兄弟、在室姊妹、在室女、亲侄男，见相随者，便任收管财物。如死商父母，妻儿等不相随，如后亲属将本贯文牒来收认，委专官切加根寻，实是至亲，责保讫，任分付取领。”[③] 类似这种在《宋刑统》摘录的唐及五代时期有关死商财物继承的法规还有很多，综而观之，在其所列举的诸多继承人中，父母可以成为儿子的法定继承人，并且可以全额收管儿子的财产。

---

① 《名公书判清明集》卷七《争立者不可立》，第 211 页。

② 《名公书判清明集》卷八《建昌县刘氏诉立嗣事》，第 254 页。

③ （宋）窦仪：《宋刑统》卷十二《死商财物》，第 199 页。

从女儿到儿媳，再到母亲或婆婆，是女性一生中所扮演的三个最重要的角色，也是大部分女性一生的三个必经阶段。在这三个阶段中，女性的财产权利是不同的。首先，作为女儿，最突出的权利就是通过妆奁权对父家财产的继承。其次，作为媳妇，最突出的权力莫过于在丈夫去世，成为家中的唯一女性家长之后，具有的立嗣和继管亡夫遗产的权利，以及部分的财产所有权。再次，作为母亲，对家产有管理权和分配权，并可以继承儿子的财产。通过这三个不同的家庭角色的转化，女性的财产权利也逐步提高。

第三章 宋代以女性为主体的经济纠纷

宋代女性心中的经济观念，远远胜于前代。她们对买卖中的纠纷，亲族间的冲突，小家庭的内部矛盾中与经济、财产、利益相关的内容非常重视，即使是借贷这种司空见惯的经济问题，在她们眼中都格外重要。京师妇人夏二娘欠“某坊王家钱十二贯，某坊陈家钱三十四贯”①，在其生前未能偿还，洪迈记录了她死后托生还账的经过。这类记载在《夷坚志》中频频出现，其中不乏死后偿债者的形象，拖欠他人钱租物品之人死后多被打入地狱，遭受刑罚。② 笔记小说中的记录一方面是对“欠钱还债”观念的宣扬，同时也反映出当时社会上人们对借贷问题的认识。类似的还有“父债子偿”心理，致使个别女儿为还父债而典卖自身。宋相李沆的世仆欠债逃亡后，其十岁的幼女“自写一券系于带，愿卖于宅以偿焉”，③ 主动请求自卖自身，以偿父债。一个年仅十岁的幼女，对世事的理解正处于懵懂时期，以身偿债之举不可能是她的首创，应是受到其所处环境中人们的影响。还有的女性因私藏家财而引入纠纷，因为家庭中个人的力量是不均衡的，常有强者倚强凌弱，公然侵占或处分共有之产。沂王长儿媳“性很戾，与诸房不协”，在服丧期间曾“藏匿一金

---

① （宋）洪迈：《夷坚志》丁志卷七《夏二娘》，第596页。

② （宋）洪迈：《夷坚志》支景卷四《宝积行者》，第909页；支戊卷八《许客还债》，第1111页；支戊卷十《回香院鸡》，第1130页。

③ （宋）文莹：《湘山野录》卷下《李沆有长者誉》，北京：中华书局，1984年，第56页。

盆”，面对公共财物，有分者的眼睛是雪亮的，“诸兄弟不平，互相抉摘，遂闻官司”。①

通过以上的事例可见“钱财”在宋代女性心中的重要地位，以及与其生活的强关联性。宋代社会经济发展水平相对较高，人们在涉及经济问题的时候，往往会产生纠纷。这种纠纷可能发生在亲邻和族人之间、父母与嗣子养子之间，甚至手足兄弟也容易因利益冲突对簿公堂。

第一节　与宋代女性发生经济纠纷的对象

一、亲邻、族人

宋代官府十分重视典卖田宅时亲邻所享有的优先权，但在实际的田宅交易中，不问亲邻，不考虑其优先权的现象却大量存在，导致了许多纷争。田宅典卖“先问亲邻”早已存在，唐代则以法律形式确定了亲邻的优先购买权。② 宋代对田宅买卖中亲邻的优先权规定得更加详备：“应典卖，倚当物业，先问房亲，房亲不要，次问四邻，四邻不要，他人并得交易。”③ 在田宅等不动产的买卖与典卖关系中，不管是尊长，还是其他成员，都要首先照顾到本宗其他成员的先买权，其次是自己的邻居。女性也常会因此而涉入与他人的纠纷之中。

---

① （宋）李焘：《续资治通鉴长编》卷四百六十四，哲宗元祐六年八月辛丑，第3557页。

② 参见郭东旭：《宋代买卖契约制度的发展》，《河北大学学报》1997年第3期。关于“亲邻法”的确立时间，学界看法不甚相同：郭东旭、刘云生、宋宗宇认为“先问亲邻”在北魏时即已出现，至唐代定型；吕志兴则认为它滥觞于中唐，于宋、元形成制度。笔者赞同前一种说法。

③ （宋）窦仪：《宋刑统》卷十三《典卖指当论竞物业》，第205页。

一般情况下，已经断卖的房产田土是不容取赎的，但在战乱灾荒等特定的情况下，既卖田产亦可收赎。南宋理宗绍定年间发生了一起原业主与已收赎的亲邻之间的田宅纠纷案。纠纷双方是临安府昌化县的寡妇阿章和其亡夫的从兄弟徐十二。阿章和孙子徐鼎孙要求赎回十一年前自己典与徐麟的两处住房和地基。这项房产，早在九年前由徐十二依亲邻之法赎归己有。因为业主典卖产业，他的亲邻（既亲又邻）有优先典买权，甚至典卖与他人以后，亲邻也可以从典主或买主手中赎买归己。昌化县本已判决徐十二把房产交回阿章，领取赎款。徐十二不服，申诉到临安府：阿章起初是卖房产而不是典与徐麟，阿章无理诉讼起因于徐麟的教唆。徐十二出示了他赎房时一起赎回的阿章出卖房产的卖契，且是经官“过割”并加盖官印的“赤契”，临安府据此判定阿章当初确实是卖而不是典。事情至此，双方争论的焦点“典”与“卖”已十分清楚，临安府只要根据已经查证的事实据法判决即可，但官府在实际运用法律作出判决时，并没有简单照搬条文，而是责成昌化县弄清阿章曾是否离业，再行理断，照顾了孤寡之人的利益，这既是防止有人欺凌寡妇，也是为了防止有人利用对寡幼的保护而挑起词讼。① 这份判词反映了当时的女性在社会生活中与亲邻、族人容易因经济利益的纠纷而产生尖锐矛盾，也反映了政府在一定程度上对女性经济利益的保护，具有一定的典型性。

女性与族人之间的纠纷大多来自家庭内部矛盾，这类争讼多发生在小家庭中男性家长亡殁、孤儿寡母相对无依的情况下，族人欲争孤女所继承之产。宋代很多家长会以遗嘱的形式指拨女儿的奁产。钱居茂生前立遗嘱摽拨所分山地“与女舍娘充嫁资”，居茂、亲子未

---

① 《名公书判清明集》卷六《已卖而不离业》，第 164 页。

有言，舍娘堂兄钱孝良反倒以众分之产入词指争。事件发生在淳祐二年（1242 年），而钱居茂兄弟异居析产却是在三十年前的嘉定六年（1213 年），执法官吏经过调查取证，查明钱孝良是因为听说此山地是风水宝地，“始欲含糊沮挠”，欲以亲邻取赎而指伯父遗嘱为伪，官府认为钱居茂的做法是合乎情理的，族人败诉。① 江朝宗分别于绍兴四年（1134 年）、淳熙十五年（1188 年）两次置田，“于嘉定五年拨与女江氏儿，随嫁黄主簿”，四十八年后，江氏族人妄称是卖田人江通宝的“亲的子孙”而索赎。② 李彦椹于理宗宝庆二年（1226 年）拨陆地“与女作随嫁资”，十几年后，族人争赎。③ 这几例中的女性已把随嫁田带至夫家，族人仍不放弃争夺，足见时人血缘亲情的淡薄。

二、交易对象

买卖行为因直接涉及经济利益，所以在此过程中更容易发生纠纷。而且在宋代的买卖行为中，伪造契约的欺骗行为屡见不鲜。不法之徒伪造契约的手段也很多，“或浓淡其墨迹，或异同其笔画，或隐匿其产数，或变易其土名，或漏落差舛其步亩四至”。④ 女性往往因不识字或不便出面等原因没有当面核准，或者是由于自身法律意识不强、容易相信他人或受他人蛊惑等原因在面对此种情况的时候招惹官司。

有伪造当事人笔迹者，在书写完毕、盖有官印的契约上直接添

① 《名公书判清明集》卷六《争山》，第 197 页。

② 《名公书判清明集》卷九《妄赎同姓亡殁田业》，第 319 页。

③ 《名公书判清明集》卷九《禁步内如非己业只不得再安坟墓起造垦种听从其便》，第 322 页。

④ 《名公书判清明集》卷五《物业垂尽卖人故作交加》，第 152 页。

入一方的签押，若“券墨浮朱上”，一定是“先盗用印然后书之”①，作伪技术较为低劣。针对这类行为，官员一般采用核对笔迹的方法鉴别伪券，并广泛应用于司法实践中。这种契约辨伪法一直通行于两宋时期。北宋兖州仙源县傅县令就是用此种核对笔迹的方法，为一寡妇洗雪了多年的冤屈，“公使对者原书，其契不类”。②

正所谓“契之不明，讼所由生”，鉴于此，很多地方官一再提醒百姓提高自身的法律防范意识，减少此类纷争，“立条教告民，凡田讼，傅别约剂不具者，一切不受其辞”。③ 特别是提醒女性，莫因他人蛊惑而致使自身利益受损，牵扯争讼。如吴兴富翁莫氏死后，“里巷群不逞”，将其十余岁的别室子视为奇货，以助其夺回家产为借口，劝诱其父母写立了一纸借贷契据，“为作数百千文约，……然实无一钱”。后来其计划受阻，便“投牒持券”，诉莫氏别室子“负贷钱”。官府受理了此案，查明事情的来龙去脉后，严惩了不法之徒，“尽以群小具狱，杖脊编置焉”。④

有些时候女性处于弱势地位，与她们进行买卖的交易对象容易利用一些非正当手段侵犯她们的利益。女性因此而涉入争讼，多属正当维权。寡妇阿宋有三个儿子，“户下物业除三分均分外，克留门前池、东丘谷园，又池一口，充阿宋养老”。三兄弟分家时，为母亲

① （宋）桂万荣：《棠阴比事原编》卷上《章辨朱墨》，《丛书集成初编》第782册，第12页。

② （宋）张方平：《张方平集》卷三十六《宋故龙图阁学士朝散大夫尚书工部侍郎提举南京鸿庆宫上柱国清河郡开国公食邑三千八百户食实封八百户赐紫金鱼袋傅公神道碑铭》，郑州：中州古籍出版社，2000年，第612页。

③ （宋）张方平：《张方平集》卷三十六《宋故龙图阁学士朝散大夫尚书工部侍郎提举南京鸿庆宫上柱国清河郡开国公食邑三千八百户食实封八百户赐紫金鱼袋傅公神道碑铭》，第612页。

④ （宋）周密：《齐东野语》卷二十《莫氏别室子》，第365页。

留出了养老田，只待阿宋死后再由三个儿子均分。在取得母亲及其余两兄弟的同意后，宁宗嘉定十六年，其次子黄宗球抽取母亲养老田东丘谷园中属于自己的一分典与同宗黄宗智，契上有阿宋及牙人“知押”，交易合法合情。不料“用心不仁”的买主黄宗智“欺阿宋一房孤寡”，不顾族谊，又假立伪契欲包并卖主全产，侵犯了阿宋的正当经济权益，同宗兄弟间也因此而纷争不已。[①] 在宋代社会，孤儿寡妇“多被屈抑”[②] 之事时有发生。

所以无论是女性主动进行的典卖还是被动涉及的买卖行为，她们都容易因其自身的弱势而被用心不仁者欺凌。但当她们醒悟之后，当即选择诉讼途径来维权，对宋代这些女性来说，实在是难能可贵的。

三、母亲与亲子女、继（养）子女

母亲之爱子，有过之而无不及。但身为母亲，在家庭财产析分时因情感上的偏私而产生分配不均或存留私心也是常出现的问题。“为父母者，视已之子犹有厚薄”，厚于所爱而薄于所憎。母亲对待亲子尚且如此，遇到继母与前室子（女）或者养母与养子之间的问题时，冲突更易凸显出来。虽说各家情况不尽相同，但究其根本还是因为一个“财”字。

汪球与阿游有三子，如旦、如珪和小儿子如玉。长子如旦早亡，如旦妻周氏奉婆婆之命及夫之遗嘱，立二弟如珪长子庆安为嗣。十余年后，幼弟如玉分家后，生计艰辛，欲以自己的儿子与庆安一同双立而鼓动母亲，其母阿游私爱幼子，“入状乞以其次子尧蓂再与如

---

① 《名公书判清明集》卷九《买主伪契包并》，第305页。

② （宋）黄榦：《勉斋集》卷三十三《陈安节论陈安国盗卖田地事》，影印文渊阁《四库全书》本。

旦立后"，正是因为母亲对幼子的偏爱，才导致了原本和睦的家庭内部词讼纷纷。①

宋代亦有亲生母亲私取女儿奁产者，李介翁仅一独生女良子，临终时"指拨良子应分之物产，……以待其嫁"，不料其生母却"分取良子之嫁资田业"，弃女改嫁他人，全无母女之情。② 为获取利益，人们不惜撕破脸面，抛开传统的"情义"二字，成为受金钱驱使的奴隶。又有陈氏嫁徐孟彝为妻，育有三女一子。丈夫死后，她抛弃子女带着奁田径自回归娘家，因此夫家讼官。判案官吏认为，陈氏虽是在父兄的教唆下而为，但这种做法于礼不合，故判令陈氏归徐家教育儿子筹嫁女儿，奁田仍归陈氏收管，并杖责了陈氏的父兄。③由陈氏径取奁田自归这一行为，可见宋代社会中确实存在这一类因留存私心而不顾子女利益的女性。

对待亲子尚有人如此薄情，继子女和养子的境遇更是可想而知，纠纷和冲突往往也就由此而来。在宋代，立嗣之后，又有亲生子的情况也不少见。南宋时期，若是这种情况，是不允许将养子遣还本姓的。陈文卿之妻吴氏原抱养陈厚为子，后亲生二子，吴氏厚待亲生子而鄙薄养子，分家产也不公平，"吴氏子母违法析产以与陈厚者，是欲蹙之使贫也"，双方打起了官司。④ 这种厚此薄彼的心态虽说实属人之常情，但也正是因此种心态引发了纠纷和矛盾。

亲母对待亲生子女尚存私心，就更不要指望继母能够做到对前室之子不失公允。孝宗时，延平人张维的继妻宗氏"有憎爱之心，岁终钩校"，对丈夫前妻的两个儿子"推索毫毛"，百般挑剔其行为，

① 《名公书判清明集》卷八《后立者不得前立者自置之田》，第 271 页。

② 《名公书判清明集》卷七《官为区处》，第 230 页。

③ 《名公书判清明集》附录二《徐家论陈家取去媳妇及田产》，第 603 页。

④ 《名公书判清明集》卷八《母在不应以亲生子与抱养子析产》，第 278 页。

甚至因为继子张士僴“亏折数十缗”钱财的小事，对儿子儿媳行使家法，“大怒杖之”。[①] 北宋陵州富民陈子美之父死后，其继母“诈为父书逐出之”，陈子美上诉多年，才争回了自己的继承权。[②] 宋太宗太平兴国二年（977 年）曾经立法：“尝为人继母而夫死改嫁者，不得占夫家财物，当尽付夫之子孙，幼者官为检校，俟其长然后给之，违者以盗论。”[③] 真宗咸平年间，薛惟吉死后，继妻柴氏“尽蓄其祖父金帛，计直三万缗，并书籍纶告，以谋改适”，薛惟吉的儿子“诣开封府诉其事”，夺回了父家的财产权。[④] 太平兴国八年，开封府寡妇刘氏与丈夫前室之子王元吉交讼，刘氏母弟趁机“欺隐王氏财物”。[⑤] 家庭中的女主人亡殁后，父家长常常有续弦之举，新成员加入后，家庭成员关系更趋复杂。家中老父的死亡，容易让原本就很复杂的家产析分变得更加棘手。

继母与丈夫前妻子女间的关系向来不好相处，若有子随嫁，这种家庭的关系更趋复杂，男性家长去世后，家庭中往往纠纷不断。徐二后妻冯氏携子嫁来后，徐二与冯氏共同把持徐氏家业，为免家业落入异姓之手，徐二将全部家业遗嘱与亲妹和女儿，并让她们负责冯氏以后的生活。可是徐二死后，冯氏却公然立契典卖，侵犯了受遗赠人的财产权，因此而引起争讼。受理此案的翁浩堂依据“诸财产无承分人，愿遗嘱与内外缌麻以上亲者，听自陈，官给公凭”的法律规定，将“家业追还徐百二娘、六五娘同共管佃，别给断由，与之照应”。[⑥] 此判决维护了立遗嘱人的本来意愿和遗嘱的合法性。

---

① （宋）洪迈：《夷坚志》三志辛卷六《张士僴》，第 1431 页。
② （宋）李焘：《续资治通鉴长编》卷八十五，真宗大中祥符八年八月癸未，第 754 页。
③ （宋）李焘：《续资治通鉴长编》卷十八，太宗太平兴国二年五月丙寅，第 156 页。
④ （宋）李焘：《续资治通鉴长编》卷五十三，真宗咸平五年冬十月癸未，第 447 页。
⑤ （元）脱脱等：《宋史》卷二百《刑法二》，第 4985 页。
⑥ 《名公书判清明集》卷九《鼓诱寡妇盗卖夫家业》，第 304 页。

再如南宋人吴和中，宠爱后妻王氏，续置田产，尽作王氏妆奁立券，吴和中病故后，继妻王氏带着自随田和妆奁所置田产改嫁他人，吴和中的儿子吴汝求破荡完所承分物业后，讼继母携父产改嫁。审理此案的官员调查后认为：王氏改嫁时带走的产业之中，既有自随田，也有“故夫己财置到”。从法律方面而言，所置田产皆以妆奁之名立券，是合法的；从民间习俗的角度讲却不合情理。因此劝王氏“以前夫为念”，拨屋以予继子。[①] 由于王氏所携田产符合法律手续，故官吏未直接判决，而是动之以情，晓之以理，指出王氏所立之券是利用了前夫的宠爱而获得的，劝她多少对继子予以照顾。

虽然不顾血缘亲情的母亲和利己的继母不能代表全部的状况，但这也确实是宋代社会部分人利欲熏心，被金钱奴役的一个缩影。

四、亲兄弟姊妹与继兄弟姊妹、养子与亲子女[②]

成年子女之间的纠纷，是女性容易涉及的又一种经济纠纷形式。由于宋代女性拥有继承父母财产和获得妆奁的权利，在这些应得的析分之产被剥夺时，她们会站出来合理维权。这种纠纷既可能发生在小家庭内部的亲兄弟姊妹之间，也有可能发生在继子女和养子之间，特别是户绝家庭中的养子和女儿，更易因一方的图谋而涉讼。

北宋铜梁县民“庞氏姊妹三人冒隐幼弟田，弟壮，诉官不得直，贫至庸奴于人”。[③] 这类手足之间因财产问题而引发的强势一方欺凌弱势一方的案例不算罕见，涉及未成年人的经济纠纷，弱势方更加

---

① 《名公书判清明集》卷十《子与继母争业》，第 365 页。

② 这里定义的亲兄弟姊妹是指同父同母的情况，将同父异母或同母异父的情况归类为继兄弟姊妹。虽然养子往往与其养父母有远房血缘关系，多属“堂亲”或“表亲”关系，也不将其归为亲兄弟姊妹。

③ （元）脱脱等：《宋史》卷三百四十六《吕陶传》，第 10977 页。

需要保护。

父母是未成年子女的法定监护人，在家产分割的纠纷中，往往成为幼子女争讼的代理人。遇有此类纠纷，判案官员在审案过程中一般也遵循前述“女儿合得奁产”的司法原则。刘克庄在处理建昌县刘氏一案时，明确指出：“此二女既是县丞亲女，使登仕尚存，合与珍郎均分，二女各合得男之半，今登仕既死，止得依诸子均分之法，县丞二女合与珍郎共承父分，十分之中，珍郎得五分，以五分均给二女。”① 田县丞的家庭关系较为复杂，田县丞死时，长男登仕已亡，遗下两个幼女；次男珍郎也有两个幼妹，刘氏、秋菊分别是田县丞和登仕的妾和婢，县丞之弟通世想让自己的儿子为登仕继嗣。在分配县丞的遗产时，没有为县丞的女儿与孙女留出奁产，为维护女儿的合法权益，刘氏、秋菊诉官，分别为女儿代争。此案十分复杂，既涉及正常家庭儿女的分产，又牵涉到户绝之家在室女的继承权和立嗣问题。户绝之家若只有女，无子，依《宋刑统》丧葬令：“所有部曲、客女、奴婢、店宅、资财，并令近亲转移货卖，将营葬事及量营功德之外，余财并与女。无女均入以次近亲，无亲戚者官为检校。”② 女儿为第一顺序遗产继承人，近亲则享有潜在的继承权。宋代是男权社会，户绝之女的父系近亲往往不会坐视其带产嫁出，让本宗财产流入外姓。不平、贪婪、私欲，户绝之家的近亲往往会以各种名义侵夺户绝之女的财产权。此案中的通世便是打着立继的旗号，欲吞并孤儿寡母的财产。因为宋代立继的第一要件是“昭穆相当”，而通世欲以己子为登仕郎立嗣，是以堂弟继堂兄，昭穆不顺，于法不合。上述丧葬令中还规定，“若亡人在日，自有遗嘱处

① （宋）刘克庄：《后村先生大全集》卷一百九十三《建昌县刘氏诉立嗣事》，第4869页。
② （宋）窦仪：《宋刑统》卷十二《户绝资产》，第198页。

分，验证分明者，不用此令”。田县丞的弟弟通世声称是奉遗命为登仕立嗣，但其所执遗嘱并未经族中人签押，也没有经官府印押，未办理公证手续，是没有法律效力的。所以刘克庄斥责通世不晓礼法，但念他是被“囚牙讼师之所鼓扇”而致家中亲族“争讼累年”。最后判决：“合将县丞浮财田产，并作三大分均分，登仕、珍郎，各得一分，二女（县丞之女）共得一分。”为使秋菊母女能得以安居，援引“诸已绝而立继绝子孙，于绝户财产，若只有在室诸女，即以全户四分之一给之”的法令为依据，允许通世郎之子为登仕郎立嗣。登仕郎二女得四分之三，立嗣子得四分之一。[①] 登仕之女应得的财产被打了折扣，因为根据南宋令文：“诸户绝财产尽给在室诸女”。[②] 刘克庄的这一判决，既满足了通世的愿望，也使秋菊母女保有大部分财产，日后的生活能有所保障。此案之所以迁延时日才得以解决，其中固然有“教唆词讼之人”的干系，同时也表明宋代女性维权之艰难。从此案的最后判决结果可以看出，首先，宋代律令中对在室女奁产权的保护在大部分官员那里是被遵照执行的；其次，家庭中身份较卑微的女性——妾或婢（刘氏为田县丞之妾，秋菊为登仕之婢）可以作为独立的诉讼主体，以子女监护人的身份出面与夫族近亲对簿公堂，有独立的诉讼权利；最后，宋律中所规定的“姑姊妹在室者”[③] 无嫡庶之分，均有权利获得奁产。不仅庶生女的奁产权与嫡女相同，户绝之家的养女也拥有相同的权利。这一原则在《清明集》其他判例中亦得到了体现。[④]

养子是在特殊情况下，进入到户绝之家的孩子。虽然他们中的

---

① （宋）刘克庄：《后村先生大全集》卷一百九十三《建昌县刘氏诉立嗣事》，第 4869 页。

② 《名公书判清明集》卷七《立继有据不为户绝》，第 215 页。

③ （宋）窦仪：《宋刑统》卷十二《卑幼私用财》，第 197 页。

④ 《名公书判清明集》卷八《处分孤遗田产》，第 287 页。

大部分与养父母有着直接或者间接的关系，多为“堂亲”或“表亲”，血脉相连，但由于他们在家庭中的特殊地位，往往容易导致他们被养父母家庭（族）所排斥，无法合理继承家产。如阳翟民盖氏的养子盖渐“为祖母所逐，以家资属其女。经元丰诉理不得直”。①

法律对命继状况下户绝之家女儿应得的财产份额作了明确规定，女儿与命继子均有继承权，继承份额依女儿的身份而有差别：有未嫁之女，女儿得家产的四分之三，命继子得四分之一；如果只有出嫁女，则命继子和出嫁女各得三分之一，余下的三分之一没入官府；如果既有在室女，又有归宗女，在室女得五分之三，余下的五分之二由命继子和归宗女平分；如果只有归宗女，则以五分之一给予归宗女，五分之二归命继子，余下的五分之二没入官府。② 养子违反上述规定，在家产分配中做出不合情理的举动被提起诉讼时，往往会受到社会舆论的谴责或是法律的严惩。前文所述南宋百姓曾千钧有两个女儿，又过继一个侄子为养子。曾千钧去世前，“亲书遗嘱，摽拨税钱八百文与二女”，妻、弟、子均已签字，并经县印押。曾千钧死后，养子欲独占曾家财产，指遗嘱为伪，图谋二女所得之田产。官府认为产业系“父母支拨，为人子者，孰得而违之”，把田产判归了两个女儿。③ 这一判决不仅合情，而且合理合法。立嗣养子的同时给予亲生之女一份家产，受到了官府法令的保护，可见这一处理方式是合乎人之常情的。以上是南宋时期户绝之家的财产分配法规及执行情况，但就北宋时期而言，分配份额可能有所不同。

据宋太祖乾德二年（964 年）的一份民间立嗣约所载，没有亲生儿子的史氾三过房兄长亲男史愿寿为子，“叔侄亲枝姊妹兄弟”监

① （元）脱脱等：《宋史》卷三百五十一《张商英传》，第 11095 页。

② 《名公书判清明集》卷八《命继与立继不同》之《再判》，第 267 页。

③ 《名公书判清明集》卷七《遗嘱与亲生女》，第 237 页。

督下所写立嗣约中言明史氾三的所有家产由女儿和养子平分，“所有□（家）资、地水、活□（业）、什物等，便供氾三子息并及阿朵、准亭、愿寿各取壹分，不令偏并”。以所得份额比较，北宋立继子对养父家产的继承权远远小于南宋，因史氏家族最后“将此文书呈告官中”备案，我们可以认为这一分配方案反映了北宋户绝财产分配法的精神；而且与南宋不同的是，在养子所得份额中，有一份由其“自收”，当养父母家庭成员“欺屈”养子或欲解除收养关系时，无权处理史愿寿“自收”的一份；立嗣约中还规定了养子对养父母应尽的义务，若养子不孝，将被取消继产权，“空身趁出家中，针草一无□数。其□债麦粟伍拾硕，升合不得欠少，当便□付氾三”。① 与南宋时期一样，北宋户绝家庭中不对养父母尽义务或欲独吞家产的立继子还将受到社会舆论的谴责。英宗时期，司马光在其奏疏中指出继承养父家产的同宗养子如果“疏母弃妹”，不对养母及其女儿尽赡养责任，侵吞她们的财产权，将会“见贬于乡里”。②

作为父母，总是希望女儿的奁产能够尽量充足，这既是为了体面，也是对女儿的一种情感，希望女儿未来在婆家的生活能过得如意。但是“自古以来，好利者众，顾义者寡”③，父母去世后，其生前摽拨于女儿的奁财常常成为其他家庭成员垂涎的目标。如吴革的养子吴锡，不仅肆意典卖养父的家业，甚至卖掉了本“摽拨与吴革之女”作为奁田的嫁资，因此被官府打了一百大板，并追回了陪嫁之产。④ 为避免养子与亲女在家长亡殁后兴讼，有些户绝之家的父母

① 唐耕耦、陆宏基编：《敦煌社会经济文献真迹释录》第二辑（一）《契据·宋乾德二年（公元九六四年）史氾三立嗣文书》，北京：全国图书馆文献缩微复制中心，1990年，第156页。

② （宋）司马光：《司马光奏议》卷十九《上皇帝疏治平二年八月十一日上》，第208页。

③ （宋）邵伯温：《邵氏闻见录》卷十二，第133页。

④ 《名公书判清明集》卷四《吴盟诉吴锡卖田》，第100页。

常以遗嘱的形式预先为女儿指拨嫁资，然而其结果往往事与愿违。郑应辰在生前遗嘱与二女田各一百三十亩，库各一座。郑应辰死后，养子孝先欲掩有全部家业，侵占了二女应得的产业，引发了兄弟姐妹间的经济纠纷，被告到官府。郑应辰遗嘱与二女的财产，虽未言明是否为奁田，但从其家产之丰厚（田三千亩，库十一座）与判词中的“祖业悉不得以沾其润”“他郡均分之例”揣测，基本上可以把此项财产作为父亲对两个女儿的奁田遗赠。① 养子孝先作为原告而兴词的理由是指遗嘱为非——没有经过官府印押。徽宗重和元年（1118 年）敕令中规定：“凡民有遗嘱并嫁女，承书令输钱，给印文凭。”② 南宋初亦有此类规定：“凡嫁资、遗嘱及民间葬地，皆令投契纳税。”③ 宋王朝对遗嘱和嫁资征税的首要目的是充实国家财政，但“法因事而设”，此敕令的颁布其直接目的是减少争讼，反映了社会中此类争讼的普遍性。然而，由于敕令行废不定，民间反应不一。此案中的郑应辰可能是出于此种心理而未办理遗嘱公证，致二女奁产权受扰。但再审官员范西堂却判决田归二女，养子孝先“勘杖一百”。他认为，“二女乃其父所自出，祖业悉不得以沾其润，而专以付之过房之人”，在情理上是说不过去的，而且“若以他郡均分之例处之，二女与养子各合受其半”。现在两个女儿共得田二百六十亩，根本未超过法律规定与习俗认可的上限，所以对养子孝先的兴词及县丞以遗嘱为非而作的初审判决不以为然，未严格依照法律条文办事，而是判决二女胜诉。④ 如上例所示，女儿所拥有的奁产权是受法

① 《名公书判清明集》卷八《女合承分》，第 290 页。

② （宋）马端临：《文献通考》卷十四《征榷一》，杭州：浙江古籍出版社，1988 年，第 143 页。

③ （元）脱脱等：《宋史》卷一百七十四《食货上二》，第 4202 页。

④ 《名公书判清明集》卷八《女合承分》，第 290 页。

律保护并基本上被予以执行的；另一方面，自家兄弟违背父母遗愿，侵夺未嫁姐妹奁产的现象亦普遍存在。由此引发的在室女走上公堂、求助于法律援助的行为本身亦表明宋代被侵害女性的经济观念已初步觉醒。

五、妻、妾、婢之间

一夫一妻多妾的家庭关系本来就是传统社会对男性权利的倾斜，它破坏了组建家庭本该遵守的专一性原则。嫁给同一个男人的女人们本就容易互生嫉妒、彼此难容，家中男主人在世的时候，纠纷尚且难以避免，一旦丈夫去世，因家财产生的冲突更容易爆发。无论妻也好、妾婢也好，她们争产的目的除了直接保障自己的生活之外，还有一部分则多是为了自己膝下子女的财产利益。这可能是出于人类本能，在自己年老或百年之后，自己的孩子才是争取来的资财的最终受益者。

正妻作为主母，在身份地位上本就高妾婢一等，在丈夫去世之后，很多正妻便打起了驱逐妾婢、独占家资的算盘。南宋宁宗嘉定年间，罗柄的妻子赵氏悍妒，容不下已生子的女使邹来安。于是，罗柄拨田令来安在外居住，后来幼子夭亡，来安缴还所拨田产，罗柄又典田与之，“有省簿可考”。嘉定十一年，来安又用自己的钱置买田业，因国家法律规定不许起立女户，便以父亲邹明为户头。已经被休回娘家的罗柄之妻赵氏趁罗柄老迈多病之际复归夫家，据其生业，自主家事。罗柄死后，家人黄蕴受赵氏指使入官陈词，欲“归并邹明税钱，攘夺阿邹产业”，执法官员经过认真调查，判决田归阿邹，以后嫁人，“却听自随”。① 此案中，女使来安是以独立的

① 《名公书判清明集》卷四《罗柄女使来安诉主母夺去所拨田产》，第115页。

诉讼主体出现的，而且是胜诉者。而依照宋律："诸告周亲尊长，外祖父母、夫、夫之祖父母，虽得实，徒二年。"[①] 依此类推，妾婢与妻相讼，情况属实，亦要受到很重的处罚。也有些庶生子在母亲的帮助下，独占家产，成为继产中最大的受益者，如前文所举潭州嫡妻老妪的事例，老妪因无子，夫死之后，"为妾所逐，家资妾尽据之"。[②] 年老的寡妻，因无子而受到妾婢的欺凌，无奈她们只得为自己争财。宋代女性在遇到经济纠纷时显得那么奋不顾身，可见钱财利益在宋代女性心中的重要性，也可看出宋代女性维护自我利益的意识的增强。

有时候有些妾婢不能与嫉妒的主母在同一屋檐下生活，她们被安置在别宅。不与父及家属同居共籍的孩子，被叫作"别宅子"。在他们长大成人知道自己的父亲后，由于家族认同心理的作用，常常要求认祖归宗。年轻的妾婢，在家中男主人亡殁之后，也希望借此为自己和孩子争得一份财产，来保证自己和子女的生活。如前文提到过的"吴兴富翁莫氏者，暮年忽有婢作娠。翁惧其妪妒，且以年迈惭其子妇若孙，亟遣嫁之。已而得男，翁岁时给钱米缯絮不绝"。此子十余岁时，富翁去世，他归以服丧，莫氏一家骇然。莫氏长子为免兴词破家，劝说母亲认下了此子。[③] 更多的家庭却不接受别宅子，再加上贪利之人妄以别宅子而诉财产，以致词诉纷扰。

妻与妾为各自的亲生子或为自己争夺家产的事例屡见不鲜。北宋仁宗时，洪州别驾王蒙正欲独占家财，诬父婢霍氏所生子为异姓，"以规取财产"，二人由是交争。[④] 可见妻妾乃至妻妾之子为了家财

---

① （宋）窦仪：《宋刑统》卷二十四《告周亲以下》，第366页。

② （宋）江少虞：《宋朝事实类苑》卷二十三《官政治绩·王罕》，第282页。

③ （宋）周密：《齐东野语》卷二十《莫氏别室子》，第365页。

④ （宋）李焘：《续资治通鉴长编》卷一百二十，仁宗景祐四年二月壬子，第1080页。

析分而产生纠纷，乃至诉讼，在宋代社会是常见的。

第二节 女性财产权引发的纠纷

一、奁产权

奁产是指女子出嫁时由娘家陪送的所有物品和财产。奁产是女家给男家的婚帖中的必列内容之一。① 奁产随嫁带到夫家后，成为奠定女性在夫家地位的经济基础。由于奁产是女性的重要财产和在丈夫家中地位的重要影响因素之一，因此，无论是未嫁女子本人，还是已婚夫妻（含同居者），或是对母亲的奁产拥有继承权的子女，甚至是家庭中的其他成员，常因女性的这项权利而引发纠纷。

（一）在室女的奁产纷争

在中国传统社会中，父母无不把为女儿置办奁产视为自己的义务和责任，而女子也把获得奁产视为自己应享有的权利。在宋代法律中对此亦有明确规定：“姑姊妹在室者，减男娉财之半。”② 即未婚女子的妆奁可以比照家中男子聘财减半。南宋法令中规定得更详细：“未嫁均给有定法。诸分财产，未娶者与聘财，姑姊妹在室及归宗者给嫁资，未及嫁者则别给财产，不得过嫁资之数。”③ 又：“在法，父母已亡，儿女分产，女合得男之半。”④ 以法令的形式规定了在室女享有奁产权和应得嫁资的数额。南宋法律将归宗女也纳入到

---

① （宋）孟元老：《东京梦华录》卷五《娶妇》，北京：古典文学出版社，1956 年，第 31 页。

② （宋）窦仪：《宋刑统》卷十二《卑幼私用财》，第 197 页。

③ 《名公书判清明集》卷七《立继有据不为户绝》，第 215 页。

④ 《名公书判清明集》卷八《女婿不应中分妻家财产》，第 277 页。

应享受这种权利范围的女性之内。从某种角度来讲，已婚女性的归宗行为往往是因丈夫死亡或离异等原因而解除了原有的婚姻关系，部分归宗的女性回归娘家的真正目的是等待再嫁，所以归宗女与再嫁女在性质上有一定的相似之处。北宋范仲淹所定《义庄规矩》中已有对再嫁女支钱“二十贯”的条款①，这是缘于血缘同亲的古老情感和恤孤济贫的行为，也是对归宗再嫁女的一种抚恤。而一般人家若有能力，也给予再嫁女性一定的嫁资。即使父母双亡或父死母嫁，孤女也有获得随嫁奁产的权利。袁采对此曾有精辟的见解，他讲：“孤女有分，近随力厚嫁，合得田产，必依条分给。若吝于目前，必致嫁后有所陈诉。”② 袁采既肯定了女子奁产权的合法性，又劝诫世人不要因侵吞族中孤女奁产而惹官司。

宋代民事诉讼法中，专门规定了民户的起诉权。北宋主要是对无行为能力人和限制行为能力人的诉讼权加以限制，并严格禁止论诉不干已事。北宋末至南宋时，对民诉的限制逐渐加强，主要是扩大了“不受理”的范围。“非单独无子孙孤孀，辄以妇女出名不受”③ 便是其中一条。宋朝有一吝啬富人不给儿孙分家，死后儿女们为争家产而兴讼，“其处女亦蒙首执牒，自讦于府庭，以争嫁资”④，女儿“蒙首执牒”走上法庭，理直气壮地把获得陪嫁奁产视为自己应有的一种财产权利。富人之女争奁产是以原告的面目出现的，由此可以想见，在当时的社会氛围中，她的诉讼权利的实现，客观因素除了执法官的同情外，承认女子拥有奁产权的社会价值观念也起

---

① （宋）范仲淹：《范仲淹全集・范文正公集》附录六《续定义庄规矩》，成都：四川大学出版社，2002 年，第 1159 页。

② （宋）袁采：《袁氏世范》卷一《睦亲・孤女财产随嫁分给》，《丛书集成初编》第 974 册，第 17 页。

③ （宋）黄震：《黄氏日抄》卷七十八《词诉约束》，台北：大化书局，1984 年，第 16 页。

④ （宋）司马光：《家范》卷二《为儿孙积钱财，不如给后代留功德》，第 25 页。

到了一定的作用；从其中的“蒙首”一词，可以推知宋代中上层女子的活动范围主要还是家庭，抛头露面还是在少数场合。人的行为是受思想支配的，而思想领域的任何发展变化和运动绝不是排他的或自我封闭的。这一事例展示了在经济大发展的宋代社会中，经济观念对人的行为方式的影响之大，足以使社会中甚至活动范围主要局限在家中的“大家闺秀”克服种种心理障碍和道德压力，求助于法律以维护自己的合法权益。

女性的妆奁权有时会遭到直系或旁系血亲侵犯。如前文所论述的，当时社会中也有以女子奁产的名义直接向养子挑战的事例。周叔辩养父的三个女儿出嫁时带走了家中的大部分财产，“斥其毫末以与叔辩，已又以势夺之”。[①] 又如前述宋人吴琛有四个女儿，长女和次女招赘在家，又收养了一子吴有龙，一家人起初相安无事。几十年后，吴琛和吴有龙相继亡故，家庭矛盾也随之爆发。三女二十七娘和四女二十八娘诉官，欲逐养子吴有龙之妻和他的儿子吴登，依户绝法析分父亲的产业。姑嫂之间向来最难相处，在面临家庭财产分割的问题时更是难以达成共识。判案官员认为：吴家出现纷争，主要是因为吴登母子没有处理好复杂的家庭关系，犯了众怒而导致的。而“有龙既能生事死葬，克尽人子之责”，已对养父母尽了义务，有权继承吴家家产。执法者最后“酌情据法，以平其事”，以均分议嫁的方式解决了这桩家庭纠纷。[②] 此件家庭纠纷的起因并不是财产，最终却由二十八娘联合四姐妹的力量，以财产为载体，向吴登母子发难，反映出某些宋人“遇弱则肆，遇强则避”的心态；同样，前述族亲对家中女性奁产权的侵犯，除了因为贪财心理之外，也不

① （宋）陈亮：《陈亮集》卷三十五《周叔辩夫妻附葬墓志铭》，第470页。

② 《名公书判清明集》卷七《立继有据不为户绝》，第215页。

能排除有些人惮强凌弱的心态作祟。

综观家庭中围绕女性的奁产而出现的纠纷，以女性本人名义主动提出诉讼请求的比例较小，大部分出现在家庭中的两方势力互控之中，此类纠纷多因近亲以各种名目侵夺女性的奁产权，使女性直接主动应诉或是间接寻求“代理人”而被迫维权。女性直接以维护奁产权为名，正面对抗侵权者的行为属于极个别事例，大多数女性会选择不直接出面或是联合家中其他成员而争讼。执法官吏在判决过程中，一般遵循“情法两尽”的原则，在一定程度上保证了法律赋予女性的奁产权的实现，从暂时看起到了息讼作用；另一方面却往往是助长了近亲对女性奁产图谋侵夺的风气，实际上并不利于息讼止争。

终宋之世，在室女的奁产权在法律上有明文规定，以妆奁嫁女观念又为家庭和社会所认可。围绕此项权利出现的种种纠纷，反映了人们对财富的渴望与追求和商品化社会中人们的经济价值观，女性参与维权折射出她们自身所具有的法制观念和经济观念。这种观念的出现不是偶然的，而是有与之相适应的经济环境、社会环境与文化环境，反映出宋代经济交换行为的发达以及在这一行为影响下的宋代女性日益强烈的法律维权观念。

（二）已婚女的奁产纷争

奁产随嫁带到夫家之后，除被作为奠定女子在夫家地位的经济基础外，常被充作其他用场。如北宋宰相杜衍幼年时，家“贫甚，佣书以自资”，后来济源富民相里氏“妻以女，由是资用稍给”，有了妻子的奁产作为经济基础，他才得以金榜题名，[1] 杜衍死后，小家庭因失去了稳定的俸禄来源而家境日窘，这时，他的妻子又尽出

① （宋）江少虞：《宋朝事实类苑》卷十《杜祁公》，第29页。

“箧中所有，易房服钱三千”，靠原来的嫁妆维持一家人的生计①；叶梦得之妻则拿出“箱箧所有”，为小姑置办嫁妆②；施杨休置买义庄的费用中包括“其室赍送之奁”③；太常博士王逢的妻子陈氏将“博士禄赐，尽之宗族朋友，不足则出衣服簪珥助之而不言”④，用自己的奁产周济丈夫的族人和朋友；南宋孝宗淳熙七年（1180 年），俞绅来之妻徐氏“尽捐橐中所藏以造寺”⑤；还有的人“将妻妆奁置到田业等，拨充烝尝”⑥，充作祭祀祇用；等等。已婚女性的奁产在带给了夫族诸多益处。夫妻关系融洽时，奁产属小家庭所有，由夫妻二人共同支配，这是毫无疑问的。当夫妻关系发生危机时或因其他原因而导致婚姻关系消亡后，即出现了奁产的归属问题，女性也常常为此而陷入纠纷。

中国古代，男女双方结合的目的，在于“合二姓之好，上以事宗庙，而下以继后事”⑦。宋代义利观念的变化，“婚姻不问阀阅”的社会现实，使不少男子为图女方嫁奁之丰而娶亲。有些不肖男子婚娶不久，便带着妻子的资产逃之夭夭，“而律有夫亡六年改嫁之制”，这样一来，就使得妻子陷入“不能自给”的境地，个人的生活都成问题。⑧ 这种情况的出现，有其制度上的原因。宋律规定“诸应分田宅者，及财物，兄弟均分。妻家所得之财，不在分限”⑨，妻子

① （宋）叶梦得：《石林燕语》卷十，北京：中华书局，1984 年，第 150 页。
② （宋）叶梦得：《石林家训》，第 28 页。
③ （宋）胡寅：《斐然集》卷二十一《成都施氏义田记》，第 438 页。
④ （宋）王安石：《王文公文集》卷九十九《永嘉县君陈氏墓志铭》，第 1012 页。
⑤ （宋）洪迈：《夷坚志》支景卷七《天王院古冢》，第 935 页。
⑥ 《名公书判清明集》卷八《嫂讼其叔用意立继夺业》，第 260 页。
⑦ 《礼记》卷十《昏义》，上海：上海古籍出版社，1987 年，第 324 页。
⑧ （宋）李焘：《续资治通鉴长编》卷八十二，真宗大中祥符七年春正月壬辰，第 718 页。
⑨ （宋）窦仪：《宋刑统》卷十二《卑幼私用财》，第 197 页。

带来的妆奁不在家庭共财之列，属于夫妻二人的私房财物；但同时又规定“妇人财产，并同夫为主”[①]，要由丈夫负责保管营运，从而为丈夫卷携妻子的奁产钻了空子。为解决因丈夫携财逃亡给妻子造成的困境，维护社会的安定与稳定统治秩序，宋真宗时曾降诏：“不逞之民娶妻给取其财而亡，妻不能自给者，自今即许改适。”[②] 此诏令虽然赋予了受害女性离婚再嫁的自主权，但其所受的经济损失却是无法弥补的。

宋代不仅平民百姓中有这种情况，士大夫中也不乏其人。如宋仁宗景祐年间进士韩元卿调到京城后，“给称无妇，娶富室之女，资送良厚。洎挈之到任，则故妻在焉，有男女数人矣”。[③] 韩元卿的这种行为是法律所不允许的，宋律中明确规定，“有妻更娶妻者，徒一年”，“若欺妄而娶，谓有妻言无，以其矫诈之故，合徒一年半”。[④] 为了得到丰厚嫁妆，韩元卿竟然明知违法而作骗婚之举。富家女知道上当后，“欲以书诉于家”，但韩元卿为掩饰自己“有妻更娶妻”[⑤] 的违法丑行，以逃避法律的惩罚和达到长期占有其妆奁的目的，“提防甚密”，使富家女的家书“无由而达”。富家女最终“悒抑而卒”。富家女的反抗虽因受到压制而未成功，但她所表现出来的抗争精神是难能可贵的，表达了当时社会中的已婚女性维护自己的奁产权和人身权的微弱呼声。韩元卿为得财而骗婚虽然得逞，但他的行为遭到社会的谴责，最终“持刀自刭喉”而死，并于临死前索纸币自书“赃滥分明，罪宜处斩”。[⑥] 韩元卿明知自己的骗婚行为是违法的，

---

① 《名公书判清明集》卷五《妻财置业不系分》，第 140 页。

② （宋）李焘：《续资治通鉴长编》卷八十二，真宗大中祥符七年春正月壬辰，第 718 页。

③ （宋）张师正：《括异志》卷十《韩元卿》，北京：中华书局，1996 年，第 113 页。

④ （宋）窦仪：《宋刑统》卷十三《婚嫁妄冒》，第 212 页。

⑤ （宋）窦仪：《宋刑统》卷十三《婚嫁妄冒》，第 214 页。

⑥ （宋）张师正：《括异志》卷十《韩元卿》，第 113 页。

又间接致使富家女抑郁而亡，其心理上形成了很大的压力，最后精神崩溃、自杀身亡。

此类事件在宋代并非个例，如宋神宗元丰年间，屯田郎中刘宗古因“规孀妇李财产与同居，而妄诉理钱物”，被放归田里。① 又如周密《癸辛杂识》中载，横塘人褚生为扬州令时，本有妻，又赘于一宗姓之家，后来“挟其资以逃”②；《夷坚志》载，光宗绍熙时，身为宗子的赵希哲“利心忽起，妄以他事离其妻，再娶富室周氏，大获装奁”③。这一现象的多发性与律文中妻子的奁财“并同夫为主”的条款有一定的关系，士人多抱着这一心理与拥有嫁妆资产颇多的女性结亲或同居，“姑与之结好，则奁中物皆吾有耳”。但这一心理却与世俗对女性奁产的归属看法不一样，饶安安仁县一老妪在为秀才连少连做媒时，即直言责备他的这一心理：“秀才何得遽起薄幸之念?”④ 这些事件一方面反映了当时士风之恶劣及宋人义利观念的变化，另一方面也反映出已婚女性嫁奁纠纷的普遍性。宋代更有些恶少为获取女方奁财不择手段，如元祐名将康识之子康倬“游京师”，在花光了随身携带的资财之后，“诡其姓名曰李宣德”，与一个“橐中所有甚富”的娼女交游。骗取娼女的感情后，又称自己尚未娶亲，愿带其南下“为偕老之计”，并且“指天誓日，不相弃背”，娼女欣然从之。行至中途，康倬设计将娼女灌醉，挟其橐中所有而独归，此娼无奈，只得“仓皇还家”，重操旧业。⑤ 康倬更名改姓骗得娼女奁资的行为，从一个侧面反映了这种行为虽然为法律与习俗所

① （宋）李焘：《续资治通鉴长编》卷二百九十一，神宗元丰元年八月丙寅，第2747页。
② （宋）周密：《癸辛杂识》后集《方珠》，第108页。
③ （宋）洪迈：《夷坚志》三志卷一《张希哲司法》，第1482页。
④ （宋）洪迈：《夷坚志》支癸卷五《连少连书生》，第1255页。
⑤ （宋）王明清：《挥麈录》余话卷二《康倬诡易姓名》，北京：中华书局，1961年，第306页。

不容，但却实实在在地存在于社会生活之中。

再如宋宁宗开禧二年（1206 年），周氏三嫁于京宣义，两个月后，因京宣义溺于嬖妾，周氏遂逃归前夫之子曾岊叟家。自后，京宣义携妾赴任，对周氏不闻不问长达四年之久。周氏死后，又为周氏妆奁而兴讼。审理此案的官员认为，京宣义虽名为周氏之夫，但未负担妻子的生活所需，没有尽到丈夫的责任，指责京宣义身为士大夫却为争妻子奁产而兴讼的行为是可耻的，依据“夫出外三年不归者，其妻听改嫁”的规定，其夫妻关系已自动解除，判令周氏之丧听曾岊叟安葬。[①] 此案中，周氏已三次改嫁，仍拥有自己的奁产，也恰恰说明奁产作为妻子的私有财物，平时应是归妻子本人掌管并具有独立性的。另外，“夫外出三年不归者，其妻听改嫁”的法令中所规定的妻子可以自主改嫁的期限与宋初相比大大缩短了，这既是对变化中的社会现实的回应，也反映了宋代法令赋予女性的离婚自主权由北宋至南宋渐渐扩大的趋势。士大夫争夺妻子奁产的行为在社会上造成了不良影响，同时也助长了平民阶层的弃妻之风。如南宋百姓江滨臾既想抛弃妻子虞氏，又想占有妻子奁产，为此而诬告妻子偷盗家中财物，“及勒令对辨，则又皆虞氏自随之物”，因此执法官员在判决二人离婚的同时，对江滨臾实施了杖刑。[②] 从以上几例中官府的判决来看，政府对于女性的奁产权持保护态度。

在宋代家庭财产矛盾中，除夫妻间的奁产纠纷外，亦有夫族其他成员因垂涎已婚女性的奁产引发争讼的事例。如北宋中期，洋州人李甲为占有寡嫂“奁橐之蓄”，诬兄长之子为他姓，“又醉其嫂而嫁之”，并贿赂胥吏，致使寡嫂幼侄有冤无处申，备受杖责。十余年

① 《名公书判清明集》附录二《京宣义诉曾岊叟取妻归葬》，第 602 页。

② 《名公书判清明集》卷十《夫欲弃其妻诬以暧昧之事》，第 380 页。

后，韩亿以乳医（即接生婆）为证方才为其理冤，李甲最终受到了法律的制裁①。从这一案件中可以看出女性维护自己权益的诉讼成本是非常昂贵的，在长达十几年的时间里，当事人除付出资财外，还要忍受很重的精神压力，身心备受煎熬。所以，许多已婚女性宁可“破财消灾”，也不愿对簿公堂。但这种心理反倒助长了族人的贪婪，迫使女性最终不得不求助于法律来捍卫自己的权益。

又如南宋人陈仲龙用妻子的妆奁购置了田业并典与妻弟蔡仁，却被父亲陈圭以盗典众分田业的罪名告官。依宋代法令规定“妻家所得之财，不在分限”，“妇人财产，并同夫为主”，陈仲龙以妻之妆奁所购田产明显不属于陈氏大家庭的共有财产，自然也不在析分财产之列。② 然而陈圭身为家长竟因不能容忍儿子、儿媳在同居共财的大家庭中拥有自己合法的私财而兴讼，从而折射出同居共财家庭中共财与私财的矛盾异常突出，女性享有奁产权也更容易招致纠纷。

在宋代，亦有为防身后纠纷，预先为爱妾作了周到安排的事例。如前文提到过的高文虎的爱妾银花，在服侍高的十一年中，“看承谨细”，颇是忠心。但高也知道自己死后，银花会遭到子孙的刁难，“势不容留”，于是，高预先指定“千缗”作为银花的“奁具”，又虑日后子孙“或有忌嫉之辈，妄有兴词”，遂作文以为证，交代留给银花金钱的缘由，使她日后有所凭据，可谓是深谋远虑而又用心良苦。③ 高之所以在临终之前便做好如此周密的安排，定是对社会中因此争讼的纠纷深有感触，也对无援女性将面临的艰难环境有所预见。反映了社会中此类纠纷的普遍存在性。

---

① （宋）魏泰：《东轩笔录》卷十一，北京：中华书局，1983 年，第 128 页。

② 《名公书判清明集》卷五《妻财置业不系分》，第 140 页。

③ （宋）周密：《癸辛杂识》别集下《银花》，第 272 页。

宋代家庭中围绕已婚女性奁产所产生的纷争，展示出宋代已婚女性既有一定的离婚自主权，也有带奁产改嫁或携嫁妆归宗的权利。此类纷争中，多言某已婚女性带产改嫁或携产归宗。动产自不待言，至于不动产本身，由于其不可移动性，是带不走的，已婚女性带走的应是不动产的文契，这表明奁产被带到夫家后，仍属女子自己所有，是私房财物。在宋人王巩所著的《甲申杂记》中有这样一个事例：阮逸要用妻子的房奁钱答谢媒人，却遭到妻子的拒绝。[1] 宋代史籍中也多载已婚女性携产二嫁或三嫁的事例，并对用嫁资助夫求功名、为夫族建立义庄等的女性表示出赞赏。由此推断，宋代已婚女性的奁产即使被带入夫家也多由妇女本人掌管。[2] 这与儒家思想指导下的传统律令中规定的和判例中所强调的奁财"并同夫为主"[3] 是矛盾的。这一矛盾的出现，反映了宋代女性私有财产权观念的加强。在宋代社会，从一般人的做法来看，对妻财的处置方式并没有绝对的准则。当然，人的本性不同，有生性懦弱者，也有本性刚强者，不能排除某些生性刚强的丈夫对本性懦弱的妻子的奁财的占有权和绝对支配权。但就大多数家庭而言，女性本人应是对自己的奁产具有实际的拥有权的。宋代女性在离婚或改嫁时，能够将自己的奁产带走，并且受到律令的维护与社会的认可。宋代女性对于经济权利的认知和维护是有了很大的提高的。

---

① （宋）王巩：《甲申杂记》，《古逸丛书》三编之八，北京：中华书局，1984年，第237页。

② 袁俐考察了宋代女子的随嫁资装转移至夫家后的处分情况，认为宋代基本上沿唐旧制，妻的随嫁资产归于夫家名下，主要归夫掌管，妻在一定程度上有支配这笔财物的权力。见袁俐：《宋代女性财产权论述》，《宋史研究集刊》，浙江省社联《探索》杂志增刊，1988年。

③ 《名公书判清明集》卷五《妻财置业不系分》，第140页。

宋代家庭中围绕已婚女性奁产出现的纷争，大多起因于丈夫或夫族中人的贪财，已婚女性多数仍是被动承受他们加予自身的伤害。但女性参与维权这一现象本身亦从一个侧面反映出宋代已婚女性诉讼活动的活跃，向我们展示出经济发展多元化的宋代，正从以家族模式的共同社会转向市场主导行为的利益社会，在这一转化过程中，主导社会成员思维的选择意志，在当时的政治经济和社会生活条件等诸多外部因素的作用下，唤醒并加强了宋代已婚女性的法制观念和财产观念。这既与宋人义利观念的改变有密切关系，同时也是商品经济发展对世人行为产生影响的必然结果。

（三）对母亲奁产的争夺

如上所言，因宋代女性奁产权而引发的纠纷不在少数，有关针对奁产继承的争讼更是不乏其例。此类争讼多发生在奁产的所有者——母亲去世后，儿女在分配奁产时引起的。前述《清明集》中载有一起亲生子与庶生子为明析、争夺嫡母的奁产而兴讼的案件。刘下班有子三人，长子刘拱辰为嫡妻郭氏所生，次子与三子均为庶出。父母双亡后，刘拱辰在与同父异母的两个弟弟分家产时，"只将本户六贯文税钱析为三分，以母郭自随之田为己所当得，遂专而有之，不以分其二弟"。为此两个弟弟告官。因律令对母亲自随奁产的继承问题没有明确规定，所以本案历经六次判断，反复出现了三种不同的判决：第一、第三审官员从直系血亲关系出发，以情论之，认为二庶子非郭氏所生，"不当分郭氏自随之产，合全给与拱辰"；第二、第五审官员从维护家族伦理出发，认为无论嫡子庶子均是同一个父亲的后代，本同气连枝，应视为一体，拱辰不当独占母亲郭氏随嫁奁产，应该均分给二庶弟；第四、第六审官员本着既照顾血亲关系，又照顾家族伦理的精神，采取了折中做法："合以郭氏六贯文税钱析为二分"，亲子得一份，二庶子共得一份。终审官亦采纳了第三种意见。[①] 郭氏嫁到刘家数十年，死后其子仍能分清哪些产业是母亲郭氏的奁产，表明宋代女性在婚后携往夫家的奁产一直是独立存在的。因此在子女分家析产时能够单独列出进行分配，反映出宋代奁产的专有性和独立性。

又如张提干有兄弟四人，叔季二弟为庶出。张提干以自己为嫡长，为仕宦，欲独占用母氏之遗金购置的赡茔田利。由于二庶弟纠缠不休，张提干“乃欲舍以入院”，因此兄弟涉讼。司法官依据“赡茔田土，乃祖先创置，弟兄皆有分者”的传统成法，“将赡茔田业开具田段、坐落、亩步、产钱，专置一簿，开载契簿，长位拘收，别立赡茔关约，并经印押，每位各收一本，自淳祐五年为始，租课长房先收，自后轮流掌管，周而复始，庶息争讼”。[②] 官府的这项判决，视嫡庶无别，使他们对母氏的赡茔田利享有相同的权利。

再如阿郑携前夫子萧真孙嫁到姚岳家，姚岳抚育萧真孙成人，并为之婚娶。后来阿郑、姚岳相继亡故，留下庶生亲子姚虞佐。萧真孙见有机可乘，便自称姓姚，席卷姚岳财物而逃，由此引起争讼。受理此案的官员令萧真孙归还姚岳的财物，并“以其小人，因贪犯法，不足深责，从轻勘杖一百”，但对“所有阿郑奁箧衣物，示虞佐以其半分给之”。[③] 这项判决，既维护了法律，也曲尽人情，使母亲的奁产被不同姓氏的儿子共同继承。

宋代官吏在此类案件的审理中，因当事人关系的多元化，案件情节的复杂化，很难以法律条文为依据，因此在这类案件的判决中，突出显示出天理、国法、人情综合运用的特征。在宋代女性的奁产

---

① 《名公书判清明集》附录二《郭氏刘拱礼诉刘仁谦等冒占田产》，第 606 页。

② （宋）刘克庄：《后村先生大全集》卷一百九十二《持服张辐状诉弟张载张恪妄诉赡茔产业事》，第 4850 页。

③ 《名公书判清明集》卷七《义子包并亲子财物》，第 242 页。

纠纷中，相当多的当事人采取了诉诸官府，寻求法律援助的方法。这一现象向我们展示出在经济利益多元化的宋代，在私有权观念不断深化，经济利益主导行为的社会中，女性经济观念提高和维权活动进一步加强。宋代围绕女性奁产权发生的各种纠纷和诉讼活动，正是这种观念深化的一个表现。

二、立嗣的争执

宋代户绝之家，一般会选择立嗣来延续香火。有些家庭早在家中男主人在世时就已将此问题以合法的手段确立下来，还有些家庭在家中男主人去世之后，立嗣事宜主要由遗孀操办。但女性家长的立嗣权容易受到多种因素的影响与干扰。其一，如果丈夫去世前立有遗嘱，或是公婆健在，妻子在选择嗣子时要充分考虑亡夫的遗志和公婆的建议。如南宋百姓汪如旦去世后，他的妻子阿周奉“阿姑游氏之命”和丈夫如旦“存日遗嘱，将如珪之子庆安，与如旦为嗣”。[1] 其二，亡夫族中之人经常干涉寡妻的立继选择，“岂有舍亲祖母之命，妄从远族人之说”[2]。“在法，夫亡妻在者，从其妻，尊长与官司亦无抑勒之理。”[3] 寡妻的立继权大都得到了官府的保护。但这仅限于以聘娶形式娶进家门的正室，若是婢女或女使出身的女性家长，其立嗣权极易受到丈夫族中强横之辈的蔑视与践踏。宋代法令规定了这种情况下的女性的立嗣权：“诸户绝人有所生母若祖母同居者，财产并听为主。”[4] 依照法令，男性家长身亡后，曾为男主人生育过子嗣的妾婢有权掌管家业，并拥有立嗣选择之权。但实际

① 《名公书判清明集》卷八《后立者不得前立者自置之田》，第 271 页。

② 《名公书判清明集》卷七《争立者不可立》，第 211 页。

③ 《名公书判清明集》卷八《父在立异姓父亡无遗还之条》，第 245 页。

④ 《名公书判清明集》卷八《先立一子俟将来本宗有昭穆相当人双立》，第 268 页。

上这一群体的法定权利往往难以实现。“范氏乃汝加之婢，尤非诸蔡所心服者”，“今范氏乃曰：只欲依二孙婿以养老身，不愿为杞、梓立后，妇人女子，安识理法”，范氏（其子为庶生子）虽在家中辈分最尊，但因为不是正妻，只是已故男主人之婢女，蔡氏子孙从心里轻视她，不把她的意见当回事，可见婢女出身的女性长者在家族中并无女主人的权威。法官吴革也认定她的意愿欠考虑，责备其不识理法，虽未完全否认她的立嗣权，但并未认定她在立嗣问题上的权益是完整的，“诸蔡”“行打”她的孙婿一事即是很好的例证。① 正室与妾婢的立嗣权产生如此大的反差，既与妻妾有别的法定地位有关，也与已婚女性的奁产权不无关系。如虞艾与妻子陈氏俱亡，其父虞县丞最初无意为儿子立嗣，由此招致了陈氏父亲陈佐之诉。“特其子虞艾得妻随嫁之田，身没而业无所归，既为陈佐所讼，患得患失之心，日切于中”，为了继续拥有儿媳的奁产，“解目前之纷纷”，虞县丞不得不遵从官府之命为儿子儿媳选立嗣子。② 由此看来，妻族对已嫁女儿的奁产归属具有监督权，那么妻子的奁产权应是保证其立嗣权得以实现的重要因素之一。妾婢进入夫家时一般没有随身奁产，其立嗣权自然得不到社会的认可和法律的保护。

诸如此类的事例还有很多：黄廷吉有兄弟三人，廷珍、廷新、廷寿。廷吉身后无子，长兄廷珍虽儿子众多却与之一向不睦，廷吉之妻阿毛便立了表姑廖氏的孙子法郎为嗣。十八年后，廷新、廷寿二兄弟亡故，阿毛母子失去了依靠，廷珍为了让自己的儿子出继而兴词。为平息这场家庭继产风波，官府令阿毛再择一同宗子并立，由二子平分家产。③ 双立现象是族中近亲意欲重新分配、占有户绝之

① 《名公书判清明集》卷七《探阄立嗣》，第205页。

② 《名公书判清明集》卷八《立昭穆相当人复欲私意遣还》，第248页。

③ 《名公书判清明集》卷七《双立母命之子与同宗之子》，第217页。

家财产的结果，再现了族中人对户绝之家财产的争夺。

再如前文详述案例：宁都县人丁昌死后，其妻阿甘为抚养年仅三岁的收养子，招接脚夫进门。县人朱先却到县衙告论绝户，要求购买户绝之产。林知县以丁昌养子不符合“除附之法”为由，判决将其家产业没官，交由朱先购买。阿甘到提举司上诉，依旧败诉。之后她又到宪司处上诉，叶宪台认为，朝廷的除附法只适用于收养同宗养子的情况，丁昌家的养子为异姓，“收养异姓三岁以下，法明许之即从其姓，初不问所从来，何除附之有”，并且，收养异姓养子时，“申官附籍则可”，“法亦有虽不除附，官司勘验得实，依除附法之文”，再加上丁昌家业微薄，且并非户绝，是林知县适用法条有误，判决将丁昌产业给还阿甘，行下本县执行。但宁都县却没有按照叶宪台的最后判决执行，而是“辄将提举司元牍不当文移，混乱妄申”，为维护法律判决的权威性，叶宪台命将“承行人勘杖八十”，在处罚具体责任人的同时，他又重申前述判决，命宁都县知县将丁昌所有产业给还阿甘。①

有些法律规定有助于减少和解决立嗣继承纠纷，但基于争产所产生的离心力却是永远无法根除的，得财之心一旦萌发，任何一个借口均可以引发家庭内的继产纷争。宋代女性虽然拥有立嗣的权利，但是在涉及财产问题时难免被人觊觎和干涉。正妻的立嗣权以法律形式被加以保护，也是政府在律令上对此类纠纷加以防范的体现。

三、与遗嘱有关的诉讼

宋代女性享有立遗嘱的权利，可以根据自己的意愿将遗产有选择性地留给自己的后人，但却往往事与愿违，因此而引发纠纷。前

---

① 《名公书判清明集》卷八《夫亡而有养子不得谓之户绝》，第272页。

述宋人蒋森死后，其妻叶氏将丈夫的家产分为三份：一与养子，一与亲女，一与己养老，并把养老田遗嘱与女儿归娘。由是，养子蒋汝霖到官府告状争家产。① 法官翁甫认为，根据南宋《户令》中的遗嘱法规，蒋汝霖为蒋森的合法继承人，其家财产处置不能适用遗嘱法，叶氏遗嘱养老田与亲女，侵犯了蒋汝霖的财产继承权，所以判决叶氏的行为违法。合理遗嘱尚且会引发继产纠纷，有悖常理的遗嘱及违法所立遗嘱更易致纠纷。

第三节　诉讼纠纷中的主动行为与被动行为

有些女性在面对财产纠纷的时候会选择主动维权争产，在面对跟自己或子孙有关的财物问题时显得积极主动。有些女性似乎更愿意恪守成规，不愿主动争讼。但当自己的经济利益遭受损失，或者是养老等关乎生计的问题受到威胁的时候，她们一般也不会选择沉默。还有些女性被牵扯到诉讼当中则完全是被动的，或者是因为他人争产而成为被告，或者是因孤儿寡母的无援状况而受到亲邻、族人的侵犯，被迫与人打官司。

一、主动争产

反映宋代女性主动争产的案例不在少数，有主动争奁产的；有在与丈夫离异时主动争家产的；有因子孙不肖，主动将其告上公堂的；还有为了能够在争讼中赢取官司而主动贿赂官吏的。

王八郎之妻在与丈夫离婚时，因中分丈夫家产而引起了诉讼。前述南宋后期唐州比阳富人王八郎，“因与一倡绸缪，每归家必憎恶

① 《名公书判清明集》卷五《继母将养老田遗嘱与亲生女》，第141页。

其妻，锐欲逐之”，造成夫妻关系紧张，其妻顾虑幼女，度未可去，便“执夫袂，走诣县”，将丈夫告上法庭，以合情合理的陈词博得了县令的同情，不仅与丈夫离了婚，得到了自随之物，争得了幼女的抚养权，而且中分了丈夫的家产。①此类事例虽属少数，但也反映了宋朝法律重视维护女性的合法权益。

北宋时期的吉州土豪龙聿有意诱惑同乡少年周整“饮博”，因为饮酒赌博，周整欠下千缗赌账，“准其上腴田以偿直。初犹代耕输谷，岁久遂割占其田”。周整的母亲知道后，“讼于县，则母契存焉”。在周整私自写立的田契上，竟然有他母亲的印契。县令据此以为周整不是瞒昧母亲私典田宅，周家败诉。周整母亲又屡次上诉，“于州、于使者挝登闻鼓，皆不能直”。简绛到任后，周整母亲再次诉冤。受理案件后，简绛先查验了契约，他断定契约是伪造的，并依法惩治了不肖子。②宋仁宗时吉水县毛氏寡妇同样是因为儿子不肖而将其状告至公堂，县令葛源苦口婆心地劝谕并未奏效，“以恩义说之不得”，最终不得不动用刑罚的力量，依法“穷治”。③母亲状告儿子不肖，请求法官帮助治理，可见矛盾定是在家庭内部无法解决，母告子之举实属无奈。

再如前文提到过的那位不给儿孙分家的吝啬富人，死后儿女们为争家产而兴讼，“其处女亦蒙首执牒，自讦于府庭，以争嫁资”④，女儿“蒙首执牒”走上法庭，理直气壮地把获得陪嫁奁产视为自己应有的一种财产权利。南宋高宗时，丹阳一妇人因“与妯娌分析

① （宋）洪迈：《夷坚志》丙志卷十四《王八郎》，第484页。

② （宋）苏颂：《苏魏公文集》卷五十二《太子少保元章简公神道碑》，北京：中华书局，1988年，第780页。

③ （宋）王安石：《王文公文集》卷八十七《尚书度支郎中葛公墓志铭》，第927页。

④ （宋）司马光：《家范》卷二《为儿孙积钱财，不如给后代留功德》，第25页。

事”，顶寒冒夜，“持状诣府”。[①] 这些女性都因为对家庭中财产的分析不满，继而主动维权，这或许就是宋代女性经济维权意识觉醒的一种体现。

涉及经济利益，有人会采取极端的手段。北宋真宗大中祥符九年（1016 年），咸平县民张赟之妻卢氏与侄儿张质“迭为词讼”，由县至府，又由府回县。为赢得官司，双方纷纷寻找靠山，张质“纳赂胥吏”，“为请求县宰”；卢氏也托人向府里派下的主审官吏行贿“白金三百两”。张质又请托关系“纳钱七十万”。[②] 诉讼双方为了争取判决之利均动用了各自的社会资源，付出了高额的请托之资。这样一笔巨大的开支，是平民百姓难以承担的。可见有些女性在面对经济利益的时候，她们的选择显示出利益高于道德。

有的女性在应有权利得不到保障甚至连基本的生活都难以保证时，也会主动请求法律援助。南宋理宗时，百姓高五一无子而亡，留下一个婢女所生之女公孙与其生母阿沈。高五一的亲弟弟高五二通过官府将自己的儿子立为哥哥的嗣子。高五一的财产被法官分为四份，其亲女得四分之一，嗣子得四分之三。但在九年之间，阿沈仅收到十三石租米。阿沈在“累索不还”的情形下，提起诉讼，向官府请求司法救助。司法官吴革判令高五二父子及租种土地的佃户交付实物给予阿沈母女。[③]

这些求助于官府，主动兴起诉讼的女性，目的都是争产，但从上面的事例中不难看出，她们的兴讼背后往往透着些许的无奈。实际上，宋代女性本身经济意识有所觉醒，但诉讼毕竟是一件耗费时间、精力的事情，若不是不仁之徒欺之太甚，或实在难以维持生计，

---

① （宋）洪迈：《夷坚志》支丁卷九《清风桥妇人》，第 1038 页。

② （清）徐松：《宋会要辑稿·刑法》四之七〇，第 6656 页。

③ 《名公书判清明集》卷七《阿沈高五二争租米》，第 238 页。

很多女性还是不愿意走这一步的。

二、被动争产

如前文提到过的南宋百姓江滨臾既想抛弃妻子虞氏，又想占有妻子奁产，为此而诬告妻子偷盗家中财物，“及勒令对辨，则又皆虞氏自随之物”，因此执法官员在判决二人离婚的同时，对江滨臾实施了杖刑。① 很多女性属于被动涉入官司，被迫应对。

因受传宗接代、延续香火观念的影响，宋人无子时多会抱养异姓亲属家的子嗣。若是在计议抱养的过程中，本来不孕的夫妻有了自己的亲生子，原来的抱养之议常常被搁置。原拟抱养的孩子长大成人后，若是生活条件不如意，往往因心中激愤而生讼事。饶州有一知郡早年无子，“曾有过房之议”，欲抱养妻子李安人亲侄若瓗为嗣。后来知郡夫妻有了自己的亲生子，原定抱养一事随即作罢。若瓗长大后，觊觎姑父（已去世）“遗泽”而讼姑母，“与李安人互相词讼”，并且上诉至江东臬司处。②

宋代女性被动涉及纠纷、诉讼的事例还有很多，这种被动性与她们本身所处的社会环境有关，也与诉讼本身的费时费力有关。女性在传统社会中本身就处于相对弱势的地位，虽然她们具有很多经济方面的权利，但这些财产容易被人觊觎，难免因此兴讼。

三、教唆他人

有些女性虽然并没有直接参与争讼，却唆使别人挑起争端。吴革在嘉兴做知府时，就曾审理过一起这样的立继上诉案：邢柟欲遣

---

① 《名公书判清明集》卷十《夫欲弃其妻诬以暧昧之事》，第380页。

② （宋）刘克庄：《后村先生大全集》卷一百九十二《饶州宗子若瓗诉立嗣事》，第4849页。

逐自己在八年前为亡兄选立的养子邢坚，为此他曾到宪、漕两处监司上诉，其理由是邢坚被立为嗣子的八年之间，对自己不够恭敬，平时不能“敬事叔父”。法官吴革认为这宗立继之讼实际上是邢坚听信母舅（其继母的弟弟）和婢女的教唆，邢柟失去了对家业的控制权所致，“邢氏家业，邢氏尊长不得为之主，反使外人主之，此柟之所甚忿也”。这一点由邢柟的供词得到了确认，邢柟“忘其命立之恩”，听信母舅和婢女的教唆，“经县妄诉”。① 作为家中的尊长，其权威受到了自己一手扶持的后生晚辈的挑战，由愤愤不平而兴讼端。遣嗣，有因“宠妾离间”欲别行选立，却以养孙不归家为养父“持丧”为借口者。②

四、纠纷中的隐瞒、昏赖行为

有的女性可能想借助自身易博得社会的信任与同情的优势，妄图隐瞒、昏赖实际情况而引发纠纷。前述叶荣之、叶永之兄弟争以己子为堂兄立嗣一案，为明了事实真相，传唤了叶氏兄弟的母亲，其母亲孙氏供称“不曾经官除附”。这一回答较为模糊，但法官仍从其中找到了解决此项争议的突破点，认为“所立本无定议”。③

周道卿在取得母亲卢氏的同意后，先典后卖，将家中产业与人交易，其母在典契与绝契上都已签押。后来卢氏反悔，这时距离当初的绝卖行为已过去一年之久，其子周道卿也已身亡。为夺回田产，卢氏竟将“违法断骨”的罪名加到其亡子身上。通过查证事实，再加上卢氏前后言语矛盾，“初词称倚当，再词称典当”，执法官员判

---

① 《名公书判清明集》卷七《生前抱养外姓殁后难以摇动》，第201页。

② 《名公书判清明集》卷八《立昭穆相当人复欲私意遣还》，第248页。

③ 《名公书判清明集》卷七《兄弟一贫一富拈阄立嗣》，第203页。

定原交易合法有效。[①] 为避免这种情况重复发生，官府亦规定了对此类纷争的处理方法，“若尊长与卑幼通同知情典卖，则合先监钱还钱主足日，方给还产业”。[②] 在纠纷中，无论是男性还是女性，妄图昏赖的行为是绝不会因法官和社会对其身份的同情而得逞的。

第四节 女性涉及诉讼时的特殊处境

无论主动还是被动，宋代女性为自己的合理利益而争讼的现象增多了，但由经济纠纷引发的打官司对于女性来说却并非易事。

吴思敬之妻段氏自嘉定五年起诉官，首尾六年，吴宅“累经州县论诉”，“官司虽与定断，至今尚未了绝”。[③] 诉讼过程耗时之长，耗费精力之多，不是一般女性能够承受的。而且，有些官司即使做出了决断，女性也未必就能如愿以偿维护自己的利益。如饶州贵溪县的潜彝父子曾“挟取周氏阿刘孤儿寡妇之业，已经官司定夺，尚执契书，不肯还人”，拒不履行法定义务，“及送有司鞫实，仅还两契，犹有还不尽者”，官府启动强制执行程序后，仅象征性地归还了其中的小部分，妄图敷衍了事，“倚赦拒追，三两月而后出”，潜彝父子采取了拖延时间的战术。如此例所示，南宋时代较为频繁的大赦成为当事人用以对抗执行的合法借口，士人的特殊政治地位也成为他们拒不履行法定义务的护身符。在上述案件的审理中，面对潜彝父子的诬赖行径，曾莅官各地，“未尝罪一士人”的刘克庄不住地慨叹“士行如此”世风日下。但囿于国家法令，刘克庄最后也只能

---

① 《名公书判清明集》卷九《正典既子母通知不得谓之违法》，第 299 页。

② （宋）黄榦：《勉斋集》卷四十《陈安节论陈安国盗卖田地事》，影印文渊阁《四库全书》本。

③ 《名公书判清明集》卷九《盗葬》，第 328 页。

对“本合勘断枷项，押下本县号令”的潜彝“引赦免断”，无法追究其应负的刑事责任。[1]

诉讼与纠纷，对于任何人来说都不是一件易事，何况女性。但即便如此，她们中的有些仍能跳出藩篱，去争取自己的合法经济权利，这确实需要很大的勇气。在宋代，女性涉及的经济纠纷形式增多，参与诉讼的人数也有所增长，证明商品经济的义利观念确实在整个宋代社会潜移默化地影响着每一个人。

---

① （宋）刘克庄：《后村先生大全集》卷一百九十三《饶州州院申潜彝招桂节夫周氏阿刘诉占产事》，第 4863 页。

第四章 宋代女性经济犯罪[①]

美国犯罪学家路易斯·谢丽认为，女性犯罪是女性参与社会活动的范围和卷入社会活动程度的晴雨表。女性犯罪行为的多样化以及参与犯罪活动的增多与她们的社会作用的扩大直接相关。宋代社会商业的发展和商业资本的运作，也为人们心中的钱财观注入了新的认识。[②] 在唐宋变革之后，宋代的法律与司法制度呈现出了新的特点，社会对女性的看法和要求随之发生了一系列的变化，女性犯罪也有了与以往不同的特点。相比较而言，宋代女性犯罪类型中的经济犯罪问题更加凸显，主要表现为盗窃、欺诈、略卖、行贿受贿行为以及因经济问题衍生出来的杀人或者是诬告等行为。[③]

第一节 窃劫类女性犯罪行为

《宋刑统》中规定：“潜行隐面而取，盗而未得者，笞五十，得财一尺，杖六十，一匹加一等，……以次而加至赃满五匹，不更论尺，即徒一年。每五匹加一等，四十匹流三千里，五十匹加役流。”

---

① 此处所指的经济犯罪，与现代社会在法律上的定义不同，主要指与经济相关的犯罪行为。

② 姜锡东先生在《宋代商人和商业资本》（中华书局2002年版）一书中，对宋代商品经济社会、商人心态、商业资本运作等方面均有论述。

③ 在此将窃劫犯罪归类为经济犯罪中，主要是因为宋代此类犯罪行为的动机大都与经济、财产等因素有关，并非按照现在法律意义来划分犯罪类型。

相比较“窃”而言，对“劫”的惩处更加严重。“强盗以威若力而取其财，……不得财徒二年，一尺徒三年，二匹加一等，十匹及伤人者绞，杀人者斩。”① 宋律对窃劫行为的惩处力度之大，从一个侧面反映出宋代此类经济犯罪之盛。

根据宋律对窃劫罪的解释，窃劫主要是指侵害他人财产，甚至是威胁受害人生命的犯罪行为。女性涉及窃劫罪的动机，基本上与钱财有关，属于经济犯罪。宋代商品经济发达，时人对金钱的价值观念也受社会风气影响而发生变化，拜金奢靡之风逐渐影响社会的各个阶层。“有钱可使鬼，无钱鬼揶揄”②，就是这种心态的最佳写照。甚至连出家人都认为“钱如蜜，一滴也甜”③。各阶层的女性在这种社会大环境下，难免产生对钱财的追求。加上宋代贫富差异的影响，一些贫穷人户中的女性便不惜为此铤而走险。窃劫犯罪因行为的不同分为窃和劫两种，窃又可分为家庭内部与外部的盗窃行为。

女性经济犯罪中的盗窃行为，其中一种是家庭内部的经济犯罪行为，主要表现为妻子盗卖、盗窃夫家财产。④《清明集》中对此类案件有多条记载。

> 徐二初娶阿蔡为妻，亲生一女六五娘。再娶阿冯，无子。阿冯有带来前夫陈十三之子，名陈百四。徐二宜立嗣而不立嗣者，盖阿冯母子专其家，不容立也。徐二虑之熟

---

① （宋）窦仪：《宋刑统》卷十九《强盗窃盗》，第300—303页。

② （宋）陈与义：《简斋集》卷二《书怀示友十首》，影印文渊阁《四库全书》本。

③ （宋）释惠洪：《冷斋夜话》卷八《钱如蜜》，《丛书集成初编》第2549册，第62页。

④ 由于中国古代社会中女性家庭经济地位的特殊性，所有未经丈夫同意的使用、支配、买卖都被算作窃取夫财，被宋律定义为“盗”。在此则是因为法律定义“盗卖”中的“盗”，而将其行为归类为女性盗窃类的经济犯罪行为，这种所谓的偷盗，实际上大多属于处理夫财不当。

矣，恐身死之后，家业为异姓所攘，乃于淳祐二年手写遗嘱，将屋宇、园池给付亲妹与女，且约将来供应阿冯及了办后事。徐二虽为家业虑，亦未尝不为阿冯虑也，其遗嘱可谓曲尽，阿冯可以生死无憾矣。夫何徐二身死未寒，里人陈元七用心不仁，欺阿冯孀处而贪谋之，坐使陈小三为牙，啜诱阿冯立契，盗卖徐二家业。①

此案中寡妇阿冯不愿交出夫家财物的管理权，私自贩售夫家产业。显然是为了能够让自己的亲生儿子继承家业，在丈夫死后违背其已立遗嘱，受人唆使而盗卖夫家财产，终受到法律“勘杖一百”，“年老免断，监钱”的惩罚。而她背后的唆使人，也受到了应有的制裁。

女性时常与族人、亲属接触，偷盗行为屡见不鲜。如商人之子朱铁郎是个败家子，其妻教唆丈夫偷盗自家财物，并私藏之。直到朱铁郎过世，朱妻又携财再嫁。② 朱妻唆使丈夫行窃的目的，或许是担心丈夫迟早会败光家产，或许也为了个人的后路着想。

如果说妻子侵犯丈夫财产属于经济犯罪行为是对女性不公的话，那么徐四娘的案例就更让人觉得判官的决断实在有失公允。

徐四娘……乃是因争米忿惧，手挈衣物而逃，至暮遂为徐千四引去，留之二宿，乃始放出，致为徐会乙所告发……徐四娘背夫逃走，谓之擅去，又携衣物，当以盗论……③

---

① 《名公书判清明集》卷九《鼓诱寡妇盗卖夫家业》，第304页。

② （宋）洪迈：《夷坚志》补志卷十一《宣城葛女》，第1648页。

③ 《名公书判清明集》卷十三《妻自走窜乃以劫掠诬人》，第500页。

徐四娘的行为本属于家庭矛盾中的离家出走行为，在现代人看来不过是媳妇闹了一点小脾气因惧怕而出走，可是在宋代判官眼中，却被视作是“擅去”，随身携带的衣物也被视为“盗”。除了涉案人员均受到惩罚之外，是否离婚还要交由其丈夫江进定夺。

《夷坚志》中另有一则比较特殊的窃取夫财的案例。高宗绍兴三十一年（1161 年），金人南侵，富民张生携妻子卓氏驻扬州，卓氏被金人掠去成亲，她为了博取金人信任而劫掠张生的财物“陪嫁”。之后，趁金兵北返之前，卓氏拔刀刺杀酋长，再次席卷之前因酋长信任委其保管的财物转而策马投奔张生。① 虽然作者的目的在于赞扬卓氏不适二夫和委曲求全为国杀敌的精神，但在两次面对她“携夫财”的问题的时候却并不持肯定态度。此案例还从另外一个侧面反映出，宋代女性对于家庭经济或者是丈夫财产的可控性是很强的。这或许跟传统中国“男主外，女主内”，男性习惯把钱财交予家中的女性掌管有关。也正是基于此，女性熟知家庭经济状况，是家庭中财务大权的掌控者，在有犯罪意念的时候，侵夺夫财就更加容易得手。

在家庭生活中，除了妻子会因处理夫家财产不当而被判为盗窃外，妾婢的偷盗行为更是多见。从宋代市场来看，妾的价格并不便宜，在数百贯到千贯之间。② 相较之下，雇佣婢女的价格便宜很多，但也需数贯之多。③ 而且，在京师和经济发达地区的妾婢价格还要更高一些。如果从当时的生活水平来看，雇佣一个婢女的价格大致相

---

① （宋）洪迈：《夷坚志》丁志卷九《淮阴张生妻》，第 1039 页。

② ［美］伊沛霞著，胡志宏译：《内闱——宋代的婚姻和妇女生活》，第十章《寡居生活》，第 194—195 页。

③ （宋）孟元老：《东京梦华录》卷三《都市钱陌》，第 22 页。

当于一个人一年的基本生活费用。[①] 再者，妾婢对于主家来说多是服务性的，她们并不直接从事生产，并不能为主家创造价值，她们的存在是主家在一定经济基础之上的“奢侈性消费”。所以雇买得起妾婢的家庭，大多是比较富裕的人家。这些沦落为妾婢的女性，多半出身贫寒，当她们进入主家生活以后，生活环境的变化和贫富差距的悬殊对比有时会刺激她们偷窃的犯罪意念。再加上她们身份的特殊性，对主家财物的放置情况稍加留心便能了如指掌，也是身为妾婢的女性偷窃的一个“便利条件”。

光宗初年，尚书黄子由的夫人胡氏死后，一名婢女趁机窃物而逃，被捕之后供述被缴获的赃物是主母胡氏生前与郑日新私通时作为收买送给她的。判官临安知府赵从善与胡氏素有嫌隙，加之婢女所言本就无法取证。于是赵从善“逮郑日新系狱黥之”，因个人恩怨而间接认可了婢女的言辞。该婢女在盗窃行为被发现后，为了脱罪而诬告主母胡氏，本该罪加一等，但赵从善却借此趁机报复，败坏其名声而雪恨。[②]

真宗大中祥符八年，荣王赵元俨的侍婢盗卖家中金器，因恐事发而纵火。[③] 纵火理应是重罪，可见该侍婢一定是窃取了大量财物并将其变卖，才铤而走险企图以这种手段掩盖犯罪事实。还有仆妇窃取富室金钗[④]、某王府二妾喜安与庆喜偷盗主物[⑤]等等类似事件的发生。甚至还有妾婢因妄图主人财产而杀人越货的恶性案例。“闽人王某为南丰主簿，惑官奴龙莹，遣妻子还乡，独与莹处。……终窃负

---

① 尚秉和：《历代社会风俗事物考》卷三十二《唐宋时平民的生活费》，北京：中国书店，2001 年，第 379 页。

② （宋）周密：《齐东野语》卷十《黄子由夫人》，第 183 页。

③ （宋）李焘：《续资治通鉴长编》卷八十四，真宗大中祥符八年五月壬午，第 744 页。

④ （元）脱脱等：《宋史》卷四百一《刘宰传》，第 12168 页。

⑤ 《名公书判清明集》卷十二《逼奸》，第 441 页。

以逃。继调湖南教授，莹随之官。饮食菜茹皆资于外庖。一日，莹携粥来，勤渠异常时。……适一犬自前过，乃翻粥地上，纵使食，……宛转而死，……执送府讯鞫，服与候兵通，欲置药毒主翁，然后罄家资以嫁……"① 原本贫穷的妾婢进入富室，在面对主家财物的时候难免“见财起异”。不仅是普通人家的妾婢容易因此而犯案，就连皇室中的乳母也有可能盗窃。如嘉祐间，仁宗长女“兖国公主乳母昌黎郡君韩氏出入禁中，尝因公主奏其侄婿于润为右班殿直，典主第服玩器物，而多盗归私家”。② 由于妾婢、乳母等角色的特殊身份，她们有近距离接触、保管主家财物的可能，这给了有犯罪动机的妾婢擅自处理或者侵吞主业的机会。

建阳县阿张，本是周德的妾室，后来又改嫁给章师德为妻。前夫周德户绝，仅有周起宗一个养子。阿张受人挑唆，擅自将周家田献入官。判官李文溪认为，阿张的行为属于擅自处分夫家财产，是盗窃行为，按律判处“勘杖六十，照赦免断”。但是需要注意的是，阿张在犯案时已经嫁给章师德，是出嫁妾。改嫁前，阿张与周德的关系是夫与妾的关系，按照宋代家庭关系来说，夫与妾属于主仆关系并非夫妻，所以在这里判定阿张的行为为盗窃夫家财物是不合适的，而且阿张并没有将周家田纳为己有，其行为实际上应该属于不合理处分主财，所以判词中实际上也提到了阿张“不合妄以主家田献入官”。③

此外，妾婢还有可能与奴仆结伙盗窃主家财物。比如前述姚家婢仆趁主人姚虞佐外出之际，协助姚岳的义子席卷姚家财物。④ 妾婢

① （宋）洪迈：《夷坚志》丁志卷三《南丰主簿》，第562页。

② （清）徐松：《宋会要辑稿·帝系》八之一一，第167页。

③ 《名公书判清明集》卷八《诸户绝而立继者官司不应没人其业入学》，第258页。

④ 《名公书判清明集》卷七《义子包并亲子财物》，第242页。

基于职责的要求，贴身服侍主人，这让她们有机会了解主人的家庭内部情况和活动情况。因此，妾婢的盗窃行为得手率比较高。

女性经济犯罪中盗窃行为的第二种情形是在家庭之外的犯罪行为。涉及这种犯罪行为的女性多是为了生存而求财，如钦宗朝某妇窃取农民马简遗穗，却被马简活活打死。① 可见女性单独行窃的风险很大，一旦被发现，遇到失主施暴，还有可能因此而丧命。所以，在身体条件上处于弱势的女性，往往选择与人合谋行窃的犯罪方式，这样不仅提高了得手的概率，也降低了单独作案的风险。

徽宗宣和年间，乐平县一卖花粉的女性利用其职业之便，出入奉议郎郑某的家中，联合盗贼成为其耳目，里应外合而得手。② 该贩妇利用性别和职业之便，进出被害人家中，由于事先了解内部的情况，得手的概率也随之提高。还有旅店夫妇，共谋私吞暴毙的客商财物。③ 虽然没有因图谋他人财产而直接实施犯罪，但其行为也属利用职业之便而得财受惠。

还有一类犯罪行为被称为“劫盗”，劫盗一般对受害者的人身和财产均造成严重伤害。由于女性自身体力较差等先天生理条件的限制，所以这类犯罪行为中她们几乎都有共犯，其共犯也多为亲属或者熟人。她们通常以接近被害人饮食、用酒药迷惑被害人的方式，使被害人暂时失去意识或行为能力后，再由同伙实施犯罪。由于女性是提供饮食的主要来源，而女性的性别特性又特别容易使人降低警惕，所以此类犯罪行为得手的概率相对较高。如妇人陈淑学用李某杀人掠财的手段，将李某和其童婢灌醉后，杀主夺财。④ 市驵赵十

① （宋）洪迈：《夷坚志》甲志卷十三《马简冤报》，第 116 页。

② （宋）洪迈：《夷坚志》丙志卷九《郑氏犬》，第 444 页。

③ （宋）洪迈：《夷坚志》补志卷六《王兰玉童》，第 1605 页。

④ （宋）佚名：《鬼董》卷二《陈淑》，北京：文物出版社，2014 年，第 26 页。

三夫妇欠商人王七六钱财，因无法忍受其羞辱而将其灌醉杀害。[①] 虽然赵氏夫妇没有进一步图谋王七六的财产，但杀人的动机也多少免不了与钱财有关。

宋人笔记小说中还经常提到在穷乡僻壤的旅店发生的劫盗案件。襄阳九江山区一个小旅店里，店主夫妇意欲图谋客人携带的财物，企图杀人夺财。[②] 鱼氏夫妻在鄂州三山地区开了一家旅舍，偶遇送寿礼的官吏前来投宿。鱼妻恰巧以卖药为业，便接近客人饮食将毒药投于酒中，杀人图财。[③] 鱼氏夫妇二人经营旅店又以卖药为业，这些有利条件足以让他们轻易摆平几十名官吏，成功劫得寿礼。另有游商王兰在某山村客店暴病身亡，见其携带财物甚多，店主夫妇二人合谋私吞了这些财产而没有报官。[④]《水浒传》第二十七回中描写的张青、孙二娘夫妇为劫财物而药杀旅客也属谋财害命。[⑤] 这类女性犯罪者由于职业原因，经常得以与客人接触，在心生歹念之后与丈夫合谋共犯。而被害人多为来自外地的官吏、士人和商人，他们身携重金，在偏乡僻壤的旅店之中投宿，往往会变成任人宰割的肥羊。

孝宗淳熙年间，有严州客商带着丝绢到浦城永丰境内的一家村民开的旅店里投宿：

> 留数日，主妇性淫荡，挑与奸通。既而告其夫云："此客所将货物不少，而单独出路，可图也。"夫即醉以酒，中夜持刃斫之。客大叫救人，声彻于邻。彼处居者甚少，仅

① （宋）洪迈：《夷坚志》支丁卷八《王七六僧伽》，第 1032 页。

② （宋）洪迈：《夷坚志》支丁卷四《朱四客》，第 999 页。

③ （宋）佚名：《鬼董》卷二《雅州金蜡烛》，第 23 页。

④ （宋）洪迈：《夷坚志》补志卷六《王兰玉童》，第 1605 页。

⑤ （明）施耐庵：《水浒传》第二十七回《母夜叉孟州道卖人肉 武都头十字坡遇张青》，北京：人民文学出版社，1975 年，第 364 页。

有一邻叟奔而至。妇走立于门，以右手遮拒使勿入，左手持客丝一把与之，叟喜而去，客遂死。

数月之后，客商之子沿着父亲行商所走过的路线一路查访，终于发现了夫妇二人的罪行并将其扭送官府。最终，“店夫妇并伏诛，叟坐杖脊，官毁凶室为墟”。[①] 在整个案件中，店主的妻子首先是色诱客商与之通奸，在发现客商所带财物较多之后，又与丈夫伙同杀人。在邻居老头赶来救援的时候，将其拒之门外并用客商的丝收买老头使之离去。店主的妻子始终知道自己的行为是什么性质，并且一直处于积极作为的状态之中。她除了有杀人谋财的动机之外，还对赶来施救者进行抵制和贿赂。可以说，该女性的犯罪行为是具有极其强烈的、明显的犯罪故意的。

在旅途中，异乡人本就相对处于弱势，除了旅店，行船时遇到盗劫犯罪者，被害人更是求救无门。王佐带全家到沅州赴任，舟师夫妇图谋不轨，伙同篙工将王佐全家杀害，并掠取钱财变卖。[②] 娼妓也可能成为伙同他人杀人劫财的实施者。“乡人董昌朝在京师同江东两秀才自外学晚出游，……其一人迷路相失。……乃移文开封府。府以付贼曹窦鉴，……众谓江东士人多好游蔡河岸妓家，则仿其结束，分往宿。月旦之夕，一隶在某妓馆，妓用五更起赴衙参，约客使待己。妓去，……见床内小板庋上乌纱帽存，取视之，金书‘强甫’两字宛然，……须妓归，并妪收缚送府。始自言：‘向夕有孙秀才独来买酒款曲，以其衣裘华洁而举止生梗，又无伴侣，辄造意杀之，投尸于河。斥卖其物皆尽……’”[③] 这类女性因为生活困苦而流

① （宋）洪迈：《夷坚志》乙志卷三《浦城道店蝇》，第204页。

② （宋）洪迈：《夷坚志》支庚卷五《金沙滩舟人》，第1175页。

③ （宋）洪迈：《夷坚志》丁志卷十一《蔡河秀才》，第630页。

落青楼，往往会见钱财而生邪念、起歹意，希望借不义之财来改变困顿的生活状况，进而犯下谋财害命的罪行。

还有些女性利用家庭条件或者社会关系，涉及集团性的劫掠活动。

> 顺昌官八七嫂……积年凶恶，恣为不法，贻毒一县平民，及外州商旅。前后官府月吏素与交结，往往将词人科罪，含冤白死者不一。是以三十年间，民知有官氏之强，而不知有官府，乡民有争，不敢闻公，必听命其家。官八七嫂姓刘，已经编管信州，老而益肆。长男官千乙，名日新。次男官千二，名世肃，纳粟得官，今任鄱阳西尉。两孙官千三，名衍，同恶相济，蓄养恶少过犯，百十为群，以为爪牙鹰犬。私置牢狱，造惨酷狱具……其居在三县之界，霸一乡之权，而其家造两盐库，专一停塌私盐，搬贩货卖，坐夺国课，致顺昌一县，败坏二十余年，累政县令，缘此皆罢。又私置税场，拦截纸、铁、石灰等货，收钱各有定例，赃以万计。因此白夺平民田园屋业，富压两县。常杀耕牛以数百计，牛马大耗。又掠人女与妻，勒充为婢，不偿雇金，在法当绞。夺人之妻，擅改嫁与恶少爪牙，而取其财。一乡千家，父母不得子其子，夫不得妻其妻。敛索八百人财物，以防盗结愿为名，又白掠五百余人，以修桥为名，得财入已，民敢怨而不敢怒。至如占人田业，责立虚契，无钱付度，借人钱物，已偿复取，伐人墓林，弃人尸柩，勒被害人亲书罪状，以盗诬之……夺人之货，殴人致死者有之，胁人自缢者有之……①

① 《名公书判清明集》卷十二《母子不法同恶相济》，第471—473页。

刘氏仗着儿子为官，纵容并协同孙子一起恣行不法，蓄养爪牙，私设牢狱，为祸乡里。因为地处三县交界之处，刘氏又仗着自己的黑恶势力，掠抢乡民钱财，对过往商客进行抢劫。不仅如此，还私设盐库、税场，抢夺国家税收，对国家经济造成影响。刘氏协同子孙，以集团式的犯罪形式，直接劫掠乡民、客商财产，给国家经济也造成了极坏影响，其犯罪动机明确，性质严重，可谓凶恶至极。还有无赖王林夫妇，二人集结十多名同伙，劫掠官银。① 《水浒传》中也有对此类案件的描写，第十六回中出现了女性协同抢劫的事件。② 女性犯罪者借同伙之力实行集团式的抢劫，通常有详细周密的计划，涉案金额一般也属大宗，犯罪性质恶劣。

由此观之，参与经济犯罪的这类女性身份多为职业女性。她们作案的直接动机在于求财，她们大多固定于具体作案地点，流动性差，物色的对象大多是以家中主人或是从外地途经至此的官员、商人或士人为主。但由于女性自身生理特点，独自劫财作案的成功率不高，所以她们又依靠同伙共犯、周密的计划和接近被害人饮食，用药、酒将其迷晕甚至毒死的办法来提高得手概率。可见，此类犯罪中的女性手法缜密且犯罪主动性强。

第二节　欺诈类女性经济犯罪行为

与欺诈行为相关的经济犯罪行为，主要是指通过使用谎言、欺骗或者其他方式以外在表象博得被害人信任，从而借以非法侵占他人财产所有权，获得被害人财物的犯罪，一般不侵害受害人的生命

① （宋）洪迈：《夷坚志》补志卷五《楚将王金》，第 1595 页。

② （明）施耐庵：《水浒传》第十六回《杨志押送金银担 吴用智取生辰纲》，第 197 页。

健康。此类犯罪行为可分为“诈骗”和“诈伪”两种，其区别在于：在诈骗犯罪过程中，犯罪分子只是通过欺瞒、捏造等方式来获得受害人的信任，从而达到侵犯受害人财产的目的；而诈伪则是通过假冒他人名义或伪造文书等来达到犯罪目的，其犯罪客体是受害人的财产所有权或者身份权。

女性涉及诈骗犯罪，多是利用人性的贪婪或者是男性好色的弱点，设局诓骗受害人。前者多为经验老到的女性，后者常为颇有姿色的娼优。先来看利用人性贪婪的犯罪。有一名假扮宫女的中年女性，与某恶少假扮兄妹，以寻求配偶的名义，找术士杨二算命。杨二每次都收取高额费用，本以为是自己占了便宜，没料到却全家被下药，眼睁睁地看着这对骗徒将家中财物洗劫一空。[①] 还有临安民孙三夫妇，将猫毛染红，谎称此物为稀有品种，骗取内侍钱财后逃逸。[②] 这些骗徒都是利用人性贪婪、虚荣的心态，骗取其财物。

更有诈骗之妇人为谋财想出了非常之手段。南宋时，兴元县有一对夫妇得一弃儿，在抚养过程中发现孩子长得美丽可爱。该夫妇便谋划，若将此儿扮成女子，教之以歌舞，定成摇钱之妙法。从此便将此儿深藏屋内，节其饮食，饰其肤发，“年十二三，嫣然美女子”，遂携该儿至成都，教以诗词歌曲，“不使人见，人以为奇货”，有欲求之为妻者，均被拒绝。“于是女僧及贵游好事者踵门，一觌面，辄避去，犹得钱数千，谓之看钱”。后来有一通判来成都，花七十万钱买得此儿，并宴请宾客，让其歌舞伴酒。夜半客散，通判才发现其实为男儿之身，再要找寻其父母，早已逃得无踪影了。[③] 无独

① （宋）佚名：《鬼董》卷二《杨二官人》，第30页。

② （宋）洪迈：《夷坚志》三志己卷九《乾红猫》，第1372页。

③ （明）田汝成：《西湖游览志余》卷二十五，上海：上海古籍出版社，1980年，第463—464页。

有偶，宋宁宗时，有一对父母于小男孩幼时将其“形躯假妆女子，与之穿耳、缠足、搽画一如女子，习学女工饮食”，“妆假厨娘，累次脱骗富家财物”。[①] 这种将男儿假扮成女性的诈骗行为，是其父母完全出于恶意的犯罪行为，可见宋代个别妇女为了贪图不义之财可谓挖空心思。

女性利用美色设下“美人局”，此手法类似于现今社会中的“仙人跳”，即娼优假扮良家女，与恶少串通，先以才艺姿色吸引受害人，确定受害人上套之后，再由恶少出面“捉奸”。她们利用男性好色又怕事发的心态，强行勒索，在钱财到手后立刻逃离案发地，属于流窜作案。而受害男子即使发现自己被骗，也会由于种种顾虑不愿张扬，默食苦果。受害人的这种怕声张的心理，是此类罪犯屡屡得手的原因之一。

徽宗宣和年间，平康娼妓与恶少数辈伪装成官员及其姬妾，诈骗沈将仕财物，并连夜逃走。[②] 该娼妓先是以酒色迷惑受害人，又设赌局将其钱财骗光。临安某妇假扮美妾，充当骗徒眼线，盗取郑主簿随身财物。[③] 犯妇对郑主簿的色诱，实则是观察其随身携带的财物，联合同伙伺机作案。都城娼女，美色妙年，与奸狡之徒假扮宗室夫妇，色诱宣教郎吴约并与之私通，随后即实施勒索，在得手后窜逃。[④] 吴约自知吃了哑巴亏，但害怕落得臭名，甚至可能会因此失去官职，无奈只能向二人行贿了事。类似的案件还有很多，如赵大夫妻，姿态即佳，与恶子假冒官员夫妇，诱李将仕与之通，借此向

---

① （金）元好问：《湖海新闻夷坚续志》前集卷一《人事门 · 欺诳 · 假女取财》，北京：中华书局，2010 年，第 49 页。

② （宋）洪迈：《夷坚志》补志卷八《王朝议》，第 1622 页。

③ （宋）洪迈：《夷坚志》补志卷八《郑主簿》，第 1620 页。

④ （宋）洪迈：《夷坚志》补志卷八《吴约知县》，第 1616 页。

其索财。[①] 还有黄家客店美妇，姿态殊美，与恶子假冒官员夫妇，诱一后生官人与之私通，后遭恶子捉奸，官人恐惧逃窜，妇人与恶子将其财物席卷后离去。[②] 由上述这些案例发现，这些女性的诈骗手法无外乎利用美色引诱被害人。而且女性的身份、同伙和案发地点有一定的关联性，这正是由于娼优与游手多在城市活动，又同处于社会底层，容易串通一气，联手作案。且其作案手段蒙蔽性强，识破这些伎俩需要花上一段时间，等被害人发现受骗，犯罪人早已卷款逃逸了。

从以上诸多案例中可以得知，宋代女性在此类诈骗活动中，始终处于积极、主动作为的状态，并在案件中扮演着相当重要的角色。受害者的身份，多为官员（尤其是外地官员）、士人和商人。外地的官员、士人独身前往案发地的城市为官或者生活，难免孤独寂寥，在犯妇的美色诱惑下往往难以自持。商人常年行商在外，不稳定的生活也容易引发其内心的孤寂和漂泊感，在情感上对犯妇产生喜欢和信任之心。而这些犯罪女性借其职业之故，通常能将冒充的角色扮演得惟妙惟肖，加上与市井恶徒一唱一和，很容易使被害人深信不疑。她们充分利用自身优势和抓住受害人情感空虚、风流好色、好面子、事发后怕张扬、害怕因此而影响仕途等弱点，成功作案，并从中渔利。

宋代女性的另一种欺诈行为是“诈伪”。诈伪犯罪通常有两种形式：一种是假冒文书的文书诈伪，还有一种是直接的言行、身份诈伪。伪造文书的诈伪案多发生于民间经济纠纷之中。如吴膺的妻子洪七娘，手执丈夫生前所伪造的地契，告官欲取李行可田业。其伪

---

① （宋）洪迈：《夷坚志》补志卷八《李将仕》，第1618页。

② （宋）洪迈：《夷坚志》补志卷八《临安武将》，第1619页。

造的文书甚至蒙骗过了初审官员，直到二审时才被识破，判其勘杖六十作为惩罚。[①] 本案中，洪七娘拿着丈夫伪造的文书，虽然没有直接参与文书的伪造，但其目的是取得被告人李行可的田业。她本知道文书的真伪，还主动告官欲取他人田产，这无疑是具有作案动机的欺诈犯罪。“身份诈伪”则具有一定的特殊性。仁宗嘉祐八年(1063 年)，永昌郡妇人翁氏及其婢女韩虫儿私埋金钏入佛堂途中，假借神圣之事，引诱皇帝召幸韩虫儿，并在其后谎称韩虫儿有孕，妄图被皇帝收入后宫。而韩逾十月不产娩，经皇室查清原委，实乃翁、韩主仆二人之诈。案发后，翁氏被贬，韩虫儿受杖刑并发配尼寺。[②] 在本案中，翁氏及韩虫儿“诈伪”犯罪的意图并非直接图谋他人财产，而在于后宫中的名和利，以及借由皇帝的宠爱为其带来长远利益。所以，从该性质来说，此二人也属欺诈行为之诈伪的层面。

在诈伪犯罪中，还有一种特殊的欺诈行为——冒名顶替。这种形式的诈伪案，在靖康之难后的特殊社会情况下开始增多，是宋代特殊的动荡环境下造成的。高宗绍兴二年（1132 年）的假冒公主案，就是这种情况。开封民妇易氏在靖康之难中被乱兵所掠，与之一同被掠的宫内人向她说了不少禁内秘事，归宋之后易氏便自称是荣德帝姬。宗室成忠郎赵世伦将她送到荆南，当时朝请郎苟敦夫的女儿在靖康之乱前曾在皇宫任过职，故而派苟之女暗中观察、辨其真伪。经过一番试探，苟敦夫的女儿认为此人确系荣德帝姬。高宗皇帝听闻此讯派崇国夫人王氏等前往验明正身，结果确认易氏为假冒，将之送至大理寺审问。苟敦夫等人本想借帮助皇室找回宗室公

---

① 《名公书判清明集》卷六《争田业》，第 177 页。

② （宋）欧阳修：《办韩虫儿事》，曾枣庄、刘琳主编：《全宋文》卷七四三，第 35 册，第 181 页。

主而获利，结果如意算盘落空反而因此获罪。[①]

另一则假冒公主案同样发生在高宗年间。乾明寺尼李善静为金人所掠，与之一同被掠的宫人张喜儿见其言貌很像徽宗之女柔福帝姬，便说李善静与公主音容相似，并告知她很多宫中秘事。李善静南还之后又为强盗所掠，成为一个小强盗的妻子。后来李善静在官府剿匪的时候被抓，为了活命她便伪称自己是柔福帝姬。当地官员将她送至京城，高宗派宗妇吴心儿去验证真伪，吴在验看之后认为属实，李遂被召入宫中并封为公主。直至绍兴和谈后，高宗的生母韦太后被金人送还，才从太后口中得知真正的柔福帝姬早已死在了金国。[②] 在假冒公主的十余年间，李善静从中渔利可谓不少。虽然其原始的犯罪动机并不在于谋财而是保命，但在谎骗成功之后，李接受了来自皇室经济上的赏赐和俸禄等大量钱财，所以其犯罪性质也可以定义为经济诈骗一类。

以上两个案件中，犯诈伪罪的两位女性都是因为靖康之难的缘故为金人所掠，在被带往金国的途中与一同被掳的宫人在一起，被认为外貌音容等方面形似公主，并被告知了一些宫廷秘事。在她们有幸南还之后，不管出于何种动机，均假冒公主企图欺骗朝廷。此二人诈伪犯罪的直接动机不是侵犯皇室财产，而是被她们假冒身份者的身份权以及这种身份所带来的各种特权和与之相关的经济利益。这种类型的经济诈骗犯罪只是特定的社会环境背景下产生的，不具有社会普遍性。

---

① （宋）李心传：《建炎以来系年要录》卷六十一，绍兴二年二月丁亥朔，第 1043 页。

② （宋）李心传：《建炎以来系年要录》卷一百四十六，绍兴十二年壬戌九月甲寅，第 2357 页。

第三节 女性参与贩卖人口

《宋刑统》中提到，略卖意指“经略而卖之”，即使用周密计策掠夺人口，并将其贩卖。对于此项犯罪的刑罚也有明确规定：“诸略人、卖略、略卖人……为奴婢者绞，为部曲者流三千里，为妻妾子孙者徒三年。因而杀伤人者同强盗法，和诱者各减一等。若和同相卖为奴婢者皆流二千里，卖未售者减一等。”又规定：“若得逃亡奴婢不送官而卖者，以和诱论，藏隐者减一等，坐之。”“略卖周亲以下卑幼为奴婢者，并同斗殴杀法。无服之卑幼亦同，即和卖者，各减一等。”宋律不仅对实施略卖行为的犯罪人进行惩处，而且“私从奴婢买子孙及乞取者准盗论，乞卖者与同罪”。[①] 从中可以看出，宋律以受害人的身份和犯罪者的略卖手段作为判罪轻重的标准，如果双方有血缘关系，判刑更重，且不仅只对略卖者进行惩处，买主同样要受到惩罚。

虽然法律的惩处力度如此严苛，但宋代略卖人口的现象仍然十分猖獗，对象多以女性和儿童为主。女侩利用其职业的特殊性及性别优势，成为略卖的犯罪主体之一。还有一部分女侩不直接参与“略”，只是在买卖的环节中充当“介绍人”“中间人”的角色，她们的工作主要是在奴婢、妾室和儿童的买卖双方中间牵线和帮助订立契约。她们出于自身利益的考虑，从不在乎这些被卖人口的来源是否合法，只管牵线搭桥，因此略卖人口的犯罪行为与女侩有着直接而密切的联系。

女侩言谈敏诈，稔熟物价信息，雇佣双方往往在交易中受女侩

---

① （宋）窦仪：《宋刑统》卷二十《略卖良贱》，第313—315页。

的摆布。有些女侩为了谋取利益，与官员勾结，诱拐及略卖人口，从中获利。太宗太平兴国二年，西京有八位女侩，听从外戚王继勋的指示，与三名男性合伙，“强市民家子女备给使，小不如意，即杀食之，而棺其骨弃野外。女侩及鬻棺者，出入其门不绝”。[①] 这些女侩，为了丰厚的佣金，明知道受雇之人可能会在雇主家丧命，仍然与人结伙，略良为贱。又如绍兴初，王从事与妻子失散，多年后团聚，才知道妻子是被歹人和女侩“货于宰，得钱三十万”。[②] 还有些女侩为了暴利，甚至与官员联合贩卖婢使。牙婆程氏就与官员黄有竟、官牙人潘某合谋贩售三名婢使。[③] 由于官府通过向牙侩收交易税作为制约牙人从人口买卖中渔利的机制，所以如果与官员合伙营生，官、牙双方皆会因此牟利更多。有些官员兼具侩、吏、商三种职能，利用官方包庇图谋不法，而女侩由于形象和性别优势，自然成为他们首选的合作对象。

还有一些女性，虽不是女侩，但也涉及了略卖人口的犯罪。开封民陈文政与妻子阿宗诱拐虎翼兵士妻，使其受雇用而得钱。[④] 梁自然诱拐卓清夫的女使碧云，藏匿于家中，其妻阿陈将之贩卖。[⑤] 这两起案例皆为夫妻伙同略卖女性。前者为军妻，后者为婢女，因为受害人的身份不同，所以梁氏夫妇依律被判以盗窃罪论处。

宋代社会对女性的大量需求，形成潜在的买卖市场。在合法与非法买卖并存的社会市场环境中，涉及略卖犯罪行为的女性犯罪模式大致可分为两种：一种是违反法律规定的买卖程序；另外一种是

---

① （元）脱脱等：《宋史》卷四百六十三《王继勋传》，第 13542 页。

② （宋）洪迈：《夷坚志》丁志卷十一《王从事妻》，第 631 页。

③ 《名公书判清明集》卷九《时官贩生口碍法》，第 357 页。

④ （清）徐松：《宋会要辑稿·刑法》四之一二，第 6627 页。

⑤ 《名公书判清明集》卷十二《诱人婢妾雇卖》，第 451 页。

利用女性容易获取他人信任的性别特性，以非法的手段略卖人口。涉及第一种犯罪形式的大多为女侩，而后一种模式中的犯罪主体则相对较广，即使是普通家庭妇女也有可能在利益的驱使下参与违法的犯罪行为。

第四节　女性参与行贿、受贿

宋代女性经济犯罪中的行贿受贿行为被称为“坐赃”。按宋律：“受人财而为请求者，坐赃论，加二等，监临、势要准枉法论。与财者，坐赃论，减三等。若官人以所受之财，分求余官，元受者并脏论……”“有所请求者，笞五十，主司许者与同罪。……他人及亲属为请求者，减主司罪三等。”[①] 在行贿受贿的犯罪中，行贿者要罚，受贿者要罚，相关的官员要罚，即使是在自己不知情的情况下其亲属受贿许了事也要被罚。

涉及受贿的女性大都是朝廷官员或权势之家的女眷，她们往往会利用其丈夫、儿子或家族中其他男性亲属的权势，受人请托，获得财物。真宗咸平五年（1002 年），举子任懿通过两位僧人与任职贡院的王钦若之妻李氏搭上线，并向其表达了希望能够获得帮助而中举的愿望，并许诺事成之后给予相应的报酬。李氏“密召家仆祁睿，书懿名与左臂，并口传许赂之数，入省告钦若”。王钦若在得知消息后，遣仆人告诉李氏“令取所许物”。[②] 最终，任懿得偿所愿登第，并被朝廷派往临津任县尉，而王氏夫妇的受贿行为也是既成事实。但也并不是所有人都能如王氏夫妇一样侥幸，能够逃过法律的

---

① （宋）窦仪：《宋刑统》卷十一《请求公事》，第 174—175 页。

② （宋）李焘：《续资治通鉴长编》卷五十一，真宗咸平五年三月庚戌，第 432 页。

制裁。真宗大中祥符九年（1016 年），度支员外郎、知河中府勾克俭之妻性“悍戾，与豪家往还，因缘纳贿，克俭不能禁”，案发后，“降克俭知宁州”。[①] 勾之妻不听丈夫劝告，与地方势力联手索贿，虽然受贿并非克俭本意，但“拿人钱财，与人消灾”，可能免不了在受贿之后替人办事，最终受到了法律的惩罚。

类似这样的受贿案还有很多。如哲宗绍圣四年（1097 年），三泉县君王氏与其夫朝请大夫盛南仲贪赃事发，王氏被判“追封邑，罚金”。[②] 高宗绍兴三年（1133 年），右朝奉大夫晁公为之妻任氏受贿。[③] 相隔二十多年间，同为右朝奉大夫的陈良翰任广南东路提点刑狱公事，阿附秦桧，其妻更是公然受贿，“内通关节，人谓之女提刑”。[④] 还有孝宗淳熙初年，县吏高某妻以丈夫职务之便，私纳税金。[⑤] 这些案例大体可以反映出涉及受贿的女性，大都依赖丈夫的官职进行权钱交易。她们的犯罪动机简单明确——为了钱财，只不过有些是与丈夫共谋索贿，有些是违背丈夫意愿自行索贿。这就反映出一个问题，在审治受贿犯罪的过程中，无论男性掌权者是否参与或者是否直接参与其犯罪行为，最终受罚最重的还是男性，而对直接涉案、有犯罪动机的女性却往往忽略或者是惩处力度不大。可见朝廷对于此类案件的惩处往往是将涉案者的丈夫或男性亲属——也就是她们受贿的权力依附者降职或者免官，意在从“源头”上剥夺其利益的根源，也就是权力。

---

① （宋）李焘：《续资治通鉴长编》卷八十六，真宗大中祥符九年正月庚午，第 760 页。

② （宋）李焘：《续资治通鉴长编》卷四百八十五，哲宗绍圣四年夏四月己未，第 4528 页。

③ （宋）李心传：《建炎以来系年要录》卷六十五，绍兴三年癸丑五月乙卯朔之甲子，第 1103 页。

④ （宋）李心传：《建炎以来系年要录》卷一百八十五，绍兴三十年庚辰八月壬戌，第 3113 页。

⑤ （宋）洪迈：《夷坚志》支景卷五《临安吏高生》，第 915 页。

不仅是社会权贵的家属会涉及受贿事件，乳母有时候也会因此犯案。如前文探讨，很多乳母与主人家有着相对亲密的联系，宋人普遍对从事乳母这一行业的女性抱有尊重态度。有些皇室成员的乳母，自以为对皇子、公主有哺育之恩，以此为资本，倚老卖老，利用能出入禁中的特殊身份，多有不轨行为。还有的大臣为了达到个人目的，也结交这些地位尊贵的乳母，企图与之进行权钱交易。史载仁宗“温成皇后乳母贾氏，宫中谓之贾婆婆”，嘉祐初，位居枢密使、山南东路节度使、同平章事贾昌朝竟“以姑事之”，被谏官弹劾。① 另沈括在《梦溪笔谈》中记述了仁宗朝位至禁军侍卫亲军马军副都指挥使、殿前副都指挥使的许怀德的这样一件趣事：

> 怀德为殿帅，尝有一举人，因怀德乳媪求为门客，怀德许之。举子曳襴拜于庭下，怀德据座受之。人谓怀德武人，不知事体，密谓之曰：“举人无没阶之礼，宜少降接也。”怀德应之曰：“我得打乳媪关节秀才，只消如此待之！”②

从这段记载得知，许怀德作为一介武臣，虽然鄙视这位举人通过乳母托关节走后门谋当自己的门客，故意倨傲不以礼待之，但还是看在乳母的面上，“许之”。南宋孝宗朝官吏部侍郎的史正志，“初登科，遂欲求为秦熺之婿，托平日素所交结者，赂熺乳媪，使之誉己”。③ 这些权贵之家的乳母凭借主人的地位以及与主人的感情也很有权势，那些有求之人托上乳母的关系想必也少不了贿赂这个环节。

---

① （宋）李焘：《续资治通鉴长编》卷一八七，仁宗嘉祐三年六月丙午，第1723页。

② （宋）沈括：《梦溪笔谈》卷九《人事一》，第87页。

③ （宋）王十朋：《梅溪王先生文集》卷二《论史正志札子》，《四部丛刊初编》本。

平民女性也会受贿。如利用身份之便，媒合别人为奸。西湖有一位女尼，经常出入某官房舍。有位少年中意该官妻，故贿赂女尼为其牵线。女尼设计将官妻灌醉，并安排少年与之同宿。[①] 在此案件中，女尼实际上充当了一个淫媒的角色，她利用身份之便，在取得受害人信任后，为少年牵线，而借此收取贿赂。前文提到的在《金瓶梅》《水浒传》等文学作品中都出现过的“王婆”，因收受了西门庆的贿赂而撮合其与潘金莲的通奸行为。[②] 这种行为的受贿，犯罪动机同样是为了求财。

还有的女性行贿。当女性涉及犯罪或争讼时，容易用钱财贿赂官吏，借此规避刑责。太宗雍熙元年（984 年），开封寡妇刘氏犯奸，诬告丈夫的前妻之子王元吉下毒，并贿赂审案官员将其治罪。[③] 刘氏自知做了丑事，在不信任王元吉的情况下，企图通过行贿官员借由司法手段除掉王元吉。前述真宗大中祥符九年，咸平县张赟的妻子卢氏，与养子争讼，贿赂官员，希望惩治养子之罪。[④] 卢氏为了打赢官司，不惜代价向官员行贿。可见女性以钱财贿赂官员，多半希望可以借此减轻或逃脱制裁，还有的则是因为身陷诉讼之事，想以此达到自己的目的，在诉讼中多获利。

《清明集》中记载了这样一则较为特别的行贿案件：恶人唐梓，日常行骗乡里，为恶一方。他靠敲诈、行骗等手段积累了一万一百一十八贯钱，并将其交由小妾赵秀掌管。“赵秀本是官妓，脱籍与唐梓为小妻，凡悖入之财，及事败露，乃敢挟厚资为之行用，欲脊杖

① （宋）洪迈：《夷坚志》支景卷三《西湖庵尼》，第 902 页。

② （明）兰陵笑笑生原著，白维国、卜键校注：《金瓶梅词话校注》，长沙：岳麓书社，1995 年，第 74 页。

③ （清）徐松：《宋会要辑稿·刑法》五之二，第 6670 页。

④ （清）徐松：《宋会要辑稿·刑法》三之五七，第 6606 页。

十二，押下雄楚寨，与戍兵射给多中者为妻……”本案中唐梓为害乡里，为人所告，判官蔡久轩审案判决唐梓“决脊杖二十，刺配广南远恶州军，仍籍没家财，永锁土牢不放”，其小妾赵秀动用赃款上下活动，行贿官员，希望能够帮唐梓减轻刑罚。而蔡久轩却认为赵秀是擅自动用夫财，按盗窃丈夫财产给其定罪。① 所以本案实际上应该属于一起女性行贿案件，而并非女性盗窃夫财。

由上得知，女性涉及行贿、受贿有关的经济犯罪，直接动机一般都是与钱财有关。女性受贿者多出自官宦或权势之家，借家中男性成员的权力替他人解决问题，从中获得经济上的回馈；女性行贿者或者是希望在争讼中获得更多利益，或者是因犯罪而买通关节从轻量刑。无论行贿还是受贿，都与宋代的社会经济情况和人们的经济观念分不开，这一种类型的经济犯罪是受到社会环境影响的。

第五节　女性经济犯罪的时代特征

从大环境来看，宋代商品经济相对发达，宋人重财观念亦盛。对钱财的追逐，是导致经济犯罪的根本原因之一。且宋代雇佣制度渐趋成型，雇佣与宋人生活息息相关，上自达官之家，下至平民百姓，雇佣者和受雇者都被纳入社会经济大潮之中。无论是雇佣、购买妾婢，还是寻求雇主，都需要牙侩的介绍。于是阅历复杂、舌灿莲花的女牙侩在宋人的生活中活跃起来。这些女牙侩本就从事着买贱卖高的投机生意，所以她们也特别容易在金钱利益的驱使下，利用其职业和身份之便，出入闺阁，趁机犯罪。盗窃、受贿牵线引诱良家妻女、略卖人口等经济犯罪行为在女侩身份的掩护下格外容易

---

① 《名公书判清明集》卷十四《把持公事欺骗良民过恶山积》，第525页。

得手。另一方面，宋代的人力市场对女性的需求量相当大，底层百姓人家的穷苦女性成为富人家雇佣侍婢的主要来源之一。如前文所论，宋代雇买妾婢的价格不菲，没有相当的经济实力是无法承受这种“奢侈性消费”的。当贫穷的妾婢进入富庶的雇主家时，贫富之间的悬殊差距极易引起人们心中的不平衡之感。对金钱的格外向往，加之妾婢对主人生活习惯、贵重物品存放位置等的熟稔，使妾婢往往会因一时贪念，触犯盗窃罪。穷苦的妾婢在考虑自身的弱势之后，又容易联合其他共犯作案，对主家经济威胁更大。

还有一些女性，利用其性别优势和职业便利，可能为他人提供住宿或者接近他人酒食，在酒食中做手脚，使受害人暂时地失去意识或者反抗能力，从而实施犯罪。这种女性的犯罪行为多出现在乡村酒肆、旅店，地理位置偏僻，且受害人相对处于弱势。她们一般家境清贫，靠小生意维持生计，与丈夫同谋，构成盗窃、劫掠等犯罪。在此类犯罪中，女性还经常利用美色引诱被害人，使其放松警惕并观察其财物状况。同样利用美色犯罪的行为即是诈骗，在京城等大都市屡见不鲜。洪迈曾提到过这种“美人局”多半发生在城镇，尤其是都城和经济发达的大城市，“士大夫旅游都城，为女色所惑，率堕奸恶计中”。[①] 往往是娼妓与恶少、游手联合，设计讹骗他人财物，成为城市犯罪中一个不可忽视的群体。这种女性经济犯罪行为的出现，属于宋代社会经济发展而产生的负面衍生物。宋代女性积极参与社会活动，并具有一定的独立意识。在接触社会的过程中，受社会义利观念影响，有些人为谋财而选择铤而走险、不择手段。

种种这些现象反映出来的宋代女性经济犯罪特征均为：往往带有低暴力性或非暴力性，一般具有家庭性特征。即女性经济犯罪常

---

① （宋）洪迈：《夷坚志》补志卷八《吴约知县》，第1616页。

常与家庭相联系，或者是发生在家庭之内的盗窃行为，或者是与家庭中男性成员联手共犯，或者是依赖家庭成员而犯罪，对社会的危害性不是很大，属于小规模犯罪活动。虽然也存在大规模的团伙性犯罪，但属于特例，而且同样是因依靠家人、子孙势力而犯案。官方基于社会对女性角色的期待，对其犯罪事实的惩处也是有严有宽，比如盗窃、略卖人口等惩处力度就相当大，对于类似官宦人家女性受贿等问题的处理就显得相对宽松。

宋代商品经济的发展，给人们的钱财观念带来极大冲击，女性对于钱财观念的变化也属正常。① 而且在这样的社会氛围中，女性在社会中的身影也显得格外活跃，因难以抵制诱惑而引发经济犯罪，实属在所难免。

① 郭东旭：《论宋代婢仆的社会地位》，《河北大学学报》1993 年第 3 期。

下　篇

宋代女性的社会活动与角色

第一章　社会生产行业中的女性角色

第一节　宋代女性参与社会生产与经营管理的行业

“男耕女织”是人们对中国传统家庭经济模式的普遍认识，女性始终被认为是一种“深居内闱”的形象。但实际上，宋代女性广泛参与社会经济活动，只是由于家庭经济状况的不同在行业和方式上存在较大差异。相较于其他朝代来说，宋代女性在农业、手工业（特别是纺织业）、商业、服务业、娱乐业等行业都扮演着重要角色，并成为经济活动中家庭财富和社会财富的创造者。

一、女性参加农业生产及管理

（一）平民家庭中的女性参与的田间劳动

参加农业生产活动最多也最普遍的是普通农户中的家庭妇女，她们和土地有着最天然最直接的联系。受社会经济发展水平的影响，家庭中的男性劳动者不足以独立承担全部土地上的劳动，女性在农业生产中和男性扮演着几乎同样的角色。

李廌在描述农家女在农业生产劳作中的重要地位时甚至说：“日午担禾上场晒，也喜年丰欲还债。佣工出力当一男，长大过笄不会拜。有者四十犹无家，东村定昏来送茶。翁妪吃茶不肯嫁，今年种稻留踏车。”① 可见，农家女是家庭农业生产劳动中的重要劳动力，有些家长甚至为了满足家庭农业生产的需要而不愿女儿出嫁。在农忙时节，农家女们还要参加抢种抢收，年长的下田，年幼的供馌，忙于农事。

她们参加种麦：“种麦谁家妇，青裙皂角冠。从夫无燥湿，自小习艰难。”②《夷坚志》中记载了这一阶层的女性进行插秧劳作的情景：“鄱阳城下东塔寺，与城北芝山禅院，皆有田在崇德乡。畴壤相接，耕农散居。庆元三年五月一日，农人男女尽诣田插稻秧。”③ 广大女性还参与到农田灌溉中，如宋代诗人舒岳祥在诗中写道：“田头车水归，拘水要流通。乌帽掀炎日，青裙鼓晚风。翻翻循故步，踏踏似虚空。听取劳歌意，生身莫嫁衣。”④ 描写的就是一位女性在田间车水，通过疏通的水渠把水引向农田的劳动场面。又如“万春乡农民朱七，乾道辛卯旱岁，同妻往近村城子塘引水灌田”⑤，也是对女性引水灌溉劳动形象的记述。

广大农妇除了参与农田耕种、灌溉、插秧外，还参与到农作物收割中。李廌在《田舍女》中写道：“田家女儿不识羞，草花竹叶插满头。红眉紫襜青绢袄，领颈粗糙流黑油。日午担禾上场晒，也喜年丰欲还债。”⑥ “竹鸡叫雨云如墨，大妇腰镰出，小妇具筐逐。”⑦

---

① （宋）李廌：《济南集》卷三《田舍女》，《丛书集成续编》第126册，台北：新文丰出版公司，1980年，第32页。

② （宋）舒岳祥：《阆风集》卷三《十妇词》，《嘉业堂丛书》，第6页。

③ （宋）洪迈：《夷坚志》支癸卷九《东塔寺庄风灾》，第1289页。

④ （宋）舒岳祥：《阆风集》卷三《十妇词》，第6页。

⑤ （宋）洪迈：《夷坚志》三志辛卷七《城子塘水兽》，第1436页。

⑥ （宋）李廌：《济南集》卷三《田舍女》，《丛书集成续编》第126册，第32页。

⑦ 北京大学古文献研究所编：《全宋诗》卷八百三十三《打麦》，第9670页。

“妇姑趁天色，扑抶喧邻里。贫者捃其余，翁妪携稚子。”[①] 描写的都是平民阶层家庭中的女性参与到农作物的收割活动中的劳作场景。贫穷百姓人家的女性自幼就要参加力所能及的农业劳动，可见她们在家庭农业生产中的重要地位。

谷物收割后，必须脱皮后才可以食用，这道工序叫作舂米。舂米也是农妇参与家庭农业劳动的一个重要环节。如“忠翊郎刁端礼……经严州淳安道上，晚泊旅邸，日未暮，乃纵步村径二三里，入一村舍少憩，见主家夫妇舂谷”。[②] 又如舒岳祥写道：“田家舂米妇，隔宿办朝粮。举臼红颜汗，投舂玉腕扬。鸡窥筛下米，犬舐簸前糠。未奉翁姑食，炊尘不敢尝。”[③] 写出了农家妇连夜舂米的艰辛。

蔬菜，是宋人饮食中的一个重要组成部分。很多平民家庭的女性还会进行蔬菜的采集。如，有村妇“自山中担萝卜而出”[④]，“古田县师姑山有村妇采笋”[⑤]。从劳动分工的角度来看，因蔬菜采集工作的劳动强度相对较小，所以此类工作大部分是由女性单独完成的。

（二）贫穷士人家庭中的女性参与的农业生产劳动

不仅平民阶层家庭中的女性需要参与农业劳动，一些贫穷士人家的女性也要亲自下田进行农业劳作。如赵善临的妻子王氏，“当是时，夫人去之余杭山中，居无庐，食无田，芟锄荒榛，经始耕稼，迎妇送女，细碎罄竭，辛苦淡薄十余年。”[⑥] 叶适家贫，他的妻子高氏“稍垦田，不市粜”[⑦]。奉议郎左时彦的女儿左氏在夫死子幼的情

① （宋）郑獬：《郧溪集》卷二十四《收麦》，影印文渊阁《四库全书》本。
② （宋）洪迈：《夷坚志》支景卷五《淳安潘翁》，第917页。
③ （宋）舒岳祥：《阆风集》卷三《十妇词》，第6页。
④ （宋）洪迈：《夷坚志》丙志卷三《麻姑洞妇人》，第391页。
⑤ （宋）洪迈：《夷坚志》支戊卷一《师姑山虎》，第1056页。
⑥ （宋）叶适：《叶适集·水心文集》卷二十四《夫人王氏墓志铭》，第467页。
⑦ （宋）叶适：《叶适集·水心文集》卷十八《高令人墓志铭》，第354页。

况下依靠耕耘纺织，“三年而成室庐，五年而辟菑畬，七年而倍其初”。[①] 士人王梦龙的妻子本来是“宗室女”，嫁给王梦龙后家境不好，但“贫不能使之安”，她“见桑而求蚕，行田而学稼”，用自己的劳作维持家庭。[②] 王令的妻子吴夫人，在丈夫死后“归老父母之家，屏迹田桑，以事兄嫂”。在农闲的时候，“躬率农夫数千余人修治堤堰，蓄水灌田，利及一方”。[③] 贫穷士人家庭中的女性，在面临家中的窘迫经济状况时，并不像人们想象中的那样娇贵，而是身体力行地积极参与劳作，为解决家庭经济困境参与到农业和纺织劳动中，对家庭经济起到了举足轻重的作用。

（三）富裕人家的女性对家庭农业经济的管理

家庭经济状况良好的女性，很少亲自直接参与到农田体力劳动之中，她们承担的更多的是家庭农业经济的管理工作。她们凭借自己的聪明才智，利用奁产私财或是家庭财产进行投资、经营，通过组织奴婢进行生产等手段，使家庭财产得以增值。如，福州人刘监税的儿子四九秀才的妻子郑氏，“区理家事，而检校庄租簿书尤力”。[④] 秘阁修撰韩球的妻子李氏治家颇得力，“尽发其积，与己资送之，具以置良田，筑室临川，为寓居计”，并且“凡家事细大悉有法，货泉谷米之用知所均节”。[⑤] 周氏夫人不仅要经营自家生计还要顾及族人，“以不足于养为忧。去城之东湖，得童山废田百顷，又得

① 辛更儒：《杨万里集笺校》卷一三一《夫人左氏墓志铭》，第5069页。
② （宋）叶适：《叶适集·水心文集》卷二十五《赵孺人墓志铭》，第500页。
③ （宋）王令：《王令集·附录》，王云《节妇夫人吴氏墓志铭》，上海：上海古籍出版社，1980年，第405页。
④ （宋）洪迈：《夷坚志》补卷一六《鬼小娘》，第1701页。
⑤ （宋）韩元吉：《南涧甲乙稿》卷二十二《太恭人李氏墓志铭》，《丛书集成初编》第1984册，第460—462页。

浪港废陂数百亩”，治家得法，使“府君无内顾之忧”。[①] 南宋初年，袁方的妻子范氏见家之所居“地不满三亩，欲稍辟之，力不及”，便“会并邻有求售者，亟鬻嫁时所自随之田买之”。[②] 宁宗年间，司农寺主簿叶大显的妻子张氏“亟出玩服治田太湖上”，“太湖之田虽不多，孺人铢积寸累，调度有方，日需不阙”。[③] 这些女性为了保证丈夫、儿子能够专心事业与学业，亲自对家中农田悉心管理。她们购置田产、收租催种，对家庭经济的正常运转和维持，提高家庭经济收入起到了十分重要的作用，也显示出她们极高的经营才能。

如《袁氏世范》所言，家中虽有奴婢，如果主人不认真管理，其家庭生产仍无法正常运转。[④] 而对奴婢的管理，通常是由主妇承担的。北宋时，李觏的母亲郑氏初嫁李家，“家破贫甚，屏居山中，去城百里，水田裁二三亩，其余高陆，故常不食者”。而郑氏“刚正有计算，募僮客烧薙耕耨，与同其利。昼阅农事，夜治女功。斥卖所作，以佐财用。蚕月盖未尝寝，勤苦竭尽，以免冻馁”。[⑤] 在她的成功经营下，李家逐渐成为富室。同时代的蒋夫人，“舅姑既没，府君实赖夫人经理其家，盖事常豫立，问奴以耕，而非春鸣之所惊，问婢以织，而非秋蚕之所促，卒以积日累劳，殖陈氏之宗”。[⑥] 她们组织婢仆劳作，为夫家打下了富裕的基础。

---

① （宋）陆佃：《陶山集》卷十六《周氏夫人行状》，《丛书集成初编》第 1931 册，第 186 页。

② （宋）袁燮：《絜斋集》卷二十一《太孺人范氏墓志铭》，影印文渊阁《四库全书》本。

③ （宋）杨简：《慈湖遗书》卷五《叶元吉请志妣张氏墓志铭》，影印文渊阁《四库全书》本。

④ （宋）袁采：《袁氏世范》卷三《治家・奴仆不可深委任》，《丛书集成初编》第 974 册，第 52 页。

⑤ （宋）李觏：《李觏集》卷三十一《先夫人墓志》，第 359 页。

⑥ （宋）陆佃：《陶山集》卷十六《蒋氏夫人墓志铭》，《丛书集成初编》第 1931 册，第 180 页。

（四）农业生产劳动中女性作用强于男性的情况

有些地区的女性在家庭农业劳动中的作用甚至超过男性，是家庭经济生产中的主体。这种现象一般在一些边远地区或少数民族地区表现得较为突出。比如，江苏昆山县的乡村妇女“最为勤苦。凡耘耨，刈获、桔槔之事与男子共其劳。官府有召则男子避去，而使老妪当之。至于麻缕机织之事则男子素习焉，妇人或不如也”。① 在湖南岳阳则是“妇人习男事，往往力胜男子”。② 江西的妇人“皆习男事，采薪负重，往往力胜男子，设或不能，则阴相诋诮”。③ 两广更甚，“男子弱而妇人强，男子多坐食于内，而妇人经营于外”。④ 广西妇女“攻男事而忽女工棉苎麻葛”。⑤ 更有甚者，在琼州、廉州、雷州、化州、梅州、横州、邕州、钦州、贵州等“深广”地区，男子“抱子嬉游，慵惰莫甚”，而“城郭虚市，负贩逐利，率妇人也”。⑥ 当然，这些事例只能算是宋代社会经济发展中的特例，不能代表社会整体状况。但这种现象的存在，从侧面反映出宋代女性在家庭经济生活与农业生产中的重要性。

二、女性从事的纺织业生产和经营

宋代的手工业经济发展繁盛，纺织业作为其重要组成部分也得

① 《嘉靖昆山县志》卷一《风俗》，《天一阁藏明代方志选刊》，上海：上海古籍书店，1981 年。

② 《隆庆岳州府志》卷七，《天一阁藏明代方志选刊》。

③ （宋）范致明：《岳阳风土记》，朱易安等编：《全宋笔记》第二编（七），第 88 页。

④ （宋）李光：《庄简集》卷十六《儋耳庙碑》，影印文渊阁《四库全书》本。

⑤ 《嘉靖钦州志》卷一《风俗》，《天一阁藏明代方志选刊》。

⑥ （宋）周去非：《岭外代答》卷十《蛮俗门 · 十妻》，北京：中华书局，1999 年，第 429 页。

到普遍发展。司马光在描写婺州城时说："万室鸣机杼，千艘隘舶舻。"① 纺织在操作经营模式上最易被女性所掌握。"女红"也是女性在闺中所接受的家庭教育中一个重要环节。掌握纺织劳动技能的女性非常多，在史料记载中频频出现"织妇""机妇""织女"等词汇，描写女性纺织劳动场景的诗句也比比皆是。作为最贴近女性生活的生产经营模式，纺织活动在家庭和社会经济环境中均占有重要地位。在两宋时期的江南家庭手工作坊中，女性除养蚕抽丝织布外，有的还承担了售卖的工作。女性的纺织劳动成果，除了用于家庭消费，还有相当一部分作为租赋和商品，参与社会流通，从而提升了其经济价值。

（一）平民家庭女性参与的纺织生产活动

在纺织活动开始之前，采桑、养蚕和缫丝都是必要的准备工作。秦观游济河"见桑者豫事时，作'一妇不蚕，比屋詈之'"，② 可见对于普通农妇而言，参加养蚕纺织活动是普遍的。出于家庭生计需要，很多女性要从事采桑、养蚕、缫丝、纺线织布、刺绣花纹等一系列跟纺织有关的生产活动。梅尧臣在《桑钩》一诗中对少妇和女童忙于采桑的场景进行了生动的刻画："长钩扳桑枝，枝间挂桑笼。南陌露气寒，东方日光动。少妇首且笄，幼女角已总。竞以采叶归，曾非事梳栊。"③ 释道潜在他的田居诗中也描述道："五月梅争熟，村村桑柘稀。茜裙蚕妇瘦，粉翅乳鹅肥。"④ 诗人戴复古的笔下也描写过一个忙于采桑的女性形象："妾本秦氏女，今春嫁王郎。夫家重蚕事，出采陌上桑。低枝采易残，高枝手难扳。踏踏竹梯登树杪，

① （宋）司马光：《温国文正公文集》卷八《送王伯初通判婺州》，《四部丛刊初编》本。
② （宋）秦观：《蚕书》，《丛书集成初编》第1471册，第1页。
③ （宋）梅尧臣：《宛陵先生集》卷五十一《桑钩》，《四部丛刊初编》本。
④ （宋）释道潜：《参寥子诗集》卷四《田居四时》，《四部丛刊三编》本。

心思蚕多苦叶少。举头桑枝挂鬓唇，转身桑枝钩破裙。辛苦事蚕桑，实为良家人。使君奚所为，见妾驻车轮。使君口有言，罗敷耳无闻。蚕饥蚕饥，采叶急归。”① 除此之外，有些女性还要编织养蚕用具，既可自用，又可卖钱。“河上苇萧人，女归又织苇。相与为蚕曲，还殊作筠筐。入用此何多，往售获能几?”② 虽然利润不高，但她们依然为此忙忙碌碌。

在蚕茧收获后，便开始煮茧和缫丝的工作。范成大对这样的场景进行了描述：“小麦青青大麦黄，原头日出天色凉。姑妇相呼有忙事，舍后煮茧门前香。缫车嘈嘈似风雨，茧厚丝长无断缕。今年那暇织绢著，明日西门卖丝去。”③ 缫丝之后又要纺纱织布：“机丝迫邻女，轧轧无停休。”④ 白天的时间有限，有些女性夜晚也不停歇，挑灯夜纺。“蚕月必纺绩，丝车方挑掷。灯下络纬鸣，林端河汉白。”⑤ 纺丝之后，还有织绸的工作：“掷梭两手倦，踏蹑双足趼。三日不住织，一匹才可剪。织处畏风日，剪时仅刀尺。皆言边幅好，自爱经纬密。”⑥ 李廌描述女性织染工作时说：“婺女织玄绡，欲作六铢衣。空山捣寒月，传声彻云闺。”⑦

在平民家庭中，除了丝的纺织活动之外，棉花也出现在女性的劳作生活之中。在宋代，棉花是一种“不麻而布，不茧而絮”的新型纺织原料。“比之桑蚕，无采养之劳，有必收之效；埒之枲纻，免

---

① （宋）戴复古：《石屏诗集》卷一《罗敷词》，《四部丛刊续编》本。

② （宋）梅尧臣：《宛陵先生集》卷五十一《蚕箔》，《四部丛刊初编》本。

③ （宋）范成大：《范石湖集·诗集》卷三《缫丝行》，上海：上海古籍出版社，1981年，第30页。

④ （宋）释道潜：《参寥子诗集》卷二《次韵黄子理宣德田居四时》，《四部丛刊三编》本。

⑤ （宋）梅尧臣：《宛陵先生集》卷五十一《纺车》，《四部丛刊初编》本。

⑥ （宋）文同：《丹渊集》卷三《织妇怨》，《四部丛刊初编》本。

⑦ （宋）李廌：《济南集》卷二《捣帛石》，《丛书集成续编》第126册，第16页。

绩缉之功，得御寒之益”[①]，在生产和使用上具有极大的优越性。海南黎族同胞称之为“吉贝”。南宋赵汝适在《诸蕃志》中称：“在黎母山之西南”，“妇人不事蚕桑，惟织吉贝、花被、缦布、黎幕”；“在黎母山之东南”，“媪以织贝为业，不事文绣”。[②] 南宋华岳说：“建安西关邻女，善搔木绵，日可成一二缕，……每岁可得二十匹。”[③] 其中提到的“黎幕”与“木绵”，都是棉纺织制品。

还有女性进行麻的纺织工作。孝宗淳熙四年（1177 年），范成大从成都离职路过峨眉之苏稽镇和符文镇，见到“两镇市井繁遝，类壮县，符文出布，村妇聚观于道，皆行而绩麻，无索手者”。[④] 符文布，美名远扬，享誉川外。陆游有诗描写成都府近郊的浣花女：“江头女儿双髻丫，常随阿母供桑麻，当户夜织声咿哑”[⑤]，反映了成都平原麻织业的普遍。福建路“连江及福清、永福出麻布尤盛”[⑥]，其中福清人“种麻卖布皆贫妇”[⑦]，麻布的生产几乎遍及南宋各地，是纺织业中的主要产品，妇女也自觉地成为麻纺织劳动中的主力。

普通百姓家庭中的自给型纺织主要是人们为了满足自身衣食所需而进行的生产劳动。宋代女性纺织品的生产劳动主要分成两类：一是家庭为解决全家的穿衣遮体而进行的生产。南宋时期，丝绸衣料

---

① （元）王祯：《农书》卷二十一《木棉序》，北京：中华书局，1956 年，第 507 页。

② （宋）赵汝适：《诸蕃志》卷下《海南》，北京：中华书局，1985 年，第 40 页。

③ （宋）华岳：《翠微南征录》卷二《邻女搔绵吟》，《四部丛刊三编》本。

④ （宋）范成大：《吴船录》卷上，北京：中华书局，1985 年，第 9 页。

⑤ （宋）陆游：《剑南诗稿校注》卷八《浣花女》之一，上海：上海古籍出版社，1985 年，第 657 页。

⑥ （宋）陈傅良等：《淳熙三山志》卷四十一《物产·麻》，《宋元珍稀地方志丛刊》甲编第七册，成都：四川大学出版社，2007 年，第 1664 页。

⑦ （宋）陈藻：《乐轩集》卷一《渔溪西轩》，影印文渊阁《四库全书》本。

的使用主要出现在经济条件较好的家庭之中。丝绸衣料耐磨性差，也不具备吸汗排汗等功能，不适合农耕穿着，所以小农之家多穿更结实的麻布衣服，棉麻产品更多被用于家庭衣料消耗。二是为家庭生计而进行的生产，比如丝织品在加工完成后一部分会被拿到市场售卖，其余部分用来缴纳国家的赋税。宋人的诗集中不乏这样的记载。

> 农夫日炙面如煤，丝妇缫成雪一堆。早早安排了官税，莫教耆长上门催。
>
> 老农锄水子收乐，老妇攀机女掷梭。苗绢已成空对喜，纳官还主外无多。①
>
> 辛勤欲织御寒衣，朝暮惟恐不盈尺。织成门外迫催租，不了输租仍卖络。妇姑对泣儿号寒，更无可补儿衣隙。帛暖本拟代络寒，卖络寒来愈无策。②
>
> 小妇连宵上绢机，大耆催税急于飞。今年幸甚蚕桑熟，留得黄丝织夏衣。③
>
> 春蚕成丝复成绢，养得夏蚕重剥茧。绢未脱轴拟输官，丝未落车图赎典。一春一夏为蚕忙，织妇布衣仍布裳。有布得着犹自可，今年无麻愁杀我！④

这些养蚕女、织布妇虽然终年辛苦劳作，但却将其劳动成果中的一大部分用于售卖或者交绢纳税，而自己不仅很难穿到丝绸衣服，就

---

① （宋）华岳：《翠微南征录》卷十《田家十绝》，《四部丛刊三编》本。

② （宋）陈起：《江湖小集》卷十六《促刺词》，影印文渊阁《四库全书》本。

③ （宋）范成大：《石湖诗集》，《右晚春田园杂兴十二绝》，《丛书集成初编》第2256册，第11页。

④ （宋）戴复古：《石屏诗集》卷一《织妇叹》，《四部丛刊续编》本。

连满足家人穿衣需要的麻布也令她们发愁。

（二）贫穷士人家庭中女性的纺织活动

宋代很多贫穷士人家庭中的女性面对的家庭境况，甚至比普通百姓人家的女性所面对的情况还要复杂。因为在这类家庭中的男性有些是在外游学，有些是在异地做官，男性主要劳动力缺乏，女性往往不得不独自面对家庭经济事务，维持生计。受宋代社会学风影响，很多士人家庭中，“丈夫”的角色也多是“不预农桑”专心向学，很少参加家庭事务的。如叶适的岳父外出做官，岳母翁氏夫人“远不能至，独与两女闭门课纺绩自给”。[①] 叶适还记载过一位徐氏夫人的事迹，丈夫“必明贫甚，约弟治家而身远出。弟有余粟，析之别村，弃夫人破屋中，一婢闭门，机杼自若”。[②] 在这种家中缺乏男性劳动力的条件下，“女红”成为女性利用纺织技能自谋生计的重要手段之一。

另外，在宋代商品经济发展的社会背景下，家庭经济有时是不稳定的。贫与富的家庭经济状况不再依照社会等级而一成不变，很多原本富裕的士人家庭很可能面对由富转贫或是家道中落的困境。婺州进士杨应梦家原来是个有钱的大户，后来家道中落，“产去税在，征求窘切，无以自存，孺人乃略铅黛，躬纺绩，买丝织帛，求羡余，赒一门之急”。[③]

由于宋人的婚配方式，“老夫少妻”较为普遍，所以丈夫去世妻子守寡的情况屡见不鲜。在这种情况下，很多女性不得不承担家庭经济重任，抚养孩子，维持家庭生计。纺织对于女性来说是一项最

① （宋）叶适：《叶适集·水心文集》卷十四《高夫人墓志铭》，第250页。

② （宋）叶适：《叶适集·水心文集》卷十六《夫人徐氏墓志铭》，第313页。

③ （宋）郑刚中：《北山文集》卷七《杨氏女弟墓石书丹》，《丛书集成初编》第1963册，第108页。

易上手也最易见到经济成果的劳动模式，对于带着幼子独自生活的寡妇来说也是最易实施的。如毕从古的妻子陈氏“躬自纺绩以自给，又教其子经史文章法书，及近代名人善言懿行，以资其学，久益不倦”。① 资政殿学士郑刚中幼年时，他的母亲盛氏“为躬桑苎，以济其须”。② 海州胡松年“幼孤贫，母粥机织，资给使学”。③ 无为人贾易“七岁而孤，母彭以纺绩自给，日与易十钱，使从学”。④ 蒋重珍幼年时，父亲去世，“母治丝枲，取毫末之赢以衣之”。⑤ 陈耆卿回忆自己的母亲姚氏时说：“吾家世儒，薄生理。母归，田无三十亩，老屋数间，不任风雨，吾母一力经纪之。左手婴孩，右手绩织，下至米盐靡密之事，亦牵顿忘食。”⑥ 正是女性在这种家庭环境中“躬织纴以资其学问”⑦，才成就了这些士人的功名与学识。

无论是处于哪种境况，女性都要在这种缺乏男性劳动力的条件下，自觉地参与到家庭劳动中来。她们中的很大一部分人选择了利用纺织来谋划生计，帮助家庭渡过经济难关。

（三）富裕家庭中女性的“女红”行为

在中国古代传统社会中，“女红”行为被当作是女性“妇德”中的一部分，宋代也不例外。特别是富裕的官、商人家，更是把“女红”作为对年幼的女儿进行“女德教育”的重要内容。所以在

① （宋）苏颂：《苏魏公文集》卷六十二《寿昌太君陈氏墓志铭》，第 955 页。
② （宋）郑刚中：《北山文集》卷末《宋故资政殿学士郑公墓志铭》，《丛书集成初编》第 1966 册，第 378 页。
③ （元）脱脱等：《宋史》卷三百七十九《胡松年传》，第 11697 页。
④ （宋）脱脱等：《宋史》卷一百一十四《贾易传》，第 11173 页。
⑤ （宋）魏了翁：《鹤山集》卷七十三《顾夫人墓志铭》，影印文渊阁《四库全书》本。
⑥ （宋）陈耆卿：《篔窗集》卷八《祭先妣文》，影印文渊阁《四库全书》本。
⑦ （宋）欧阳修：《欧阳修全集·居士集》卷二十五《墓表六首·尚书屯田外郎赠兵部员外郎钱君墓表》，第 383 页。

富裕家庭中的女性纺织行为，一般不以经济利益为考量，而主要体现“妇德”修养。

年轻女性要学习“妇德”，家中较为年长的女性的“女红”行为则多是以敦养家风为目的，或是为了给子孙作榜样传递精神，与百姓人家女性的纺织劳作的性质不同。这些富裕之家的女性一般不会直接参与种桑养蚕，也不会把自己的纺织品拿出去兜售，经济目的不强。如王十朋的妻子“身为命妇，织纴是专”，目的是保持家庭的“勤俭之风”。[①] 刘弇的母亲周氏夫人“世为巨室”，丈夫是浦城县尉。“弇既补官，迎夫人以养”时，周夫人虽年事已高，但仍“躬执饪，服绨纩，绩纺以先妇”。刘弇劝阻她的时候，她却说：“是常生之道，在我者也，不可一日废。”并告诉儿子，自己的行为是在给儿子做表率。[②] 左朝奉郎江惇禔的妻子胡氏，“蚕织每身其劳，子或谏止，则曰：‘是固妇人事，非利之也。尔儒家子，耕稼勤艰，懵不及知，我自力为此，聊亦警而辈耳。’”[③] 明确地表达了自己从事纺织的目的。天长县君黄氏丈夫在外为官，“其子就学，夫人常夜治丝枲，居其旁以勉之”。[④] 朝奉大夫姜处度的妻子龚氏“阃阈素严，户外绝行迹，夜设灯火，相对教书史，课纺织”[⑤]，纺织行为的目的也是严格家教，督促子女。

还有一类不可忽视的现象就是一些女性原本家境不佳，是以纺织起家，通过成功经营使家庭逐渐富裕起来的。如高、孝年间，士

① （宋）王十朋：《王十朋全集》，《文集》卷二十四《祭令人文》，上海：上海古籍出版社，2012 年，第 1003 页。
② （宋）刘弇：《龙云集》附录《周夫人墓志铭》，影印文渊阁《四库全书》本。
③ （宋）范浚：《香溪集》卷二十二《安人胡氏墓志铭》，《丛书集成初编》第 1995 册，第 207 页。
④ （宋）曾巩：《元丰类稿》卷四十五《天长县君黄氏墓志铭》，第 465 页。
⑤ （宋）叶适：《叶适集·水心文集》卷二十五《朝奉大夫知惠州姜公墓志铭》，第 491 页。

人莫友不幸早逝，他的妻子叶氏“始三十，屏膏沐，自闭匿，保抱其一子二女，训饬使就学，知礼法。身日夜纺织补纫，处大族间，承上接下无间言。子叔龙既长，诸父窘薄，始析爨，枵如也，母子缩衣恶食，勤勤自营，亦不事锥刀竞什一，而家用日饶。举族倚重，邑里叹其贤明”。[①] 谭微仲的妻子左氏“夫人既荐履难疢，觉生理寖微，谓微仲曰：‘世有无职而食者乎？男职耕耘，女职组纠，弗耘弗纠，寒饥其臻。’于是倾橐倒箧，以簪不以着身，尽用以为生。绩麻条桑，以烛继晷，脱粟营蒯，以菲自奉，三年而成室庐，五年而辟菑畬，七年而倍其初，于是微仲得颛颛于文字间”。[②] 翰林朱昂尝在《莫节妇传》中描写过一位“节妇荃”，她“执礼事舅姑益谨，闺壸有法。家素贫，荃岁事蚕绩，得丝则机而杼轴，勤俭自营，生计渐盛。虽里之淑妇静女，罕识其容者，闻其风，则帏箔竦敬。子渐长，筑舍于外，购书命师教之。后产业益裕，舅姑将老附茔，选美丘，大为寿坎，松槚茂密，尽得其制。又为其夫创上腴田数百顷。水竹别墅，亭阁相望”。[③] 据南宋时刘克庄的记载，有一位叫王净慈的女性，“父西厅擢武举第七人，从军马司，卒金陵，素豪举，久客京华，孺人独与母居，课臧获、勤耕织，变贫窭为丰裕”。[④]

可见，富裕人家的女性参与的纺织活动除了“妇德”的精神意义之外，还有很多体现在经营与管理方面。她们组织婢仆进行生产活动，不局限于农业，还包括纺织。女性的纺织行为成为家庭经济的一个重要组成部分。

---

① （宋）孙应时：《烛湖集》卷十二《莫府君夫人墓志铭》，影印文渊阁《四库全书》本。

② 辛更儒：《杨万里集笺注》卷一三一《夫人左氏墓志铭》，第 5069 页。

③ （宋）文莹：《玉壶清话》卷五，北京：中华书局，1984 年，第 44 页。

④ （宋）刘克庄：《后村先生大全集》卷一百六十三《墓志铭·王孺人》，第 4173 页。

（四）女性在作坊模式中的纺织行为

宋代经济商品化的发展，使得更多家庭成为纺织品生产的“专业户”，在南方以家庭为经营单位的纺织业手工作坊非常普遍。宋绘《蚕织图》反映的就是女性集中在作坊中进行纺织劳作的场景（图6）①，以图中人物的服饰来判断，除谢神的一翁一妇外，其余均为庶民百姓。② 图画中的这些女性走出家门，受雇于人，从事专业的麻棉、丝纺织活动，通过出卖自己的劳动来维持生计，供养家庭。这种纺织行为带有明显的雇佣性质，经济性较强。

图6　宋绘《蚕织图》（局部），劳动者大部分是女性（黑龙江省博物馆藏）

如《蚕织图》中所反映的，很多女性为了生计问题走出家庭生产模式，开始了完全与农业生产相脱离的，带有雇佣性质的纺织劳动。在这些女性中，既有因努力经营而成为雇主的，也有因家境贫

---

① 林桂英、刘锋彤：《宋〈蚕织图〉卷初探》，《文物》1984年第10期。

② 林桂英、刘锋彤：《宋〈蚕织图〉卷初探》，《文物》1984年第10期。

困而沦为雇工的情形。如都昌县的一位女织工吴氏“为乡邻纺缉”，“日获数十钱”①；婺州根溪的“李姥”，“为人家纺绩，使儿守舍”②；兖州有一位被称为“贺织女”的贺氏，“其夫不肖，庸织以资之，所得值尽归其姑”③；永春大夫御史黄瑀对“负租而逃”的寡妇，“宽其期以召之，来则使之庸织于人，以渐偿所负”④。除了受雇于人出卖劳动的纺织行为，还有组织家中奴婢进行作坊式生产的。她们向进行纺织的奴婢支付报酬，成为雇主，带有明显的商业经营性质。如前文提到的李觏的母亲郑氏夫人雇佣他人进行纺织活动。⑤再如蒋氏夫人，“舅姑既没，府君实赖夫人经理其家，盖事常豫立，问奴以耕，而非春鸣之所惊，问婢以织，而非秋蚕之所促”。⑥这些女性将家庭中的纺织行为发展为雇佣他人劳作的经营模式，将纺织行为由家庭生产转化为参与社会发展的经济行为。

曾有学者认为，宋代女性的纺织行为不具有经济性质，理由是她们的制成品主要用于玩乐和家庭内部消化，没有转化成为商品。前文所举诸多实例证明，无论是普通百姓家庭中女性对纺织品的生产与售卖行为，还是富裕人家组织婢仆进行的带有雇佣性质的生产活动，其中一大部分制成品最终流向社会成为商品，参与了商品经济的流通。尤其是在带有雇佣性质的纺织行为中，无论是作坊主还是被雇佣的女工，都具有很强的经济性质。其纺织收入也成为家庭经济中的一个重要收入来源。故此，宋代女性的纺织行为具有很强

① （宋）洪迈：《夷坚志》补卷四《李姥告虎》，第1580页。

② （宋）洪迈：《夷坚志》补卷一《都昌吴孝妇》，第1555页。

③ （宋）李元纲：《厚德录》卷二，《丛书集成初编》第992册，第21页。

④ （宋）朱熹：《朱子全书·晦庵先生朱文公集》卷九十三《朝散黄公墓志铭》，第4284页。

⑤ （宋）李觏：《李觏集》卷三十一《先夫人墓志》，第358页。

⑥ （宋）陆佃：《陶山集》卷十六《蒋氏夫人墓志铭》，《丛书集成初编》第1931册，第180页。

的社会经济性，其纺织角色是家庭经济生活中非常重要的一个部分。

三、商业和服务业中的女性角色

宋代女性在商业领域表现得颇为活跃，“九市官街新筑城，青裙贩妇步盈盈”①，是她们从事商业活动的真实写照。尤其是南宋时期，商品经济高度发展，社会环境宽松，无论在思想上还是氛围上都给女性从事商业活动提供了可能与空间。在宋代，无论是城市还是乡村，很多女性都参与到商业经营活动中来。有的是经济目的较强的店铺式售卖，也有的是走街串巷对家庭剩余品和手工制成品的兜售处理。有规模较大的成熟式经营，也有勉强糊口的小本买卖。无论何种情况，宋代的商业环境中都能见到女性的身影。但不可否认的是，女性经商，虽然看似生机勃勃，在经营范围上却受到很大程度上的限制，经营种类也大致只涉及以下几个行业。

（一）旅店、客栈

旅店，又称“逆旅”“客舍”“客邸”“旅邸”。宋代旅店业发展繁盛，旅店规模有大有小，数量很多。旅店业的发展既为行旅之人提供了便利，也为经营者带来了利润，尤其是小规模的旅店，不需要投入大量资金成本，有几间房屋，再提供一些饮食即可，所以这种经营模式特别适合女性经营者。这些小规模的旅店，类似今天的民宿也就是家庭旅馆，大部分是夫妇利用自家民房共同经营，其中不乏女性独自经营的情况。

北宋元祐末年，安丰县“娼女”曹三香因为身患重病，无法康复，生活无着，“为客邸以自给”。② 猜想这种“客邸”是利用自家

---

① （清）厉鹗：《南宋杂事诗》卷一，杭州：浙江古籍出版社，1987 年，第 46 页。

② （宋）洪迈：《夷坚志》三志己卷三《支友璋鬼狂》，第 1324 页。

的空屋、提供简单饭食招待过往行人的小型家庭旅店。抚州一个姓赵的富翁，经过一家旅店，只有“一媪在门”①，后来在该老妇的安排下入住。毫无疑问，这位老妇人就是这家旅店的经营者。《夷坚志》中有不少对此类女性经营的旅店的描写。如“卢多逊南迁朱崖，逾岭，憩一山店。店妪举止和淑，颇能谈京华事”。② 连水民支氏“启客邸于沙家堰侧，夫妇自主之”。③ 京师缯商之女，嫁给燕脂坡下一家旅店店主，后来丈夫死了，便独自经营。④ 宋代女性对此类小规模旅店的经营活动，很难有赚取丰厚利润的机会，只能算是一种勉强糊口的谋生手段。

有些女性坚持正当经营旅店事业，有的女性却做着一些以旅店为场所，利用美色对男性旅客进行情色诈骗的非法勾当。《夷坚志》中载，南宋淳熙年间，有严州客商，携丝绢一担，至浦城、永丰一带经营。住在一村间旅店，“僦房安泊。留数日，主妇性淫荡，挑与奸通”。并告诉自己的丈夫说：“此客所将货物不少，而单独出路，可图也。”唆使丈夫杀了与之通奸的商人，埋尸山中，破案后，“店夫妇并伏诛”。⑤ 又如浙西一个赶考的士人，寓居杭州三桥黄家客店中。士人“每出入下楼，常见小房青帘下妇人往来，姿态颇美，心慕之”，打听得知，此妇人是某将官的家眷，将官外出三年，妇无以食，由店主施舍度日。士人很高兴，买食品送与妇人，妇人答谢以酒，如此往来两月之后，妇人以相会不便，邀士人到她处同居。同居两日之后，一个自称是妇人丈夫的人自外来，士人急窜，所带财

---

① （宋）洪迈：《夷坚志》补卷七《赵富翁》，第1614页。
② 丁傅靖辑：《宋人轶事汇编》卷四《卢多逊》，第124页。
③ （宋）洪迈：《夷坚志》补卷七《赵富翁》，第1614页。
④ （宋）洪迈：《夷坚志》丙志卷三《费道枢》，第384页。
⑤ （宋）洪迈：《夷坚志》乙志卷三《浦城道店蝇》，第205页。

物均遭席卷。[①] 这些女性以旅店为“行骗场所”，利用美色引诱行旅之人，进而席卷其资财甚至杀人越货。在旅店的经营活动中，还有夫妇伙同开黑店的情况。如商人朱四客在远行途中遇到盗匪，逃脱后“暮投旅邸”，后来才渐渐得知这家客邸原来是夫妇共同经营的黑店，与之攀谈的妻子“主媪”是明面上的旅店经营者，暗地里丈夫在山间打劫路经的商客。[②]

（二）采茶、售茶与茶肆

宋代饮茶之风盛行，茶叶的销售极为普遍，女性也投身于茶叶的售卖之中，在宋代的诗词中多有类似于“村女卖秋茶”[③] 这种情境的描写。

对茶的经营，从采茶开始。“白头老媪簪红花，黑头女娘三髻丫。背上儿眠上山去，采桑已闲当采茶。”[④] 对于普通农户来说，一年到头没有所谓的闲时，采桑结束，很多女性又会投入到采茶劳动中去。“前垄摘茶妇，顷筐带露收。艰辛知有课，歌笑似无愁。照水眉谁画，簪花面不羞。人生重容貌，那得不梳头。”[⑤] 这些采茶女没有居于闺门之内梳妆打扮的时间，而把全部精力投入到了劳动之中，劳作时的欢歌笑语中没有一点忧愁，可见在她们的观念之中，采茶已成为她们生活中的一部分。

采摘之后还要售卖。陆游在蜀时曾记载：“晚次黄牛庙，山复高峻。村人来卖茶、菜者甚众。其中有妇人，皆以青斑布帕首，然颇白皙，语言亦颇正。茶则皆如柴枝叶，苦不可入口。”[⑥] 陆游晚年闲

---

① （宋）洪迈：《夷坚志》补卷八《临安武将》，第 1620 页。

② （宋）洪迈：《夷坚志》三志己卷三《支友璋鬼狂》，第 1324 页。

③ （宋）陆游：《剑南诗稿校注》卷二《黄牛峡庙》，第 165 页。

④ （宋）范成大：《范石湖集·居士诗集》卷十六《夔州竹枝歌》，第 220 页。

⑤ （宋）舒岳祥：《阆风集》卷三《十妇词》，第 6 页。

⑥ （宋）陆游：《入蜀记》卷六，《丛书集成初编》第 3190 册，第 89 页。

居山阴，诗句中也频频出现卖茶女的形象：“园丁种冬菜，邻女卖秋茶”①，“邻父筑场收早稼，溪姑负笼卖秋茶”②，“园丁刈霜稻，村女卖秋茶”③。可见在宋代乡村女性的卖茶活动是十分普遍的。

除了这种简单的采茶售卖之外，茶肆成为女性商业经营的另一个选择。茶肆，又有“茶坊”“茶邸”之称，即是饮茶之地。开设在繁华城市之中的茶舍，多被士人们选择为品茶、会友、交流学问之地，商人也会在此进行商贸交易，而农村或是偏远山区的茶肆则多成为普通百姓消渴、解乏的休憩之地。

女性经营茶肆在宋代都市中相对来说是比较常见的。如“在五间楼前大街坐铺中瓦前，有带三朵花点茶婆婆，敲响盏，掇头儿拍板，大街游玩人看了，无不哂笑”。④ 东京有一家名为“一窟鬼茶坊”的茶肆，店主是一位叫“王妈妈”的女性。她的茶肆环境高雅，在当地名气很大，成为“士大夫期朋约友会聚之处”。⑤ 与之相比，社会上更多的还是女性靠开设小规模茶肆谋图生计的情况。福州城西有一对夫妇“家素贫，仅能启小茶肆”⑥，以此为营生来解决温饱。另有“平江茶肆民家”，夫妻二人因故离家多日，“但留幼女守舍”。⑦ 父母不在，小女儿留在家中独自照管茶肆，可见其定然也是平时经常参与家中经营与劳动，熟悉茶肆的操作管理流程的。

（三）酒肆和酒的零售

宋代实行严格的榷酒制度，以此征税来增加政府财政收入。在

---

① （宋）陆游：《剑南诗稿校注》卷四十七《晚秋村舍杂咏》之一，第2886页。

② （宋）陆游：《剑南诗稿校注》卷八十三《秋兴》之四，第4466页。

③ （宋）陆游：《剑南诗稿校注》卷三十一《幽居》之二，第2087页。

④ （宋）吴自牧：《梦粱录》卷十三《夜市》，《东京梦华录外四种》，北京：古典文学出版社，1956年，第242页。

⑤ （宋）吴自牧：《梦粱录》卷十六《茶肆》，第262页。

⑥ （宋）洪迈：《夷坚志》支癸卷八《游伯虎》，第1278页。

⑦ （宋）洪迈：《夷坚志》丙志卷十《茶肆民子》，第452页。

繁华都市的酒店中，人们讲究排场、风俗奢侈，酒宴规模较大。在乡村偏僻地界，也有酒肆经营，但相比于城市，生意要冷清很多。

在这种酒肆经营之风盛行的社会环境下，多有女性投身其中。叶适在《朱娘曲》中记述了一位女性酒店经营者的形象："忆昔剪茅长桥滨，朱娘酒店相为邻。自言三世充拍户，官抛万斛嗟长贫。母年七十儿亦老，有孙更与当垆否。后街新买双白泥，准拟设媒传妇好。由来世事随空花，成家不了翻破家。城中酒徒犹夜出，惊叹落月西南斜。桥水东流终到海，百年糟丘一朝改。无复欢歌撩汝翁，回首尚疑帘影在。"[①] 朱娘家世代以贩酒为生，至她时，虽用心经营，但仍难改败落命运。

宣和三年（1121 年），京师富家子任迴，外出春游"至近郊酒肆少憩"，恰好遇到"店姥"叮嘱家中其余女子照看店铺，之后任迴在这家环境优雅的酒肆滞留良久。[②] 任迴没有因为店家是女性而觉得惊奇，想必这种女性经营酒肆的情况在宋代较为普遍。又有一"当垆老媪"，因善酿美酒，吸引了很多士人"多饮其家"。[③]

除了开酒肆外，也有一些女性售卖散酒，称为"酤酒"。在川东地区，"有妇人负酒卖，亦如负水状"，沿街叫卖，甚至"长跪以献"。[④] 绍兴末年，鄱阳东尉弓手的妻子"寡居，以私酤为生"。[⑤] 还有一些女性凭借对酒的经营获利颇丰。士人赵鼎曾描写说："老妻酿酒知新法，稚子扶犁渐肯堂。心计此身归已足，不须辛苦问耕桑。"[⑥] 老妇人因为发明了新的酿酒技术，由售酒而获利颇丰，全家逐渐脱

① （宋）叶适：《叶适集·水心文集》卷六《朱娘曲》，第 56 页。
② （宋）洪迈：《夷坚志》补卷十六《任迴春游》，第 1698 页。
③ （宋）江少虞：《宋朝事实类苑》卷三十八《酒帘》，第 488 页。
④ （宋）陆游：《入蜀记》卷六，《丛书集成初编》第 3190 册，第 94 页。
⑤ （宋）洪迈：《夷坚志》支庚卷九《陈逍遥》，第 1207 页。
⑥ （宋）赵鼎：《竹隐畸士集》卷五，影印文渊阁《四库全书》本。

离了农业劳动。重庆大足石刻宝顶山大佛湾中有一组劝人戒酒的造像，其中一幅名为“沽酒夫妇”的造像（图7）就反映了宋代女性参与酿酒、售酒的社会现实状况（作者摄于2015年4月，下同）。

在宋代还有很多酒肆会雇佣妓女来推销卖酒。“浓妆妓女数十，聚于主廊槏面上，以待酒客呼唤。”① 此内容将在后文中详述。

图7　沽酒夫妇（重庆大足石刻宝顶山大佛湾第20号龛摩崖造像）

（四）食品经营与饭馆

宋代的饭店很多，有名气的食品经营品牌比比皆是。在《东京梦华录》《都城纪胜》《梦粱录》《武林旧事》等书中都有记载。经营饮食的流动商贩更是十分常见，品种也很丰富。中国传统观念认为从事饮食业本来就是“妇人之职”，女性从事食品制作与加工行业相比于其他行业来说更容易获得支持。

宋代女性经营饮食，最有名的当数宋五嫂，她本是“汴京酒家妇”，南迁后仍重操旧业。因做得一手好鱼羹，机缘巧合得以进献给太上皇，获得好评，后来“人竞市之，遂成富媪”。② 李婆婆经营的羹也得到了皇室的青睐，在淳熙五年（1178年）二月初一，“太上皇索素食”，就有了“李婆婆杂菜羹”。③ 还有叫作“曹婆婆肉饼”④

① （宋）吴自牧：《梦粱录》卷十六《酒肆》，第263页。
② 丁傅靖辑：《宋人轶事汇编》卷三《高宗》，第79页。
③ （宋）周密：《武林旧事》卷七《乾淳奉亲》，《东京梦华录外四种》，第469页。
④ （宋）孟元老：《东京梦华录》卷二《饮食果子》，《东京梦华录外四种》，第17页。

的特色小吃，也是当时小有名气的品牌。这些都是女性在食品经营行业中的成功典范。

除了这些流传至今的知名品牌故事之外，也有很多女性参与食品经营的事例，其经营状况因条件差异而大不相同。汴河边“有卖粥妪，日以所得钱置缻筒中，暮则数”。[①] 还有“鄂渚王氏，三世以卖饭为业。王翁死，媪独居不改其故”。[②] 这些小规模的经营虽获利不高，但也足以贴补家用。也有获利颇丰的，比如王八郎的妻子离婚后，带着女儿开始了独立生活，“买瓶罂之属列门首，若贩鬻者”，到女儿长大的时候，“所蓄积已盈十万缗”。[③] 还有一个叫董庆国的人，因战争背井离乡，后来买了一个女子做小妾，她“罄家所有”治家营生。“买磨驴七八头，麦数十斛，每得面，自骑驴入城鬻之，至晚负钱以归。率数日一出，如是三年，获利愈益多，有田宅矣。”这样有胆识的女性，被洪迈称赞为“侠妇人”。[④] 另有一类贫无所依的女性，会选择一些与饮食业相关，但成本更为低廉的调味品进行售卖。如鄂州民妇李二婆“居于南草市，老而无子，以鬻盐自给”。[⑤] 还有的女性会销售糖果之类的零食来谋生。如《梦粱录》中就记载了有“福公个背张婆卖糖”[⑥] 的，还有“吹糖麻婆子”。[⑦] 虽然食品的经营项目、规模和收益各有不同，但从整体来看，宋代女性在食品的经营活动中扮演着活跃的角色。

---

① （宋）郭彖：《睽车志》卷三，《丛书集成初编》第2716册，第27页。
② （宋）洪迈：《夷坚志》支甲卷八《鄂渚王媪》，第775页。
③ （宋）洪迈：《夷坚志》丙志卷十四《王八郎》，第484页。
④ （宋）洪迈：《夷坚志》乙志卷一《侠妇人》，第190页。
⑤ （宋）洪迈：《夷坚志》补志卷二十五《李二婆》，第1775页。
⑥ （宋）吴自牧：《梦粱录》卷十三《夜市》，第243页。
⑦ （宋）吴自牧：《梦粱录》卷十三《诸色杂货》，第245页。

（五）水产品、果蔬及畜产品的经营与售卖

在宋代，水产品已成为人们日常饮食中的一个重要组成部分。北宋东京“冬月，即黄河诸远处客鱼来”①，水产品的销售不因季节而停顿。南宋由于地理条件的优势，水产品的市场变得更加繁荣，女性经营者的身影也活跃起来。

《北山集》记载当渔翁捕鱼时，贩鱼妇就在塘边等待，“鸣榔时拨剌，挈网乱斓斒。贩妇贪趋市，渔翁喜动颜。输他鸥鹭饱，烟际不胜闲”。② 由于水产品的保鲜时间较短，所以销售的流动性很强。有些女性衣着褴褛，身上带着鱼虾腥臭味流动贩卖。如“粤女市无常，所至辄成区”，“一日三四迁，处处售虾鱼”。③ 有些卖鱼女还会走家串户，只为了在鱼虾腐坏之前尽快售卖掉。陆游曾回忆“买鱼日待携篮女”④，“鲜鲫每从溪女买”⑤。舒岳祥在诗中描写过一个辛苦劳作供丈夫饮酒取乐的女性形象：“江上提鱼妇，朝朝入市闉。守船留稚子，换酒醉良人。不著凌波袜，长垂溅水裙。浑家同泛客，笑杀别离津。”⑥ 这个“提鱼妇”应是长期生活在船上，以打渔贩卖为生，卖鱼换酒，营生艰难。

还有经营果蔬的。在商品经济的影响下，经营果蔬这类农副产品，可能利润更高。因此也就有一些女性放弃了循规蹈矩的粮食种植，转而经营水果蔬菜。在宋代文人笔下，有“橐里腰钱去”，在街

---

① （宋）孟元老：《东京梦华录》卷四《鱼行》，第130页。

② （宋）郑刚中：《北山集》卷二十二《民人钱抱僨公库东塘决水取鱼甚盛渔翁谓抱僨者贩妇则旁午于塘上者皆妇人也》，影印文渊阁《四库全书》本。

③ （宋）苏轼：《苏东坡全集》下《雷州八首》，北京：中国书店，1986年，第6页。

④ （宋）陆游：《剑南诗稿校注》卷六十五《家风》，第3677页。

⑤ （宋）陆游：《剑南诗稿校注》卷十五《幽居书事》之二，第1183页。

⑥ （宋）舒岳祥：《阆风集》卷三《十妇词》，第6页。

头买肉回家改善生活的“卖菜深村妇”[①]；也有“摘瓜陂上田，长麻已不识，满把青铜钱”的“水上卖瓜女”[②]；有“日卖果于市，得赢钱数十，以养母”的孝顺女儿[③]；还有“卖果实自给”的老年女性形象[④]。

养殖与屠宰业这种看似理应由男性来完成的工作中，也不乏女性的身影。大足石刻中有名的“养鸡女”造像（图8），就反映了女性养鸡的劳动生活。还有养鹅的，蒋弘谨的妻子史氏二十二岁时“生子五岁而寡”，她自誓不再嫁，在滆湖“育鹅自给”。[⑤] 也有养猪的，如姜七的祖婆“专养母猪，多育豚子，贸易与人”，一年贸易量有“数百”头之多，家业不薄。[⑥] 还有养羊的，“嘉祐末，一妇人牵羊，羊有三口，其二近耳，亦能食物。以青布幕之，得钱则褰以示人”。[⑦] 屠宰对体力要求较高，

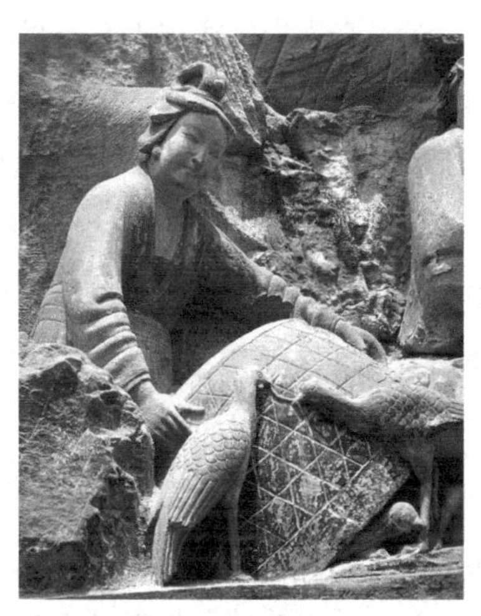

图8　养鸡女（重庆大足石刻宝顶山大佛湾摩崖造像）

① （宋）舒岳祥：《阆风集》卷三《十妇词》，第6页。
② （宋）梅尧臣：《宛陵先生集》卷三十二《杂词绝句十七首》，《四部丛刊初编》本。
③ （宋）郭彖：《睽车志》卷二，《丛书集成初编》第2716册，第17页。
④ （宋）洪迈：《夷坚志》乙志卷十一《米张家》，第275页。
⑤ （宋）史能之：《咸淳毗陵志》卷三十《纪遗》，《宋元方志丛刊》第3册，北京：中华书局，1990年，第3211页。
⑥ （宋）洪迈：《夷坚志》三志己卷二《姜七家猪》，第1313页。
⑦ （宋）范缜：《东斋记事》卷五，第41页。

如汤七娘“本屠家女，亦善宰牛，平生所害以百数”。[①] 这些女性形象虽多出自《夷坚志》，有志怪的成分，但也侧面反映出了当时女性在此类行业中活跃的形象。

（六）医药行业中的女性

药品在人们生活中占有不可或缺的地位，在宋代进行药品售卖的女性经营者很多。如“陈妈妈泥面具风药店”[②]、“丑婆婆药铺”[③]等，在夜市中也有“赏新楼前仙姑卖食药”[④]。《夷坚志》中记载，泉州“有妇人货药于市，二女童随之”。[⑤] 也有一些是带着药品走街串巷进行推销售卖的，如赵清宪病重，情况危急，遇到背筐售药的老妇人，恰好所售之药对赵之症，救了他一命。[⑥]

经营药品的时间久了，有些人对药理药性有所了解，可以对症下药。潭州宗师赵太尉家的一位乳母得眼疾将近二十年，偶然遇到卖药的老妇人经过，老妇人对她的病情进行了诊断：“此眼有虫，其细如丝，色赤而长，久则滋生不已。”于是老妇人“沿道掇丛蔓木叶，以手挼碎，入口中咀嚼，而留汁滓于小竹筒内”，[⑦] 对其进行治疗，后来痊愈。可见卖药妇人确实掌握一定的医术。

除此类“卖药妇”之外，宋代还有专门的女医生。随着医学的进步，宋人意识到女性身体的构造、机能和体质与男性有着很大差别。基于对妇科疾病的认识，女性医生开始职业化。女医生除了治疗妇科疾病外，也涉足其他社会性疾病的医治。周密记载了一位技

---

① （宋）洪迈：《夷坚志》补卷四《汤七娘》，第 1577 页。
② （宋）吴自牧：《梦粱录》卷十三《铺席》，第 240 页。
③ （宋）孟元老：《东京梦华录》卷三《大内西右掖门外街巷》，第 18 页。
④ （宋）吴自牧：《梦粱录》卷十三《夜市》，第 243 页。
⑤ （宋）洪迈：《夷坚志》甲志卷二十《一足妇女》，第 184 页。
⑥ （宋）洪迈：《夷坚志》乙志卷十四《赵清宪》，第 306 页。
⑦ （宋）洪迈：《夷坚志》再补《卖药媪治眼虫》，第 1793 页。

艺精湛的女医邢氏，她在为阁门官韩平原诊脉时，偶然发现反而韩夫人的身体堪忧，果然不出几个月，韩妻病故，正如邢氏所料。邢氏还被请去为丞相朱胜非的儿媳看病，邢氏认为朱家儿媳表现出来的症状只是小病，不用吃药也会自愈，但是如果她怀孕的话则会性命难保。朱家认为邢氏是危言耸听，无人相信，但结果却再次如邢氏所言，朱家儿媳死于怀孕时。周密评价她说："余谓古今名医多矣，未有察夫脉而知妻死，未孕而知产亡者。呜呼，神矣哉!"① 张生的妻子张小娘子以"用医著名"，是一位善治痈疽的女外科医生。传说被自称"皮场大王"的神人授以《痈疽异方》，因此医术精湛。苏州章县丞的祖母年过七旬，背上发了疽，张小娘子把痈疽挑破后放出脓血，并令其自然沉淀，经观察发现在沉淀物中有大量赤红如朱砂一般之物，于是诊断认为其痈疽是由于长期服食丹药而引起的中毒，无法医治。果不其然，章县丞的祖母确认自己在年轻时服用过不少丹药。②

另一位杭州冯氏妇人，也擅长妇科之术。宋高宗建炎时，曾入宫为孟太后疗疾，她的医术源于家族代代相传。清修《浙江通志·杭州府》记述：

> 昭乾自祥符初由汴徙杭州，多隐德，施予未常倦。有异人乞斋，郭膳之。潜遗牡丹花三朵，履几上而去。追询之，曰："若累世隐德，故来相报。花上书妇人症十三方，若子孙世世用之无穷。"如法试之，无不奇验，遂为妇人医。郭氏之以医名，自昭乾始，三传至曾孙时义。高祖建

① （宋）周密：《齐东野语》卷十八《近世名医》，第334页。

② （宋）洪迈：《夷坚志》支乙卷五《张小娘子》，第828页。

炎元年，孟太后疾，召医，时义以母冯氏应召，依牡丹方治之，脱然愈。封安国夫人，赐田、赐葬、赐药碾如铁舟，然又赐第海昌，赐国姓，至今称赵郭里。①

郭昭乾家传的妇科医方，来自他人传授，家族的医技，多在男性间传承，其孙媳妇冯夫人的医术，也应学自家中习医的男性成员。会稽萧山还有一位懂按摩的女性武元照②，另有京师巫医张氏“灯焰烧指，针疗诸疾，多效于用针者”③。这些女性能将自身所习之医术用于治病救人，在宋代社会中实属难能可贵。

在古代中国，医与巫之间总是存在一些联系。一些医书中载有不少灵符，与女性妇产有关。这些灵符大多数是用来催生的，不过它们的用途不同，有的是治疗难产的，有的是针对胞衣不下的，还有的是应对胎儿横生的。不仅民间如此，宫廷中也出现过女性“以巫为医”的事例。《宋史·后妃传》中载：“会后女福庆公主疾，后有姊颇知医，尝已后危疾，以故出入禁掖。公主药弗效，持道家治病符水入治。”④ 这位女性，巫医难分，在公主染病、各种医治手法“弗效”的情况下，以巫术为疗。

除此之外，医药行业中还有一种较为特殊的群体，即“乳医”。由于女性生产的特殊性，乳医几乎全部为女性。关于乳医的详细内容，后文将专门作为一个行业类型详述。

（七）娱乐业中的女性身影

女性伎艺人和妓女是宋代娱乐业中非常重要的一部分。宋代商

① （清）嵇曾筠等修、沈翼机等纂：《浙江通志》卷一九六《方技上·杭州府》，影印文渊阁《四库全书》本。

② （宋）洪迈：《夷坚志》丁志卷十四《武真人》，第653页。

③ （宋）江休复：《嘉祐杂志》，影印文渊阁《四库全书》本。

④ （元）脱脱等：《宋史》卷二百四十三《后妃下·哲宗昭慈圣献孟皇后》，第8633页。

品经济发达，人们对精神上的享乐要求也相对较高，尤其是有钱人家和官宦人家常常豢养这种特殊身份的女性来供其玩乐。宋代的娼妓数量是相当惊人的，她们甚至有专门的户籍，被称为妓籍。以东京为例，北宋初年在这个百万人口的城市里，妓女数量竟达近万计。到了北宋末年，妓女人数更多，色相等级与生活状况的悬殊差异也很大。无论是靠伎艺表演谋生还是靠出卖色相、肉体营生的女性，她们自身就沦落为社会中供人消遣娱乐的“特殊商品”。

1. 伎艺女性

由于女性善于歌舞的天性，宋代从事娱乐伎艺的人中女性居多。她们或为官府乐部的艺人，或者自发组成民间班组到处表演。在重庆大足石刻中就有吹笛女与女乐童的造像（图 9、10）。无独有偶，在河南省禹州市出土的白沙宋墓中，同样出现了一幅女性伎艺人的团体性表演场面的壁画（图 11），可见这种女性的伎乐者形象已深入宋人心中。

图 9　吹笛女（重庆大足石刻宝顶山大佛湾第 17 号龛摩崖造像）

图 10　女乐童（重庆大足石刻宝顶山大佛湾摩崖造像）

图 11　河南白沙宋墓第一号墓前室东壁壁画①

史料中对女性的伎乐艺人形象也多有记载，如“慈明杨太后养母张夫人善声”，被引入慈福宫“为乐部头，后方十岁，以为杂剧孩儿”。② 再如《梦粱录》中记载，每逢节日，在临安的大街上，常能见到“有乐人三五为队，擎一二女童舞旋，唱小词，专沿街赶趁。元夕放灯，三春园馆赏玩，及游湖看潮之时，或于酒楼，或花衢柳巷妓馆家祗应，但犒钱亦不多，谓之荒鼓板”。③ 如表 1 所反映出来的，从事这类娱乐伎艺的女性可谓不乏其人，在宋代瓦舍勾栏的各种伎艺中出现了不少名角。宋代的绘画与出土资料中表现的此类女性也很多。如图 12《杂剧打花鼓图》中的二角色皆由女性扮演；图 13“器乐演奏”中形象均为女性，并涉及了扁鼓、齐鼓、横笛、笙、拍板等乐器；图 14“乐舞”表现的是宋代女性伎艺人在勾栏上表演乐舞的情景，两名头戴软脚花冠的舞女形象身姿款款，含蓄端庄；图 15“戏剧”表现的也是宋代勾栏中男女搭戏形式的戏剧表演。

---

① 宿白：《白沙宋墓》，北京：文物出版社，1957 年，第 35 页。

② 丁傅靖辑：《宋人轶事汇编》卷三《杨后》，第 95 页。

③ （宋）吴自牧：《梦粱录》卷十九《社会》，第 300 页。

表1　诸色伎艺人①

伎艺项目	人　物
棋待诏	沈姑姑
演史	张小娘子、宋小娘子、陈小娘子
说经诨经	陆妙慧、陆妙静
小说	史惠英
影戏	李二娘、王润卿、黑妈妈
小唱	萧婆婆
嘌唱赚色	施二娘、时春春、时佳佳、钱寅奴
鼓板	陈宜娘
杂剧	慢星子、萧金莲、王双莲
杂扮	卓郎妇
唱京词	蒋郎妇、吴郎妇
诸宫调	高郎妇、黄淑卿、王双莲
唱耍令	郭双莲、路淑卿
覆射	女郎中
撮弄杂艺	女姑姑
女飐	韩春春、绣勒帛、锦勒帛、赛貌多、侥六娘、后辈侥、女急快
打弹	林四九娘
射弩儿	林四九娘

图12　宋绘《杂剧打花鼓图》（故宫博物院藏）

①（宋）周密：《武林旧事》卷六《诸色伎艺人》，第453—466页。

图13　器乐演奏（出土于泸县石桥镇新屋嘴村一号墓）①

图14　乐舞（出土于泸县石桥镇新屋嘴村一号墓）②

---

① 四川省文物考古研究所等编著：《泸县宋墓》，北京：文物出版社，2004年，第136—137页。

② 四川省文物考古研究所等编著：《泸县宋墓》，第138、140页。

图15　戏剧（出土于泸县石桥镇新屋嘴村一号墓）①

除了参与这些丰富的表演形式，出人意料的是，还有女性从事一种特别的娱乐业——相扑，像男人一样格斗，供人们赏乐。司马光就曾记载过这一项运动："右臣窃闻今月十八日圣驾御宣德门，召诸色艺人，令各进技艺，赐与银绢。内有妇人相扑，亦被赏赉。"②不仅宫中有女子相扑，在闹市市集也有。"瓦市相扑者，乃路岐人聚集一等伴侣，以图摽手之资。先以女飐数对打套子，令人观睹，然后以膂力者争交。"杭州城里有"女占赛关索、嚣三娘、黑四姐女众，俱瓦市诸郡争胜，以为雄伟耳"。③还有专门的"女厮扑张椿等十人"④，也是靠供人消遣娱乐谋生的。

2. 妓女

随着社会生产力的发展，有一部分人从农业、手工业等生产领域分离出来，在城市中生活。有些既没有田地，也没有一技之长的

① 四川省文物考古研究所等编著：《泸县宋墓》，第142—144页。

② （宋）司马光：《司马光奏议》卷六《论上元令妇人相扑状》（嘉祐七年正月十八日上），第62页。

③ （宋）吴自牧：《梦粱录》卷二十《角抵》，第312页。

④ （宋）周密：《武林旧事》卷一《圣节》，第357页。

女性，不得不以一种特殊的方式谋得生存，她们即是操持皮肉生意的娼妓。宋代的妓女大致可以分为四种：营妓、官妓、家妓和市井私妓。营妓的活动空间一般只在军队当中，是朝廷为娱乐军士所设，她们大多不对外接客。《西湖游览志余》记载：“唐宋间，郡守新到，营妓皆出境而迎。”① 家妓一般是官僚或者富户人家豢养的私人“财物”，主要供家主及其宾客玩乐。这两类妓女的社会活动性不强，不做过多分析，在此主要讨论官妓与市井私妓的社会活动。

官妓和市井私妓主要是面对社会从事娱乐服务的，其中官妓主要参与官员的各种聚会和迎送活动。《梦粱录》中有载，凡官府公筵、三学斋会、缙绅同年会、乡会等聚会，“皆官差诸库角妓祗直”。②《癸辛杂识》中也提到：“学舍燕集必点妓”。③ 可见迎新送故与宴请聚会都离不开官妓的参与。

官妓另一任务就是在官酒库中劝酒售酒。《梦粱录》中记载：“官私妓女新丽妆着，差雇社队鼓乐，以荣迎引”，“每库设官妓数十人”，“诸库皆有官名角妓就库设法卖酒，此郡风流才子欲买一笑则径往库内点花牌”。④ 节日期间，诸酒库也以官妓售酒。“自景定以来，诸酒库设法卖酒，官妓及私名妓女数内，拣择上中甲者，委有娉婷秀媚，桃脸樱唇，玉指纤纤，秋波滴溜，歌喉宛转，道得字真韵正，令人侧耳听之不厌，官妓如金赛兰、范都宜、唐安安、倪都惜、潘称心、梅丑儿、钱保奴、吕作娘、康三娘、桃师姑。”⑤ 在酒楼中“元夕诸妓皆并番互移他库，夜卖各戴杏花冠儿，危坐花架，

① （明）田汝成：《西湖游览志余》卷十六，上海：上海古籍出版社，1958年，第299页。
② （宋）吴自牧：《梦粱录》卷二十《妓乐》，第309页。
③ （宋）周密：《癸辛杂识》后集《学舍燕集》，北京：中华书局，1988年，第66页。
④ （宋）吴自牧：《梦粱录》卷二《诸库迎煮》，第149页；卷十《点检所酒库》，第214页；卷二十《妓乐》，第309页。
⑤ （宋）吴自牧：《梦粱录》卷二十《妓乐》，第310页。

然名娼皆深藏邃阁，未易招呼”，“每处各有私名妓数十辈，皆时妆袨服，巧笑争妍”。[①] 还有歌馆“莫不靓妆迎门，争妍卖笑，朝歌暮弦，摇荡心目”，“或欲招他妓……前辈如赛观音、孟家蝉、吴怜儿等，甚多，皆以色艺冠一时，家甚华侈，近世目击者，惟唐安安，最号富盛”。[②] “所曰庵店者，谓有娼妓在内，可以就欢，而于酒阁内暗藏卧床也，门首红栀子灯上，不以晴雨，必用箬盖之，以为记认。其他大酒店，娼妓只伴坐客而已，欲买欢则多往其居。”[③] 各路妓女皆为酒库卖酒而积极营生。

私妓的生活、服务场所一般是在妓院，她们中的很大一部分是被当作“物品”卖给妓院经营者的。这些私妓也同官妓一样，应召参与到官府酒库的售酒活动中。南宋“天府诸酒库”，每逢酿制了新酒，便会大肆宣传，“各用妓弟，乘骑作三等装束：一等特髻大衣者；二等冠子裙背者；三等冠子衫子裆裤者。前有小女童等，及诸社会，动大乐迎酒样赴府治，呈作乐，呈伎艺杂剧，三盏退出，于大街诸处迎引归库”。[④]《东京梦华录》记载“凡京师酒店，门首皆缚彩楼欢门，唯任店入其门，一直主廊约百余步，南北天井两廊皆小阁子，向晚灯烛荧煌，上下相照，浓妆妓女数百，聚于主廊槏面上，以待酒客呼唤，望之宛若神仙”。[⑤] 作者用“宛若神仙”的艳羡口吻来形容妓女，可见并无同情、鄙弃之情。私营的茶楼酒肆也是市井私妓的主要活动场所。如在南宋杭州娱乐业最发达的花月楼、熙春楼、南瓦子、抱剑营、融和坊、太平坊、巾子巷、狮子巷等地，

① （宋）周密：《武林旧事》卷六《酒楼》，第441页。

② （宋）周密：《武林旧事》卷六《歌馆》，第443页。

③ （宋）耐得翁：《古杭梦游录》，北京：中国书店，1986年，第43页。

④ （宋）耐得翁：《都城纪胜·酒肆》，《东京梦华录外四种》，第93页。

⑤ （宋）孟元老：《东京梦华录》卷二《酒楼》，第15页。

“酒客登门，则有提瓶献茗者，谓之点花茶。登楼甫饮一杯，则先与数贯，谓之支酒”。[①] 还有一些“下贱妓女”，为了赚钱，“不呼自来，筵前祗应，临时以些少钱会赠之，名‘打酒座’，亦名‘礼客’”。[②] 在宋代不仅卖酒、娱乐等活动需要妓女，平常人家的嫁娶活动也少不了借她们来助兴。接亲队伍“雇借官私妓乘马，及和倩乐官鼓吹”，“前往女家，迎娶新人”，到达之后“乐官妓女及茶酒等人互念诗词，拦门求利市钱红”，准备停当“方请新人下车，一妓女倒朝车行捧镜，又以数妓女执莲炬花烛”，“命妓女执双杯”开始敬酒。[③] 宋绘《清明上河图》中被称作“红衣美人”的局部图景（图16）中，穿红衣的妓女在正店酒楼门前，将手搭在狎客的肩膀上与之调笑，这可以说是宋代社会妓女行业繁盛的体现。可见宋代妓女是城市生活中相当活跃的群体。

图16　宋绘《清明上河图》（局部）“红衣美人”（藏于故宫博物院）

① （宋）吴自牧：《梦粱录》卷二十《妓乐》，第309页。
② （宋）吴自牧：《梦粱录》卷十六《分茶酒店》，第264页。
③ （宋）吴自牧：《梦粱录》卷二十《嫁娶》，第304页。

宋代妓女行业的繁盛，究其原因，除了社会上流士大夫阶层普遍的享乐与狎妓之风盛行外，冗兵问题也是其中之一。数量众多的士兵多活动于城市边缘区，尤其以北宋汴京和南宋临安为多。他们成为宋代城市居民中的一个特殊群体，类似“游民”，是一个庞大的、有娱乐需求的“有闲群体”。他们没有家庭（或家庭远在外地），没有耕作劳业，赌博、豪饮、狎妓成为他们生活娱乐的兴趣之所在，勾栏瓦肆则自然而然地成为他们消遣娱乐的最佳之地。这个群体的存在是宋代城市中妓女娱乐业繁盛的重要原因之一。①

在这种特殊的社会环境中，很多女性因迫于生计而沦落风尘，操持皮肉生意。她们中有一部分是自甘堕落，自流为娼的；还有一部分是因特殊的境遇不得已而为之。如著名的娼妓温琬，原姓郝，本是清白人家的女儿。父亲郝逵在外经商，至和年间不幸去世。因为家中没有男性子孙，又一贫如洗，所以母亲刚生下温琬之后便把她寄养在妹夫家中，自己居住在旅馆之中“流为娼妇”。等到温琬十四岁的时候，本打算嫁与张氏，不料其母亲召之还家。温琬出于一片孝心，无奈回家与母亲同住，最终不免亦流为娼妓。② 还有一类女性是被家中主母卖到娼楼的。如南宋年间，董元广在前妻生下女儿死亡后，又娶了填房。不久董元广也因病去世，他的继室就将前妻留下的一个女儿以七十千钱卖到了妓院。③

当然，并不是所有的女性在面对这样的生活困境时都愿意放下尊严，流为娼妓。更多人崇尚贞洁，即使在家人的逼迫之下也不愿沦落风尘，甚至宁死也不自甘堕落。如嘉州娼家女郝娥，被母亲强

① 凌郁之：《走向世俗》，北京：中华书局，2007 年，第 236 页。

② （宋）刘斧：《青琐高议》后集卷七《温琬》，上海：上海古籍出版社，2012 年，第 107 页。

③ （宋）洪迈：《夷坚志》支志戊卷九《董汉州孙女》，第 1122 页。

逼做娼妓，誓死不从，“自投江以死，乡人谓之‘节娥’云”。[①] 诸如此类的事情，在宋代也不算少见。

（八）与家庭经济生产相关的其他副业

宋代许多女性的纺织品等自产品不仅仅用于家庭的消费，有时候还将这些家庭制成品与市场联系起来，进行商品性售卖。“此身非不爱罗衣，月晓霜寒不下机。织得罗成还不着，卖钱买得素丝归。”[②]“机声咿轧到天明，万缕千丝织得成。售与绮罗人不顾，看纱嫌重绢嫌轻。”[③] 又如曾丰《自是妾之罪》写道：

> 妾生昭君村，国色少所逮。固羞著红紫，亦懒傅粉黛。少时姆教严，稍稍攻组绘。针机参太玄，线道得三昧。坐贫姑遛迁，不就村市侩。揭去长安游，几入未央卖。其如主市司，所好与妾背。一金阳不酬，翻谓索价大。永言妾所挟，未道美无对。犹欺西蜀锦，岂数南海贝。阙价诚不廉，其理独何怪。况妾所索价，似亦非分外。售否委自然，于妾无利害。古女不上工，肯犯出阃戒。追思妾初谋，轻发良独悔。雅负倾城姿，来为倚市态。人得贱视之，自是妾之罪。[④]

这首诗描绘了一位女性在出卖自产纺织品时受到“主市司”百般刁难的过程。有的老年女性参与到卖绢活动中，却被游手好闲的恶徒所骗。“钱唐游手数万，以骗局为业。……有少年高价买老妪绢，引

① （元）脱脱等：《宋史》卷四百六十《列女传·郝节娥》，第13479页。
② 北京大学古典文献研究所编：《全宋诗》卷六百五十七《织女》，第7713页。
③ 北京大学古典文献研究所编：《全宋诗》卷二千一百八十六《机女叹》，第38223页。
④ 北京大学古典文献研究所编：《全宋诗》卷二千五百九十八《自是妾之罪》，第30177页。

令坐茶肆内，曰：‘候吾母交易。’少焉，复高价买一妪绢，引坐茶肆外，指约：‘内吾母也，钱在母处。’取其绢。又入附耳谓内妪曰：‘外吾母也，钱在母处。’又取其绢出门，莫知所之。”[①] 为了避免在交易中处于弱势、被骗的情况，有的女性选择与丈夫一起经营，如宗立本“与妻贩缣帛抵潍州”。[②] 此类行为在前文中已经论及，本处不再赘述。

宋代女性参与的社会行业很多，涉及范围也相当广泛。除前文所详述的农业、纺织业、商业、娱乐业等几大行业之外，宋代史料中还有对社会底层从事细碎交易的贩妇形象的描写。但总体来说此类行为的记述相对较少，不具有社会代表性，只能在一定层面反映宋代女性的生活状态。比如“邑有贩妇”，“以卖花粉”为业[③]；还有“小楼一夜听春雨，深巷明朝卖杏花”[④] 的卖花女等女性小商贩形象；有开杂货铺挣钱糊口的，如一个姓沈的老妇人在荒残小邑信阳军罗山县“启杂店于市，然亦甚微”[⑤]；还有贩卖杂碎物品聊以持家的，如开封民妇朱氏“家贫，卖巾履簪珥以给其夫”。[⑥] 湖州乌墩镇的沈氏婢，二十岁开始为奴，时逢瘟疫横行，主公主母病故，留下一双十多岁的孤女。沈氏婢终身未嫁，“佣舂旁舍，或织草履与缝纫之事，得钱给二女”。[⑦] 还有的女性凭借自己灵巧的双手或是特殊的技能参与社会经济活动。比如在河津地带，有的女性从事撑船撑渡业：“河津女娟者，可与壮士俦。简子欲南渡，谁人为撑舟？娟奋

① （宋）陈世崇：《随隐漫录》卷五，上海：上海古籍出版社，2012 年，第 165 页。

② （宋）洪迈：《夷坚志》甲志卷二《宗立本小儿》，第 12 页。

③ （宋）洪迈：《夷坚志》丙志卷九《郑氏犬》，第 444 页。

④ 钱锺书：《宋诗选注》，北京：生活·读书·新知三联书店，2002 年，第 293 页。

⑤ （宋）洪迈：《夷坚志》三志壬卷六《罗山道人》，第 1508 页。

⑥ （元）脱脱等：《宋史》卷四百六十《列女传·朱氏》，第 13479 页。

⑦ （宋）何薳：《春渚纪闻》卷四《杂记·施妳婆》，北京：中华书局，1983 年，第 67 页。

红袂起，姿容盛优柔。长篙与风快，大翼如云浮。顷刻易千里，恬然济中流。”① 又有“衡州陈道人以磨镜为业，中年忽盲，但日凭妻肩行于市”，后来“独令妻自行磨镜以取给，而闭户端坐”。② 也有“净慈寺前瞽妪，揣骨听声，知贵贱”，替人算卦占卜。③ 宋代女性参与的社会行业可谓种类繁多，她们走向社会，参与经济活动最直接的动机就是为了谋生。生计是平民阶层女性面临的最大的问题，她们凭借一己之力积极活跃于社会经济的舞台。

除了这类比较繁杂的社会性行业之外，在一些对技术要求较高的手工业专业领域，也不乏女性的身影。如在刻版制墨业中，女性小手工业者的形象是专业而活跃的。宋刻《碛砂藏》中的《华严经》“道”字函基本上是由俞氏一家来刻版的，该函共有刻版者十四人，即：俞宗（鱼宗）、俞有、鱼宣、鱼奇、俞原、鱼母唐三娘、鱼李氏、严氏、鱼乙郎、鱼保奴、陈昂、徐民、崔松。从记载中的姓名来看，其中至少有三位是女刻工。除“道”字函外，这些女刻工还刻了“垂”字函、“问”字函、“坐”字函。可见俞氏一家的女刻工在其家庭手工作坊中占有重要作用。④

在一些名匠之家，有些女性能秉承父业，自幼学得一些专业技术知识。据《归田录》载，著名建筑家预浩之女自幼耳濡目染，学习建筑技术，“年十余岁，每卧，则交手于胸，为结构状，如此逾年，撰成《木经》三卷。今行于世者是也”。⑤ 一名叫舒娇的女瓷塑艺人，其父亲舒翁为一代瓷塑高手。舒娇自小从父学艺，瓷塑技术

---

① （宋）吕陶：《净德集》卷二十九《河津女》，《丛书集成初编》第1924册，第305页。

② （宋）洪迈：《夷坚志》丁志卷二十《陈磨镜》，第707页。

③ （宋）陈世崇：《随隐漫录》卷五，第165页。

④ 罗树宝：《中国古代印刷史》，北京：印刷工业出版社，1993年，第179页。

⑤ （宋）欧阳修：《归田录》卷一，北京：中华书局，1981年，第1页。

青出于蓝而胜于蓝。有人称赞道："宋时有五窑，舒翁为玩具，烧着最佳。翁之女号舒娇，尤善。"① 宋真宗时，有一著名木雕工艺家严氏，家居余杭，其木雕工艺自成一派，被选为供品进奉宫廷。宋真宗极为欣赏，赐严氏"技巧夫人"的美名。② 在制墨业中，有名的潘衡墨的传承人也是他的女儿。③

总而言之，在形形色色的社会行业之中，总是少不了女性的身影。女性已成为宋代社会商业领域中不可忽视的一支力量，她们在商品经济浪潮影响下广泛参与到农业、手工业、商业和服务业活动之中，并且对社会和家庭经济起到重要作用。

四、特殊的女性行业

（一）媒婆

中国古代婚姻要遵"父母之命，媒妁之言"，自唐代起就有规定"为婚之法，必有行媒"④，将男女婚姻由媒人撮合作为法定条件。宋承唐律，《宋刑统》中也有类似的规定。《家范》中也提到"男女非有行媒不相知名"。媒婆做媒成了男女婚嫁中必不可少的环节，所以无论是都市、城乡还是农村，媒婆成为人们社会生活当中不可缺少的一种角色。

媒有官媒和私媒之分。官媒是官府登记在籍的媒人。《萍州可谈》中记载："宗女既多，宗正立官媒数十人掌议婚。"⑤ 宋元话本小说《花灯轿莲女成佛记》中讲述了李押录的儿子李小官人因暗恋

---

① 转引自梁凤荣：《宋代妇女的独立意识》，《郑州大学学报》1995 年第 5 期。

② 转引自梁凤荣：《宋代妇女的独立意识》，《郑州大学学报》1995 年第 5 期。

③ （元）陆友：《墨史》卷中，《丛书集成初编》第 1495 册，第 44 页。

④ 《唐律疏议》卷十三《为婚嫁妄冒》，上海：上海古籍出版社，2013 年，第 214 页。

⑤ （宋）朱彧：《萍洲可谈》卷一《富家赂宗室求婚》，上海：上海古籍出版社，2012 年，第 12 页。

张待诏家的女儿莲女，李押录“便请两个官媒来”去张待诏家说亲事。① 《东京梦华录》中还给媒婆这个行业的女性分了几类等级："其媒人有数等，上等戴盖头，着紫背子，说官亲宫院恩泽。中等戴冠子，黄包髻，背子，或只系裙，手把青凉伞儿，皆两人同行。"②这说的大概就是官媒，她们一般集中在都城或规模较大的城市。《清明上河图》中有一个局部被后人命名为“红娘落轿”（图17），轿中女子挑帘观街，头上戴的花冠是一种用绢帛做成花朵形状的头饰，这是媒婆的标志性装束。结合宋代媒婆的等级来分析，能有如此排场的媒婆，大概也是官媒的形象。但是可能由于宋代官媒的身份比较特殊，做媒的大多数是社会地位较高的家庭的男女婚嫁之事。她们参与社会生活不如私媒普遍，所以宋代关于官媒的史料记载相对少见。总的来说，在史料中反映出来的一般平民百姓的婚姻，主要还是请私媒来做。

图17 宋绘《清明上河图》（局部）“红娘落轿”（故宫博物院藏）

---

① （明）洪楩：《清平山堂话本》，《雨窗集》上，长沙：岳麓书社，2014年，第114页。
② （宋）孟元老：《东京梦华录》卷五《娶妇》，第31页。

《东京梦华录》和《梦粱录》中对男子娶妇和女子出嫁的过程有比较详细的记录，在整个婚嫁过程中的很多礼仪、活动都必须有媒婆参加。由此可以看出媒婆在促成一桩婚姻中的辛劳，所以其酬劳也是必不可少的。除了付酬劳外，女方还需要额外对媒婆赠予一定的谢礼。《梦粱录》中就讲到："今富家女氏既受聘送，亦以礼物答回，以绿紫罗双匹、彩色缎匹、金玉文房玩具、珠翠须掠女工等，如前礼物。更有媒氏媒箱、缎匹、盘盏、官楮、花红礼合惠之。"①《快嘴李翠莲》中记载翠莲出嫁上轿时说："抬轿的合五贯，先生媒人两贯半。收好些，休嚷乱，吊下了时休埋怨。这里多得一贯文，与你这媒人婆买个烧饼，到家哄你呆老汉。"② 当然，这里所说的这些礼金，都不是对媒婆支付的正式酬劳，而仅仅是女方给媒婆的一种礼仪上的答谢。媒婆的主要收入"酬媒钱"主要还是由男方家来支付的。

宋人笔记、话本小说赋予了媒婆伶牙俐齿的形象。她们能把黑的说成白的，把白的说成黑的，在保媒拉纤的过程中唯利是图、骗取双方钱财，是一种为了钱财而葬送青年男女婚姻幸福的负面形象。这种形象上的负面影响甚至沿传至今，现代戏剧中的媒婆依然多是丑角形象，但这却恰恰从反面反映出了媒婆形象在宋代社会的深入人心。

（二）乳母

宋代的乳母，又称为"乳媪"或者是"乳婢"。有的是替他人哺育孩子的奶妈，还有的是替别家照料婴孩的保姆。这种职业只有女性担任，性别特性很强。她们广泛受雇于皇室、宗室贵族、官僚

---

① （宋）吴自牧：《梦粱录》卷二十《嫁娶》，第304页。

② （明）洪楩：《清平山堂话本》卷二，第35页。

士人、地主商人家庭，在社会上是有一定数量的特殊群体。相较于其他婢女来说，她们在“三父八母服制之图”① （图 18）中位列“八母”之一，在主人家中拥有相对较高的地位。

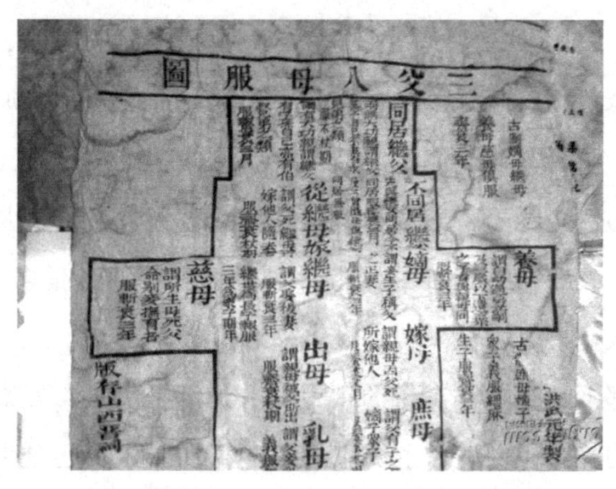

图 18　三父八母服制之图

由于乳母对婴孩具有哺育之情，长期的照料也使乳母和孩子之间产生很深的感情，乳母经常被孩子以母相称，在主人家地位较高。特别是在皇室贵族，很多乳母甚至享有封号，待遇很高。甚至还有一些乳母利用与主人的特殊关系，做出一些不轨行为，为他人提供庇佑。史料中记载皇室贵族雇佣乳母的事例是数不胜数，但经济性不强，故不多赘言。

人是有血有肉的感性动物，对于哺育自己、照顾自己、陪伴自己的乳母，很多人都抱有感激和孝敬之情，如苏轼对他的乳母任氏便是如此。苏轼曾在任氏去世后，深情地为其撰写了一篇墓志铭：

① （宋）车垓：《内外服制通释》卷一《五服诸图》，《丛书集成续编》第 9 册，上海：上海书店出版社，1994 年，第 2 页。

> 赵郡苏轼子瞻之乳母任氏，名采莲，眉之眉山人。父遂，母李氏。事先夫人三十有五年，工巧勤俭，至老不衰。乳亡姊八娘与轼，养视轼之子迈、迨、过，皆有恩劳。从轼官于杭、密、徐、湖，谪于黄。元丰三年八月壬寅，卒于黄之临皋亭，享年七十有二。十月壬午，葬于黄之东阜黄冈县之北。
>
> 铭曰：生有以养之，不必其子也。死有以葬之，不必其里也。我祭其从与享之，其魂气无不之也。[①]

苏轼的乳母本是其母亲的婢女，随苏轼的母亲嫁到苏家，成为苏轼及其姊的乳母，后又帮助抚养了苏轼的三个儿子。苏轼与其乳母的感情可谓深厚，苏轼为其养老送终，也算是担当了“生有以养之，死有以葬之”的儿子的责任。为乳母撰写墓志铭，苏轼并不是特例。单州司户参军阎德基家的乳母齐氏，抚养了他的第二个儿子。不幸儿子早逝，齐氏便跟随阎的女儿嫁与徐州知州杜纯，“又为杜氏抚养其稚”，并帮助阎氏将杜纯前妻所生子女嫁娶。杜家人“待之甚礼”。齐氏死后，杜纯为其发丧，将其“葬于杜氏墓侧”。[②] 还有晏元献家的“老乳媪燕氏出入禁中，在晏氏数十年，一家颇加礼。既死，犹以时节祭之”。[③] 袁燮为其父袁文所撰的墓表中说，建炎间金兵南略时袁文刚满十一岁，在逃避金兵过程中，全赖乳母范氏的保护才得以生存。而且范氏还将袁家“阖门四千亩田契囊以自随，无所遗失”，可谓功劳至巨。在范氏年老之后，袁氏一家“奉惟谨”，奉养

① （宋）苏轼：《苏轼文集》卷十五《乳母任氏墓志铭》，北京：中华书局，1986 年，第 473 页。

② （宋）晁补之：《济北晁先生鸡肋集》卷六十六《齐氏墓碣》，《四部丛刊初编》本。

③ （宋）洪迈：《夷坚志》甲志卷十六《晏女媪》，第 142 页。

范氏至八十六岁而终。[①] 这类女性大部分因家中贫困，不得不抛弃自家婴孩而成为富户家的乳母，在孩子长大后或回家耕种或留下来成为女佣。如南城邓礼家生了孩子，“雇田佣人周仆妻高氏为乳母”[②]；建州丰国监李元佐家生了女儿，“买民妻陈氏为乳母”[③]；重义郎李枢“妻之乳媪，好以消夜图为博戏”[④]；东平梁氏的乳母“崔婆，淄州人，为宣义郎元明乳母”[⑤]。“乳母”在宋人笔记中的记载可谓不胜枚举，可见女性作为乳母这一行业在宋代社会确实较为普遍，并呈现出职业化的趋势。

在宋代，遇到灾荒年景时，女性还会受朝廷和地方官府的雇佣，来哺乳被遗弃的婴孩。宋朝建立不久，最高统治者为稳定社会秩序，比较注意社会救助与抚恤。宋初东京就设立东、西福田院来救济孤老、残疾、穷困乞丐。英宗时，又增设南、北福田院，“日廪三百人。岁出内藏钱五百万给其费，后易以泗洲施利钱，增为八百万”。[⑥] 此后，朝廷又陆续增强了抚恤力度，对被遗弃的婴孩专门雇佣女性来进行哺乳和抚养。据《宋会要辑稿》中记载，崇宁元年（1102年）九月六日诏：“鳏寡孤独应居养者，以户绝财产给其费，不限月，依乞丐法给米豆。如不足，即支常平息钱。遗弃小儿，仍雇人乳养。”[⑦] 大观四年（1110年）八月二十五日又诏：“遗弃小儿委实须乳者，所在保明，听依崇宁元年法雇乳。”[⑧] 南宋时，朝廷依然比

① （宋）袁燮：《絜斋集》卷一《先公墓表》，影印文渊阁《四库全书》本。
② （宋）洪迈：《夷坚志》支甲卷六《高周二妇》，第757页。
③ （宋）洪迈：《夷坚志》支甲卷七《李氏乳媪》，第936页。
④ （宋）洪迈：《夷坚志》支甲卷六《高周二妇》，第757页。
⑤ （宋）洪迈：《夷坚志》乙志卷九《崔婆偈》，第262页。
⑥ （元）脱脱等：《宋史》卷一百七十八《食货上六·振恤》，第4338—4339页。
⑦ （清）徐松：《宋会要辑稿·食货》六〇之三，第5866页。
⑧ （清）徐松：《宋会要辑稿·食货》六〇之六，第5867页。

较重视收养遗弃婴孩的慈善救助事业。宁宗庆元元年（1195 年）正月十九日，诏“遇有遗弃小儿”，“未能食者，雇人乳哺，其乳母每月量给钱米养赡。如愿许收养为子者，并许为亲子条法施行”。[①] 并制定法律规定：“照得在法，诸灾伤遗弃小儿，官司给钱雇人乳养，以卖户绝田宅钱充。”[②]

在朝廷的一再诏令下，各地州府也都纷纷创办慈幼局，对被遗弃的婴孩进行官方收养。袁甫记述当时湖州婴儿局收养被遗弃的婴孩时说：“有弃儿于道者，人得之，诘其所从来，真弃儿也，乃书于籍。使乳母乳之，月给之粟。择媪五人为众母长，众乳各哺其儿，又一人焉，以待不时而来者。来者众，则益募乳收之，今八十人矣。”[③] 这些官府救济行为中均明确表示哺养被遗弃的婴孩的乳母是雇佣性质的，官府要付给她们一定的报酬。

在宋代，一方面由于富户官僚人家“有子不自乳，而使人弃其子而乳之”[④] 的社会风气影响，增加了社会对乳母的需求，另一方面由于官府的慈善导向性行为，开始对乳母有了更多的需要，因此，宋代社会对于乳母这一行业的需求不断增加，使得雇佣关系逐步稳定化，乳母行业职业化。而且，如前所述，在类似于“三姑六婆”等诸多女性行业中，宋人对乳母是十分敬重的。无论是墓志铭还是文人的笔记小说中，对乳母大都是褒奖有加，对于出身贫寒被迫弃己之子以哺他人之子的乳母，还倾注了很多同情的心态。

---

① （清）徐松：《宋会要辑稿·食货》五八之二一，第 5831 页。

② （宋）周应合：《景定建康志》卷二十三《收养穷民·慈幼庄》，《宋元方志丛刊》第 2 册，第 1705 页。

③ （宋）袁甫：《蒙斋集》卷十二《湖州婴儿局增田记》，《丛书集成初编》第 2036 册，第 169 页。

④ （宋）洪迈：《容斋随笔》卷五《贫富习常》，长沙：岳麓书社，1991 年，第 213 页。

（三）乳医

乳医俗称接生婆，又叫稳婆，是古代社会帮助女性生产的非专业助产士。她们不仅可以帮助产妇接生，有些还会医治一些常见的妇科疾病，是宋代民间女性生产、生育中不可缺少的角色。由于乳医职业的特殊性，史料中可见的形象很少，但依据现代农村民间习俗推测，她们应该是有过生育经验的年长女性，甚至可能还掌握一定的医术。有些乳医不仅能够在为产妇接生时提供帮助，还能够为其进行一些简单的产前检查。随着宋代医学的发展，社会上也有男性产科医生的存在，例如《夷坚志》中就出现过男性医生为女性接生的记载：名医李几道之师庞安常为一名难产的孕妇接生，并使之顺利产子。① 但是，受传统社会观念影响，宋代民间的接生工作主要还是由女性担任，并形成了专门的“乳医”行业。重庆大足宝顶山大佛湾第15号龛“临产受苦恩”（图19）石刻，站立的女性手捂腹部，将要临盆。蹲立的中老年女性，挽起袖口，有准备接生之意，她即是宋代民间生动的乳医形象。

图19 大足石刻“临产受苦恩”
（重庆大足宝顶山大佛湾第15号龛）

比较富裕的人家，会在家中女性生产之前就事先找好乳医，如绍兴三十年（1160年）知庐州的龚涛说：“其母方娠时在衢州。及期将就蓐，遣呼乳医。”② 关于宋代乳医的

① （宋）洪迈：《夷坚志》甲志卷十《庞安常针》，第83页。
② （宋）洪迈：《夷坚志》乙志卷十八《龚涛前身》，第338页。

事例，《夷坚志》中也有很多记载，如："武陵城东宋氏妇女产蓐所用乳医曰屈老娘，年已八十余。"① 还有些年长的乳医，在长期的接生过程中，积累了丰富的经验，医术高明。如"乳医陈妪，年八十余，切脉知其生早晚，月则知日，日则知时。宿有两家就乳，切其左曰：'毋遽，是当夜生。'将就其右，左家疑之，不听也。曰：'是家当午而生，无妨也。过午则来日生矣。'复切之，曰：'初更两点。其时也，为母具食，听自便。'既多为备，使候时以报，扶母就蓐，即生。"② 两位乳医都是八十多岁的老人，她们既善于看脉象，又懂接生，可见是非常专业的。

在当时的社会医疗条件下，这些民间的乳医也可称得上医生，只不过她们的技术专门性和针对性更强。乳医真正的工作主要还是产前检查与接生。陆游所撰的一篇墓志铭曰："孺人年若干，嫁为承议郎知梧州高邮桑公庄之妻……承议尝为西安令，有娠妇以事狱，念释之，未果。孺人梦白衣人告曰：'囚且字子矣'，旦以告承议，呼乳医视之而信，即脱械予假使归，果以是夕产。"③ 资州附近的三山村中有"乳医赵十五嫂者"，是当地小有名气的接生婆。④ 还有一位"陈媳妇"，也是一名妇产科医生，其家门上"刻木为妇人，饰以衣服冠珥，稍故暗则加彩绘而更新其衣"。⑤ 可见乳医在民间是受到尊重并深得信任的。

在乳医的接生工作中，有时难免会遇到难产或是死胎、怪胎的

---

① （宋）洪迈：《夷坚志》三志辛卷四《屈老娘》，第1416页。

② （宋）陈师道：《后山谈丛》卷三《乳医陈妪》，上海：上海古籍出版社，1989年，第25页。

③ （宋）陆游：《陆游集·渭南文集》卷三十三《陆孺人墓志铭》，北京：中华书局，1976年，第2309页。

④ （宋）洪迈：《夷坚志》补志卷四《赵乳医》，第1585页。

⑤ （宋）洪迈：《夷坚志》丁志卷九《陈媳妇》，第611页。

情况。所谓"医者父母心"，对于乳医同样适用。但正如人心有善恶一样，在面对这种特殊情况时，有的乳医会全力抢救处于险境中的产妇，有的则会溜之大吉。如《癸辛杂识》中记载："壬辰四月二十日，全霖卿子用之妻史氏诞子，先出双足，足类鸡鹅，乳医知其异，推上之，须臾别下双足，继而肠亦并下，乃孪子也。皆男子，而头相抵，发相结，其貌如狞鬼，遂扼杀之，母亦随殂。"① 又《夷坚志》载："建康医者杨有成说，目击三事，皆妇人异产者。桐林湾客邸主人王氏妻，年二十九岁，绍熙三年八月怀妊，临产生大蛇五六于草上，乳医及夫皆惊走。"②《夷坚志》中多记载神仙鬼怪的故事，看似荒诞不经，但其实所谓产妇生出的"大蛇"就是怪胎。周密所记载的"孪子"大概就是现今社会所称的连体婴。两名乳医都是面临生产中的特殊情况，一个在发现婴孩怪异后凭借自己的经验解决问题，另一个则看到怪胎便立刻逃走，丝毫没有考虑到产妇的安危。可能也正是由于一些没有仁心、唯利是图的乳母的存在，加上宋代很多乳医有时也是巫医、女巫，她们中的不少人常以为人接生和为小儿看病为由，伺弄巫术，骗人钱财，乳医成为后世人口中的"三姑六婆"之一。

宋代的乳医不仅负责接生，有时还会帮助官府破获案件或成为案件的证人。有记载曰：

> 宋咸淳间，浙人寓江西。招一尼教其女刺绣，女忽有娠。父母究问，曰："尼也。"父母怪之，曰："尼与同寝，常言夫妇咸恒事。时偶动心，尼曰：'妾有二形，逢阳则

① （宋）周密：《癸辛杂识》续集上《全氏孪鬼》，第88页。

② （宋）洪迈：《夷坚志》支乙卷六《建康三孕》，第836页。

女，逢阴则男。'揣之则俨然男子也，遂数与合。"父母闻官，尼不服，验之无状。至于宪司，时翁丹山会作宪，亦莫能明。某官曰："昔端平丙申年，广州尼董师秀有姿色，偶有欲滥之者，揣其阴，男子也。事闻于官，验之，女也。一坐婆曰：'令仰卧，以盐肉水渍其阴，令犬舐之。'已而阴中果露男形。"如其说验，果然，遂处死。①

这个案件本来令官员头疼，官员在乳医的帮助下解读了阴阳人的特殊构造，使案情得以解决。还有"州豪李甲，兄死迫嫂使嫁，因诬其子为他姓，以专其赀。嫂诉于官，甲则赂吏掠服之，积十余年，诉不已。亿视旧牍未尝引乳医为证，召甲出乳医示之，甲亡以为辞，冤遂辨"。② 在这则争产案中，乳医成为事实证据的见证人和证明者，为李甲之嫂洗清了冤屈。这也可以从侧面反映出人们对乳医的证词还是比较信服的。

（四）女侩、女栏头

女侩，是进行人口买卖的女牙人。女侩在宋代社会中很有市场，她们主要负责女性与儿童人口的买卖。在宋代，人们买妾要请女侩，买奴婢要找女侩，买妓女要找女侩，雇佣乳医、乳母也要找女侩，其他一些临时性的雇佣请帮工也要通过女侩。由于宋代人口买卖与劳动力市场雇佣业的兴盛，女侩这一职业也表现得尤为不可或缺。"女侩""女牙人"是城市商业活动中一个特殊的群体。她们的性质类似于现今的中介机构，靠沟通信息、拉买做卖来赚取服务性费用，以人力介绍为主要工作内容。在北宋首都汴京，"如府官员，豪富人

① （明）凌濛初：《初刻拍案惊奇》卷三十四《闻人生野战翠浮庵　静观尼昼锦黄沙弄》，天津：天津古籍出版社，2004年，第316页。

② （元）脱脱等：《宋史》卷三百十五《韩亿传》，第10297页。

家，欲买宠妾、歌童、舞女、厨娘、针线供过、粗细婢妮"等等，只要找到"官私牙嫂"①，便可进行商洽出价买卖，来满足需求。《夷坚志》中"郑公肃右丞侄某"，在东京闹饥荒的时候，看上了一个逃荒的妇人，"郑欲留为妾"，"乃召女僧立券，尽以其当得钱市脂泽衣服"。② 有个施三嫂，"州民张元中所居通逵，与董梧州宅相对。董氏设水陆，张梦女侩施三嫂来，曰：'久不到君家，今日蒙董知郡招唤，以众客未集，愿假馆为须臾留。'张记其已死，不肯答。又曰：'曩与君买婢，君约谢我钱五千，至今未得。我怀之久矣，非时不得至此，幸见偿。'"③ 史料中向张元中讨钱的就是为张买婢的女侩。可见，女侩、女僧、女牙人活跃于市场之中，对沟通供求双方起到了积极的作用。

由于女侩的职业特征，世人对她们是鄙弃的，有诗句描述道："插花作牙侩，城市称雄霸。梳头半列肆，笑语皆机诈。新奇弄新妆，会合持物价。愚夫与庸奴，低头受凌跨。"④ 写尽了女侩形象的势利与狡诈。而且这类女性很少单一地从事某一行业，她们往往身兼数职，如《金瓶梅词话》第二回《西门庆帘下遇金莲　王婆贪贿说风情》中"原来这开茶坊的王婆子，也不是守本分的。便是积年通殷勤，做媒婆，做卖婆，做牙婆，也会收小的，也会抱腰，又善放刁"。⑤ 这类女性在社会中活跃地从事着诸如此类拉拢、介绍的中介性质的小生意。

限于男女之别，男性在对女性经商者的检查时总有诸多不便，

---

① （宋）吴自牧：《梦粱录》卷十三《铺席》，第240页。

② （宋）洪迈：《夷坚志》甲志卷十三《妇人三重齿》，第115页。

③ （宋）洪迈：《夷坚志》丙志卷十一《施三嫂》，第457页。

④ （宋）陈普：《石堂先生文集》卷一六《古田女》，《续修四库全书》本。

⑤ （明）兰陵笑笑生原著，白维国、卜键校注：《金瓶梅词话校注》，第74页。

“女栏头”的职业应运而生。她们多活动于税场，由官府设立，目的在于防止女性经商者的偷税漏税和不法行为。据《庆元条法事类》记载：在池州雁汊、黄州、鄂州等地，税务对商旅洗劫，“或用舟船绞缚棚屋”，谓之“排停”，“令官员家属不以老稚病人产妇并立时驱逼般腾在上，然后入船恣意搜检”，“若有家属同行，即令栏头妻女直入船内搜检”。[①]“女栏头”这种女性职业类型虽然存在，但并不是独立的行业，只能作为男性工作的一种辅助。

这类女性在社会形象上多是负面的、奸诈的、不受世人欢迎的，可见，在宋人的主流观念中并不喜欢女性从事这种中介、倒卖，甚至是带有强硬或者欺诈性质的行业。

（五）女巫

在以男权为主的社会中，女性长期处于从属、被动、服从的地位。女巫作为一个“借鬼神求食”的寄生群体，利用民间力量，突破了“女治内事”“女不言外”的行动准则。换言之，女巫作为社会边缘群体，在男性的从属地位中跳脱出来，将角色游离于社会与家庭之间。她们从养育子女、料理家务的传统家庭角色转变成为沟通人神、从事外务的公共角色，将市井、乡间转变为其主要的活动场所。她们身份特殊，既可介入上层社会，又可活跃于下层民间，“始终保持其服务的、必不可少的和模棱两可的特征”[②]。如民间盛行迎紫姑的活动，宋代的紫姑已不再是专司厕事之神，而成为官僚庶民广泛崇奉的能诗会文，“医卜无所不能，棋与国手为敌”[③] 的乩

---

① （宋）谢深甫：《庆元条法事类》卷三十六《商税·淳熙五年四月二十六日》，（清）薛允升等辑：《唐明律合编》，第 297 页。

② ［英］菲奥纳·鲍伊著，金泽、何其敏译：《宗教人类学导论》，北京：中国人民大学出版社，2004 年，第 237 页。

③ （宋）沈括：《梦溪笔谈》卷二十一《异事》，第 207 页。

仙。再如《夷坚志》中载：“番阳民俗，杀牲以事神，贫不能办全体者，买猪头及四蹄享之，谓之‘头足愿’。木工胡六病，其妻用岁除日具祷赛，置五物釜中俟巫者。”① 可见巫卜事业中的女性形象是较为广泛的。

女巫是鬼神世界与人类世界的“沟通者”，史籍中有的直接称其为“女巫”，而有的则忌讳不明言，但大凡蛊惑群众、言灾异祸福、通鬼通神的女性都可以视作这一行业中的一分子。文献中对女巫的称呼一般为“巫母”“巫妪”“巫媪”等等，可以推测从事巫术行业的女性应该是年龄偏大的。

作为一个边缘群体，女巫还常常被指为“女妖”“妖妇”。如江西一些地区，“女妖以左道惑众，邻境数州之民十百成群，踵门徼福者不绝，积有年矣”。② 又如，“瀛洲妖妇李自称事九仙圣母，能与人通语言，谈祸福”。③ 一些佛道女弟子也借民间盲信而大行巫术。蔡州有一个被称为“妖尼”的女子，“尝适人生子，后为二鬼所凭，言事或有验，遂为尼，名惠普。士庶远近辐凑，以佛事之”。④ 家住鄱阳的巫师彭某染病去世，他的妻子便把他生前所用的螺鼓、牛角等法器转售给了“女觋郝娘”。⑤ 这里说的“女妖”“妖尼”“仙姑”“女觋”指的都是女巫。宋代巫觋所蓄养的弟子中也有一定数量的童巫，其中女童不在少数。王禹偁有诗言：“今春商于旱，太守职忧农。先请境内山，熊耳有如聋。乃迎是湫水，盈乎素缶中。州民充郡吏，觋女杂巫童。朝祈又夕祷，拜起虔且恭。”⑥ 这里的觋女指的

① （宋）洪迈：《夷坚志》丙志卷十一《胡匠赛神》，第457页。
② （宋）方中：《蛟峰外集》卷三《故侍读尚书方公墓志铭》，影印文渊阁《四库全书》本。
③ （元）脱脱等：《宋史》卷二百九十五《谢绛子景温传》，第9847页。
④ （宋）李幼武：《三朝名臣言行录》卷三之一，《四部丛刊初编》本。
⑤ （宋）洪迈：《夷坚志》三志辛卷二《彭师鬼孽》，第1399页。
⑥ （宋）王禹偁：《小畜集》卷三《合崖秋》，上海：商务印书馆，1937年，第27页。

就是女童巫。

如中非的阿赞德人一样，中国宋代的女巫也多具有“单线遗传”的特点。“在巫技的生物遗传中，存在着性别的二元对立。男巫的儿子全是巫师，他的女儿则不是；女巫的女儿全是巫师，她的儿子则不是。巫技因而被视为一种沿着性别系统遗传的生物学继承特征。”[①] 如南宋福州“每一乡率巫妪十数家”[②] 就大体反映了这样的“家族继承性”。这些女巫有的依靠家族传承职业，有的是因突遭生活中的变故“转而为巫者”[③]。比如，果州马仙姑“尝为一亡赖道人醉以药酒而淫之，后忽忽如狂。靖康元年闰十一月二十五日，衣衰麻杖绖，哭于市曰：‘今日天帝死，吾为行服。’市人皆唾骂逐之。后闻京师以是日失守”。[④] 这位女性就是在被人强暴之后行为疯癫，成为预测灵验的女巫。还有的是在一场突发的大病之后为巫，如“乾德丙寅，平望村王氏女病起，言语倒乱，多言灾异。有成都卒杨恭者助之，号天仙二娘子”。[⑤] 她们在现实生活中身心受到过重创，在内心痛苦与社会排斥之间，表现得言语错乱、行为异样，被人们接受性地认为其是在遭受打击后而“仙化”。无论是患病还是受辱，都是女性受到某种刺激后在精神上的反常状态，心理学上称其为“创伤应激综合征”。这些女性因生活中出现巨变（外因伤害或是内因伤病）导致无法接受现状，半疯半癫操持巫业，在某种程度上来说也算是其在

---

① ［英］E. E. 埃文斯-普里查德著，覃俐俐译：《阿赞德人的巫术、神谕和魔法》，北京：商务印书馆，2006 年，第 59 页；［美］罗伯特・鲍柯克、肯尼斯・汤普森编，龚方震、陈耀庭等译：《宗教与意识形态》，成都：四川人民出版社，1992 年，第 147 页。

② 《淳熙三山志》卷九《诸县祠庙》，《宋元珍稀地方志丛刊》甲编第五册，第 282 页。

③ （宋）洪迈：《夷坚志》丁志卷十九《江南木客》，第 695 页。

④ （宋）洪迈：《夷坚志》甲志卷十五《马仙姑》，第 127 页。

⑤ （宋）范成大：《吴郡志》卷五十，南京：江苏古籍出版社，1999 年，第 668 页。

受到创伤后的一种自我保护行为。

女巫与尼姑、女冠、产婆等女性角色一样，“都是跨越内外藩篱，出入公私领域的人物”①，尽管受到来自传统社会的各种质疑、攻击、排斥和打击，但在宋代下层民间仍拥有广泛的信众。《圣七娘》载“建炎初，车驾驻跸扬州。中原士大夫避地南来，多不暇挈家。淄川姜廷言……以母夫人与弟孚言已离乡在道，久不得家书，日久忧恼，邦人盛称女巫圣七娘者行移迹法通灵，能预知未来事，乃造其家，焚香默祷。才入门，见巫盖盛年女子，已跣足立于通红火砖之上，首戴热鏊。神将方将，即云：‘迪功郎，监潭中南岳庙。’姜跪问母与弟消息，‘更十日当知，又三日可相见。’……恰旬日，果得书。又三日，家人皆至。……厚致钱往谢。一切弗受，唯留香烛幡花而已”。② 再如“山阳有一女巫，其神极灵，予伯氏尝召问之，凡人间物，虽在千里之外，问之皆能言，乃至人中心萌一意，已能知之。坐客方弈棋，试数白黑棋握手中，问其数莫不符合，更漫取一把棋不数而问之，则亦不能知数。盖人心所知者彼亦知之，心所无则莫能知”。③“导江县有一女巫，人皆肃敬，能逆知人事。”④这些女巫熟稔人性心理，往往通过察言观色对所求之事因势利导，再利用心理暗示等手法制造能预知未来或是其他一些令人觉得神奇、玄幻的假象以使人信服。也正因如此，她们信众不少，加上夸张的体态与迷惑性的心理学手法故弄玄虚，容易使人产生敬畏态度。宋代“闾阎多信女巫”，可见她们的主要活动场所多在民间，受众也多是来自民间。

① 李玉珍、林美玫：《妇女与宗教》，台北：里仁书局，2003 年，第 6 页。

② （宋）洪迈：《夷坚志》支景卷五《圣七娘》，第 919 页。

③ （宋）沈括：《梦溪笔谈》卷二十《神奇》，第 192 页。

④ （宋）黄休复：《茅亭客话》卷十《孙处士》，北京：中华书局，1991 年，第 79 页。

巫“与民生相依而不可离”[①]，而“巫术亦常是妇女的特权，尤其是那些特殊状态中的妇女，如丑婆、处女、孕妇等，所举行的巫术效力更大”。[②] 所以女巫大多散布民间，足迹广泛，参掌婚丧祭祀，从事祈雨、敬神、逐疫、除妖、招魂、治病、占卜等活动，与民众生活非常密切。如范成大《四时田园杂兴六十首》中有“老盆初熟杜茅柴，携向田头祭社来。巫媪莫嫌滋味薄，旗亭官酒更多灰”[③] 的诗句。王洋在《鲁鉉父再赋鼓字韵诗再赋一篇》中写道：“去年曾困夏畦干，巫祝陈牲女师舞。淮南米贱隔关河，漫道归期久已许。”[④] 陆游也写过描述这种场景的诗句：“丛祠千岁临江渚，拜贶今年那可数。须晴得晴雨得雨，人意所向神辄许。嘉禾九穗持上府，庙前女巫递歌舞。呜呜歌讴坎坎鼓，香烟成云神将雨。”[⑤] 刘敞《种蔬二首》中描写：“县官祈雨泽，四望已并走。巫女歌且舞，土龙矫其首。”[⑥] 诸如这种女巫载歌载舞迎神降雨、娱神媚神的描写在宋人笔下非常之多。

医疗，也是女巫的重要职事之一。她们治病通常是“巫药结合，药巫互用”[⑦]，并采用一些离奇的禳解之法使巫医这个行业表现得更加玄幻，带有神奇色彩。“巫术应用最广的地方，也许就在人们忧乐

---

① 瞿兑之：《释巫》，《燕京学报》1930 年第 7 期。

② ［英］马林诺夫斯基著，费孝通等译：《文化论》，北京：中国民间文艺出版社，1987 年，第 63 页。

③ （宋）范成大：《范石湖集 · 石湖居士诗集》卷二十七《四时田园杂兴六十首》，第 371 页。

④ （宋）王洋：《东牟集》卷二《鲁鉉父再赋鼓字韵诗再赋一篇》，影印文渊阁《四库全书》本。

⑤ （宋）陆游：《剑南诗稿校注》卷十六《赛神曲》，第 1282 页。

⑥ （宋）刘敞：《公是集》卷七《种蔬二首》，《丛书集成初编》第 1900 册，第 73 页。

⑦ 张紫晨：《中国巫术》，上海：上海三联书店，1990 年，第 168 页。

所系的康健上。”① 当人们面临恐惧和未知，在自己和家人无法把握的疾病和命运面前，往往会选择求助于巫。岳州平江令吉扐之的续弦夫人张氏在生子之后患病，吉的母亲认为是县令的亡妻作祟导致张氏久病不愈，于是请来巫媪为其诊视。“巫语扐之曰：‘必得长官效人间夫妇诀绝写离书与之，乃可脱。’扐之不忍从。张日加困笃。不得已，洒泪握笔，书之授巫。即杂纸钱焚付之，巫曰：‘妇人执书展读竟，恸哭而出矣。’张果愈。生人休死妻，古未闻也。”② 女巫替张氏治病，其实是对吉扐之、亡妻和续弦张氏夫人三者的关系做了一个“心理上的了断”。这看似荒谬离奇，但实际上却是给病人一种积极的心理暗示并为之解脱，从而治愈了张氏的“心理疾病”。当人们被疾病折磨时，女巫的种种看似夸张癫狂的行为反而可以变成一种心理安慰，而人们向女巫求卜的事宜以及许下的愿望，在科技、医疗等多种条件欠发达的古代，恰恰是一种来自精神上的慰藉，也是一种人类历来对于超自然事物的向往与崇拜。

如前所述，女巫广泛从事婚丧祭祀、祈雨、赛神、逐疫、除妖、招魂、治病、占卜预知、调解家庭纠纷等活动，与民众生活的关系十分密切。正是因此，有些女性利用巫蛊之名，以“神女”自称而敛财。如“中瓦子浮铺有西山神女卖卦”③，靠为人占卜营利。“钱塘有女巫曰四娘者，鬼凭之，目为五郎。有问休咎者，鬼作人语酬之。或问先世，验其真伪，虽千里外，酬对如响，莫不谐和。”④ 算卦看相，是讲究察言观色的心理学，“神女”之称实为乌有，是为了营生而打出的“招牌”。正因社会中此类故弄玄虚的女巫不少，所以

---

① ［英］马林诺夫斯基著，费孝通等译：《文化论》，第55页。

② （宋）洪迈：《夷坚志》丁志卷十二《吉扐之妻》，第639页。

③ （宋）吴自牧：《梦粱录》卷十三《夜市》，第243页。

④ （宋）洪迈：《夷坚志》甲志卷十一《五郎鬼》，第958—959页。

有很多人表现出了“拒巫”行为。如《宋稗类钞》中描述了一个“陈五拒巫”的事情。陈五生病，久治不愈，妻妾为其找来女巫进行治疗。陈五当众揭穿了女巫骗人的把戏，“捽巫，批其颊，而出之门外”。[①] 这个拒巫的故事，侧面反映出的正是当时社会上人们对女巫的迷信。

受社会条件所限，人们多将未知的事物寄于鬼神之说。这就使得女巫这种特殊职业在社会中有了赖以生存的土壤，并大肆发展起来。但女巫行业的参与者大多是贫穷人家的女性，半疯半癫，没有社会地位，甚至受到世人的鄙弃。

第二节　女性参与社会经济活动的特点

一、不同家庭环境的女性的经济活动

（一）富裕人家女性的经济活动

由于宋代商业的发展，“富裕人家”可能是高官或士人家庭，也可能是商人家庭，一般经济实力雄厚，生活条件优越。在这种家庭环境中的女性，较少直接参与生产，但如果面临丈夫外出为官、经商、游学，或者夫死子幼的家庭状况，她们中的很多人，也会选择肩负起家庭经济的重担。

这部分女性大多接受过良好的教育，属于有文化懂知识的女性群体，她们懂得家庭经济的管理与经营。在这类女性群体中，将家庭经济“转贫为富”或是“发扬光大”者不在少数。除此之外，她

---

① （清）潘永因：《宋稗类钞》卷四《权谲》二十七，北京：书目文献出版社，1985 年，第 326 页。

们中的很多人还参与社会公益慈善事业与宗教捐助。这一方面的深层原委与动机，将在下一章中详细分析。

（二）贫穷人家女性的经济活动

贫穷人家女性的社会经济活动以筹谋家庭生计为主，她们主动参与劳动，所从事的行业主要是农业、手工业，为生计奔波。在这个群体当中，有贫穷士人家庭的女性，也有普通百姓人家的女性，她们才是真正走出家门，活跃在社会舞台上，运用自己的才能为家庭经济劳心经营的主体。《颜氏家训》中称：“妇主中馈，惟事酒食衣服之礼耳。”传统观念认为女性的本分和生活范围应在“内闱”之内，施展抱负的主要内容也应该以照料丈夫、子女为中心。但贫困百姓之家，包括贫穷士人家庭中的女性显然无法顾及这些礼法上的要求，迫于生计她们不得不担负起养家糊口的职责。“贩夫贩妇举贷经生，以糊其口，贸易如意，得利仅如牛毛”①，本来经营规模小、利润有限的营生还要遭受天灾人祸、政府税收、疾病痛苦等打击，投身商业经营对她们来说也是很艰难的考验。

二、城市、农村经营差异及行业、规模的限制

在相对偏远的农村或者是乡镇，女性参与社会经营多是生意惨淡，勉强糊口。即使在城市之中，虽有稍具规模、生意红火的女性经营者形象，也实属少数，如前文提到的宋五嫂、李婆婆等，大多还是简单地从事个体小本买卖，靠辛苦积攒来维持生计的小微经营模式。即使是规模稍大、经营环境相对稳定，大多也不过是拿出自家房屋，有固定经营地点的店铺模式。像《东京梦华录》中描述的“三层相高，五楼相向”的那种大规模酒肆、茶楼、旅店几乎不可能

① （宋）舒璘：《舒文靖集》，台北：台湾商务印书馆，1986 年，第 546 页。

出现在女性经营者身上。在家庭经营模式中，女性大多具有较强的被动性，缺少自主权，分析史料不难看出，女性在家庭经营中往往脱离不了男性的帮助。不仅如此，由于资本的有限、社会条件的限制等原因，珠宝银楼、绸缎庄等行业中没有见到女性经营者的身影。女性经营者从事的多是低投入、低成本的小规模经营，大规模的商业模式中少见。

但从“女栏头”这一行业的出现可以推测，宋代社会必是出现了大量的女性经营者，或家庭经营中的随同者，才会有这一行业的用武之地。有些个例也反映出女性在与丈夫进行家庭经营时，权力相对不小。如前文所引开旅店的浦城永丰村民夫妇，主妇不仅与客商私通，后来还因图谋客商财货唆使丈夫谋财害命，可见这位女性经营者是非常强悍的，并且在家庭经营中占有一定的话语权。①

三、生产经营模式与经营理念

（一）节日商业、品牌宣传与专业经营

两宋社会经济中，节日占据着相当重要的角色。这为有商业头脑的女性经营者提供了获利的潜在机会。在形形色色的节日集会中，甚至是有宗教色彩的一些集会中都会出现女性经营者的身影。如：

> 相国寺每月五次开放万姓交易。大三门上皆是飞禽猫犬之类，珍禽奇兽，无所不有。第二、三门皆动用什物，庭中设彩幕露屋义铺，卖蒲合、簟席、屏帏、洗漱、鞍辔、弓剑、时果、腊脯之类。近佛殿，孟家道院王道人蜜煎、赵文秀笔及潘谷墨占定。两廊皆诸寺师姑卖绣作、领抹、

① （宋）洪迈：《夷坚志》乙志卷三《浦城道店蝇》，第204页。

> 花朵、珠翠头面、生色销金花样幞头、帽子、特髻冠子、绦线之类。殿后资圣门前，皆书籍、玩好、图画及诸路罢任官员土物香药之类。后廊皆日者货术传神之类。寺三门阁上并资圣门，各有金银铸罗汉五百尊、佛牙等。凡有斋供，皆取旨方开三门，左右有两瓶琉璃塔，寺内有智海、惠林、宝梵、河沙东西塔院，乃出角院舍，各有住持僧官。每遇斋会，凡饮食茶果、动使器皿，虽三五百分，莫不咄嗟而办。大殿两廊，皆国朝名公笔迹，左壁画炽光佛降九曜鬼百戏，右壁佛降鬼子母揭盂，殿庭供献乐部马队之类。大殿朵庙，皆壁隐楼殿人物，莫非精妙。①

这些女尼是利用节日进行商业营销的最佳例子。有些女性经营者则另辟蹊径，注重对自身产品的广告宣传。如一位老妪请苏轼作诗宣传她做的馓子，苏轼应她要求作《戏咏馓子赠邻妪》：“纤手搓来玉色匀，碧油煎出嫩黄深。夜来春睡知轻重，压匾佳人缠臂金。”② 有名人的广告效应，此老妪的生意一定红火一时。

也许宋代所谓的“品牌理念”和我们今天所讲的并不一样，但这些女性经营者有意识地将自己的“品牌”发展起来，确实是一种比较先进的商业思想。至今仍脍炙人口的“宋五嫂鱼羹”，就是女性成功打造商业品牌效应与名人效应的典型例子。

(二) 行业关联

得益于宋代社会经济发展水平的提高，女性从事的社会生产活动多有行业之间的关联。综前文详述的内容，从事农业生产的有可

---

① (宋) 孟元老:《东京梦华录》卷三《相国寺内万姓交易》，第 19 页。

② (宋) 庄绰:《鸡肋编》卷上《馓子》，北京：中华书局，1983 年，第 7 页。

能会转为蔬果贩卖，种桑、采桑、养蚕、缫丝、纺线、织布、刺绣等活动属于农业和纺织业，最终的产品要拿到市面上来售卖以换取价值，又服务于商业。又如妓女、伎艺人等娱乐行业本身就是服务业的一种，而她们常常自卖其身，社会又将女性物化为“商品”。由于宋代的行业关联性又衍生了另一类女性经营者：她们多为“中介”，会把握市场行情卖高买低，这种买卖可能是货物也可能是“生口”；她们可能经营着一个小规模的茶肆酒肆，又借以为“基地”做一些牙人的买卖。如《水浒传》中塑造的王婆形象，她本有一个小茶肆，但是“为头是做媒，又会做牙婆，也会抱腰，也会收小的，也会说风情，也会做马泊六”。可以看出，宋代女性常常身兼数职。翟八姐“虽为女妇，身手雄健，臂力过人，其在涂荷担推车，赪肩茧足，弗以为劳，壮男子所不若也。性又黠利，善营逐人什一，买贱贸贵，王获息愈疠富，锱铢收拾，私所蓄藏亦过千缗”。[①] 这种女性没有实业，凭借个人判断卖高买低从中赚取差价，其实说白了，也就是没有固定职业，什么赚钱多，就去做什么。

这种“中介”的角色，是依赖于宋代高度的行业关联性而存在的，也从侧面推动了行业发展的关联性，是行业间负责调配资源与劳动力的润滑剂。

---

① （宋）洪迈：《夷坚志》支乙卷一《翟八姐》，第802页。

第二章　女性参与慈善事业

宋代士大夫笔下，除对为人妻为人母的女性形象进行塑造外，还描述了一种不可忽视的女性慈善者的形象。在宋代近千篇的墓志资料中，有209篇提到了她们扶危济困的慈善活动。其中，具体提到赈灾救荒的有19篇，周济丧病的有20篇，周济嫁娶的有29篇，另有11篇记述了女性对宗教僧寺的周济。[①] 这些史料，无疑是对宋代女性慈善活动的极大肯定。宋代民间救济的方式很多，如《梦粱录》中记载：“数中有好善积德者，多是恤孤念苦，敬老怜贫，每见此等人买卖不利，坐困不乐，观其声色，以钱物周给，助其生理；或死无周身之具者，妻儿罔错，莫能支吾，则给散棺木，助其火葬，以终其事。”[②] 热衷于慈善事业的女性，也多是如此。

第一节　女性从事慈善活动的类型与方式

宋代家训常有体恤孤幼、济世为怀之类的说教。如《郑氏规范》规定：“立义冢一所，乡邻死亡，委无子孙者，与给槥椟埋之，其鳏寡孤独，果无以自存者，时赒给之。”“宗人若寒，深当悯恻，其果无衾与絮者，子孙当量力而资助之。”“里党或有缺食，裁量出谷借

① 光晓霞：《宋代妇女的慈善活动——以墓志为中心》，《乐山师范学院学报》2011年第4期。

② （宋）吴自牧：《梦粱录》卷十八《恤贫济老》，第294页。

之，后催元谷归还，勿收其息，其产子之家，给助粥谷二斗五升。”“秋成谷价廉平之际，籴五百石，别为储蓄，遇时缺食，依元价粜给乡邻之困乏者。”①《陆氏家制》亦规定：“其所余者，别置簿收管，以为伏腊裘葛，修葺墙屋，医药宾客，吊丧问疾，时节馈送，又有余则以周给邻族之贫弱者，贤士之贫困者，佃人之饥寒者。”② 宋代家族在社会救济方面已形成一套较为成型的运行机制与思想引导。

一、女性参与赈灾救荒

据统计，宋代各类自然灾害所占百分比分别为：水灾 37%，旱灾 30%，风、雹、蝗、地震等其他灾害 33%。③ 灾害频度相对密集，影响范围也较广。加之宋代频繁战乱，灾荒的年景无异于使百姓生活雪上加霜。为缓解灾情，政府利用常平仓、社仓、义仓对百姓进行救助，还实行了蠲免钱粮等措施。但国家财力毕竟有限，政策在执行过程中也难免遇到各种困难，对百姓的救济效果在实际上受到很大影响。

除官府行为外，在社会的个人救助活动中，男性士大夫表现得比较积极，他们会招募和鼓励乡里的富豪参与救济。工部尚书崔立在蝗灾发生时，“募里豪出粟数十万斗，以哺饥者，所活甚众”。④ 在士大夫的积极努力之下，救助灾民无数，但仍有食不果腹的受灾民众得不到救济。在这种情况下，女性慈善者以细致入微的救济方法直接或者间接地对社会弱势群体施以及时救助，对灾后的社会稳

---

① （元）郑太和：《郑氏规范》，《丛书集成初编》第 975 册，第 11 页。

② （宋）陆九韶：《陆氏家制·居家制用》，《续修四库全书》本。

③ 陈高佣等：《中国历代天灾人祸表》，上海：上海书店，1986 年，第 1712 页。

④ （宋）韩琦：《安阳集》卷五十《故尚书工部侍郎致仕赠工部尚书崔公行状》，影印文渊阁《四库全书》本。

定与百姓解困都起到了很大的帮助。

（一）发廪、平粜米价

在灾荒的年景中，粮食成为人们生活的重大问题。没粮吃和由于灾荒导致的米价上涨是赈灾行为中必须解决的问题。

令狐晔的母亲任氏，“出粟赈饥，储食饿殍，待健而遣”。[①] 韩仲通的母亲刘氏，在灾荒之年“发廪粟以饭饿者”。[②] 盖铸的母亲章氏，“岁饥，里闾艰食，则发廪损市直，以倡巨室，全活甚众”。[③] 魏了翁祖妣高氏“发廪出谷，民取给者襁负相望”。[④] 袁甫在为同僚徐德夫的母亲撰写墓志的时候记录了她在灾荒发生时，虽卧病在床，仍惦记米价的涨跌，并“劝分平粜，邻境翔踊，邑几半直”的救济行为。[⑤] 不难看出，这些女性通过把自己家储备的粮食拿出来赈济饥民，对灾民给予了极大的关怀。这种行为也影响了市场，有了免费的赈济粮，粮食也就不再是紧俏商品，商人无法因此提高米价而大发国难财，米价也调整到了正常水平。百姓既受到了赈济，也有能力自行购买粮食，灾情因此得到很大程度上的缓解与进一步的控制，宋代女性赈济行为中的发廪与平粜米价是救灾活动中行之有效的手段之一。

（二）施舍食物、药材

宋代女性的救济行为常以施舍食物为主，最常见的是施粥、施饭。直接施舍物品、捐献钱财救济民众的事例也较多。这种行为能

---

① （宋）李新：《跨鳌集》卷二十九《任夫人墓志铭》，影印文渊阁《四库全书》本。

② （宋）孙觌：《南兰陵孙尚书大全文集》卷六十四，《宋集珍本丛刊》第 35 册，北京：线装书局，2004 年，第 751 页。

③ （宋）卫泾：《后乐集》卷十七《故安康郡夫人章氏行状》，影印文渊阁《四库全书》本。

④ （宋）魏了翁：《鹤山先生大全集》卷八十八《祖妣孺人高氏行状》，《四部丛刊初编》本。

⑤ （宋）袁甫：《蒙斋集》卷十七《甘氏夫人墓志铭》，《丛书集成初编》第 2037 册，第 251 页。

够最有效、最直接地解决因灾引起的饥荒问题。吴可权的母亲王氏，在灾荒之年“倾廪庾为糜粥以济，流丐赖以存活者非一二”。① 宁隽的妻子贺氏，在“米斗千钱”之际，“为粥于路，以食丐者”。② 刘邦光的妻子赵氏，“脱簪珥为粥，以食饿者”。③ 可见施粥是一种最直接的赈济方式。饥饿的百姓买不起价格飞涨的粮食，这些女性以出家财、变卖首饰等方式，设棚施粥，救济饥民。

常言道“大灾之后必有大疫”，由于灾后死亡人数猛增，尸体在来不及处理的情况下腐烂，加上灾荒的环境条件，很容易滋生疫情。在这种情况下，施舍药品使灾民得以及时救治，既是减少人口死亡的直接又行之有效的手段，又是防止并控制由灾转疫的方法之一。朱正卿的妻子刘氏，“岁大侵谷贵，必痛下其估。寒者衣，疢者药”。④ 高、孝宗年间，楼元应的妻子张氏“至赒人之急，虽多不较，病给以药、死给以棺者日相踵，寺观营缮，随所求而应之”。⑤ 吴江的妻子陶氏“至于闵岁之不易，振廪以食饥，捐药以起疾，给櫘椟以敛死者，所及且万人”。⑥ 这种施药的行为在防疫措施相对薄弱的古代社会，对缓解疫情、保护百姓生命安全、防止疫情的流行与扩大都起到了一定的作用。

（三）资助义冢

在灾荒之年，穷人吃饭尚且成问题，更难以顾及对死者的善后处理。由于饥饿、疾病、灾害导致的死亡人数急剧增多，如若横尸遍野，很容易引发瘟疫。对尸骸的掩埋是有效控制疫情发展的重要

① （宋）郑侠：《西塘先生文集》卷四，《宋集珍本丛刊》第24册，第551页。
② 辛更儒：《杨万里集笺校》卷一三〇《孺人贺氏墓志铭》，第5023页。
③ （宋）吕祖谦：《吕东莱文集》卷八，《丛书集成初编》第2389册，第183页。
④ 辛更儒：《杨万里集笺校》卷一三二《夫人刘氏墓志铭》，第5092页。
⑤ （宋）楼钥：《攻媿集》卷一百《叔祖居士并张夫人墓志铭》，第1401页。
⑥ （宋）刘宰：《漫塘集》卷三十《故安人陶氏墓志铭》，影印文渊阁《四库全书》本。

手段之一，在情感上也是对死者的一种告慰，同时符合宗教对人们思想的教化以及古人传统的“入土为安”的观念。

朱熹在《太孺人邵氏墓表》中详细记载了邵氏的慈善活动：“清江东南，畦户数百，临水而茇舍，时潦出其上，民往往栖木自救，有浮去者。夫人始命舟糗饭拯之，岁以为常。豫蓄棺，告疫死者以敛，人怀其惠。晚遭太上皇帝、皇后庆寿恩，得封太孺人。”[①] 陈之奇的母亲江氏，“岁饥且疫，僵尸横道”，“夫人闻之恻然，出奁中金以瘗之”。[②] 前文提到过的振廪捐药的吴江的妻子陶氏，于灾年“给櫘椟以敛死者”。[③] 这些行为在一定程度上控制了灾情的发展，防止其恶化。

二、女性周济丧病、急难、幼孤

两宋时期，由于商品经济的发展，社会财富的增加，民间的婚丧之事往往成为人与人之间攀比炫耀的一种方式。受这种民风影响，穷困人家常常是“伤生以送死”。在这种情况下，一些女性对无力置办丧事的人家慷慨解囊，帮助他们渡过难关。果州团练使刘从远的妻子唐氏，见邻人贫困无力丧葬，“亦为挥涕，艰于送死者，出财以周其急”。[④] 当遇到他人身患疾病无钱医治的时候，女性也会主动伸以援手。左朝议大夫夏伯孙的母亲李氏夫人，每每遇到旁人“疾病急难，必援救之”。[⑤] 熊氏“夫人不靳于财，宗族有不给，凡老年病

① （宋）朱熹：《朱子全书·晦庵先生朱文公文集》卷九十《太孺人邵氏墓表》，第4181页。
② （宋）谢逸：《溪堂集》卷九《江夫人墓志铭》，影印文渊阁《四库全书》本。
③ （宋）刘宰：《漫塘集》卷三十《故安人陶氏墓志铭》，影印文渊阁《四库全书》本。
④ （宋）曹勋：《松隐集》卷三十六《永嘉郡太夫人唐氏墓志铭》，影印文渊阁《四库全书》本。
⑤ （宋）杨杰：《无为集》卷十四《故福昌县太君李氏墓志铭》，影印文渊阁《四库全书》本。

若吉凶，随多寡赒之，已之衣食取不饥而已”。①

宋代时兴厚嫁之风，但对一些温饱问题尚难解决的家庭来说，“嫁娶”成为让人无力应对的一件事。在这种情况下，有些女性会对因贫困无力嫁娶者施以援手。北宋晚期，深州文学余充甫家庭富裕，其夫人“问遗亲戚，拊养贫族嫁遣孤女”，“遇所当为，力行之，虽劳心屈体，弗惮也”。②

相关史料中关于宋代女性周济亲友的慈善行为还有很多。司马光的妻子张氏，自己平时俭省，周济别人的燃眉之急却不吝惜，“平居谨于财，不妄用，自奉甚约，及余用以赒亲戚之急”。③ 仁宗道的妻子林氏“亲戚急难，倒箧以周之”。④ 王逢的妻子陈氏，“宗族朋友不足，则出衣服簪珥助之”。⑤ 王溥的母亲张氏，“捐金帛赒其宗族，及赈族中之不能自存者”。⑥ 管迪的妻子胡氏“尤嗜亲故”，凡是“穷困不能自给，周济无少靳”。⑦ 张宗雅的妻子符氏“凡亲戚之孤遗匮乏者，则嫁娶而周给之”。⑧ 女性对乡里亲族的资助，不仅是衣药饮食方面，还有可能是为其清偿债务，有些甚至数额不小。如仁宗年间，一位王氏夫人，“夫族有负市易钱百万者，夫人为出所有偿之”。⑨ 如此豪举一般士大夫也难以做到，这从侧面反映出她支配巨额财富的家庭经济权力。还有的女性热衷于与教育相关的慈善事

---

① （宋）陈造：《江湖长翁集》卷三十五《熊氏墓志铭》，影印文渊阁《四库全书》本。

② （宋）慕容彦逢：《摛文堂集》卷十五《单氏夫人墓志铭》，影印文渊阁《四库全书》本。

③ （宋）司马光：《温国文正公文集》卷六十四《叙清河郡君》，《四部丛刊初编》本。

④ （宋）黄榦：《勉斋先生黄文肃公文集》卷三十三，影印文渊阁《四库全书》本。

⑤ （宋）王安石：《王文公文集》卷九十九《永嘉县君陈氏墓志铭》，第1012页。

⑥ （宋）毕仲游：《西台集》卷十四《延安郡太君张氏墓志铭》，郑州：中州古籍出版社，2005年，第239页。

⑦ 陈伯泉：《江西出土墓志选编》，南昌：江西教育出版社，1991年，第156页。

⑧ （宋）陈襄：《古灵先生文集》卷二十五，影印文渊阁《四库全书》本。

⑨ （宋）张耒：《张耒集》卷六十《王夫人墓志铭》，第885页。

业，如北宋时期的一位刘氏夫人，丈夫过世后，在其家乡“合聚闾巷良家儿女之稚齿者，授训诫，教书字”，促进当地儿童教育的发展，造福乡里子弟。①

有很多女性不仅仅是对自己的宗族、亲戚和朋友进行周济，即使是对不相熟的乡里，也常常会伸出援手。宋代女性赈济乡里的主要方式有：在乡人急难、贫病之时进行物资救助；资助乡里婚丧；资助贫困乡人子弟求学等。如吴颖的妻子徐氏“邻里急难，有不给者，辍所有以济”。② 田仔的母亲赵氏，“邻里有疾病急难，必力以济”。③ 李伯玉的母亲霍氏，“脱珥济穷邻乏匮”。④ 缪公著的妻子王氏，“性不吝于财，振贫窭恐不力，女之不能嫁、丧不葬，倚夫人而办，自内之使令，外而乡社，不知其几，惠于远近之人”。⑤ 晏巽的妻子郭氏，“里巷死丧不能举，女不能嫁，力赒之”。⑥ 刘仲光的母亲丁氏“以积善好施闻于乡”，“里人有子好读书，欲为儒，而父难之。其母以告，宜人既好喻之，又资以金钱，使与其子俱试太学，以遂其志”。⑦

宋代女性对“幼孤”也给予了极大的关怀。“幼孤”是特殊的社会弱势群体，国家律令规定政府需要予以关怀，此外来自社会的

① （宋）文同：《丹渊集》卷四十《文安县君刘氏墓铭》，《四部丛刊初编》本。
② （宋）赵抃：《赵清献公文集》卷十五，影印文渊阁《四库全书》本。
③ （宋）杨杰：《无为集》卷十四《故庐江田府君夫人赵氏墓志铭》，影印文渊阁《四库全书》本。
④ （宋）方大琮：《宋宝章阁直学士忠惠铁庵方公文集》卷四十一，影印文渊阁《四库全书》本。
⑤ （宋）陈造：《江湖长翁集》卷三十五《太孺人王氏墓志铭》，影印文渊阁《四库全书》本。
⑥ （宋）黄榦：《勉斋先生黄文肃公文集》卷三十五，影印文渊阁《四库全书》本。
⑦ （宋）朱熹：《朱子全书·晦庵先生朱文公文集》卷九十三《宜人丁氏墓志铭》，第4306—4307页。

救济也不可少。女性出于母性的本能也救济幼孤，她们对幼孤群体主要以收养、救赎、财物资助等方式进行救助。

程颐、程颢的母亲侯氏，“道路遗弃小儿，屡收养之。有小商，出未还而其妻死，儿女散，逐人去，惟幼者始三岁，人所不取，夫人惧其必死，使抱以归。时聚族甚众，人皆有不欲之色，乃别籴以食之”。当孩子的父亲返乡领子的时候对侯氏夫人千恩万谢，表示愿意把孩子送给夫人，而夫人却说：“我本以待汝归，非欲之也”，表明了自己助人的态度。[①] 前文提到的单氏夫人也经常“拊养贫族，嫁遣孤女”。[②] 北宋末，“洛阳衣冠家有女子，因其家破，为人所略卖”，范纯仁的妻子王氏夫人闻之，“急推金帛以赎之，为具衣衾资装以嫁之”。[③] 雅州太守陈公雄的夫人林氏，“季父死，诸孤茕然，有沦落忧，夫人收其子教之若己，嫁其女使得所从。姻旧急难，至脱笄解髢”，救助幼孤毫无吝色。[④] 赵宗楷的妻子吴氏，“轻财好施，赈贫恤孤”。[⑤] 胡宗古的妻子陈氏，“恤孤保嫠，始终不替”。刘克庄的妻子林氏“于孤遗则抽簪脱珥无所吝”。[⑥] 王珪的母亲狄氏，“家犹不能以自给”，却“善收孤遗而抚养之，又乐赒人之急，故终身无翠珠之玩”。[⑦] 狄氏夫人生活拮据，但却心地善良，乐于收养孤儿，用其有限的金钱投身慈善事业，让孤儿有家可归，有温饱的保障，

① （宋）程颐、程颢：《二程集·河南程氏文集》卷十二《上谷郡君家传》，第653页。

② （宋）慕容彦逢：《摛文堂集》卷十五《单氏夫人墓志铭》，影印文渊阁《四库全书》本。

③ （宋）毕仲游：《西台集》卷十四《魏国王夫人墓志铭》，第238页。

④ （宋）真德秀：《西山先生真文忠公文集》卷四十五《林夫人墓志铭》，北京：商务印书馆，1937年，第813页。

⑤ （宋）范祖禹：《太史范公文集》卷四十八，影印文渊阁《四库全书》本。

⑥ （清）陈棨仁：《闽中金石略》卷九，《宋代石刻文献全编》第4册，北京：北京图书馆出版社，2003年，第661页。

⑦ （宋）王珪：《华阳集》卷四十《同安郡君狄氏墓志铭》，《丛书集成初编》第1916册，第564页。

在当时的社会环境中实属难能可贵。刘克庄称赞其妻林氏："余贫居之日，多君节缩，营薪水，未尝叹不足，即有禄米，君奉养服用，一不改旧，盖其俭至惜一钱，然于孤遗，则抽簪脱珥无所吝。"① 孝宗年间，朝奉郎蒋如晦的妻子潘氏，"并包兼容，有求响答，厚尔供亿，毕尔嫁娶，无不意满，而资用浸微矣。多方撙节，量入为出，赖以均给焉"，后"日用几不支矣，而矜恤孤寡，扶助亲党，无异于往时"。② 从诸多史料记载中可见，很多女性都是自身节俭，而在对他人进行救助的时候毫不吝惜。

在一个大家庭中，有些女性除了厚待有血缘关系的亲属之外，对待自己婢仆也是照料有加。如哲、徽宗年间，正奉大夫南阳张宗望的妻子吴氏"性宽仁，乐施与，所以赒戚属者甚备，下至臧获，毋不爱也"。③ 徽宗年间，"虽年侵政荒，而令狐家氓隶无有逋逃者"，这都归功于任夫人，因其"平时有以存抚之过厚也"。④ 又如魏了翁的母亲高氏夫人"事尊章无违志，于内外属，亡戚疏皆尽恩意，以及于僮妾，故居邑外田家邛市，亡明日储，脱缓急扣门，则贷者訾之，耕者种食之，疾病死丧者，处业振赡之。予取予求，用励相我王考，为乡里善人"。⑤ 又如"李丞相沆有长者誉。一世仆逋宅金数十千，忽一夕遁去，有女将十岁，美姿格，自写一券系于带，愿卖于宅以偿焉。丞相大恻之，祝夫人曰：'愿如己子育于室，训教妇德，俟长成求偶嫁之。止请夫人亲结缡，以主其婚，然而务在明洁。'夫人如所诲，及笄，择一婿亦颇良，具奁币归之，女范果坚

---

① （宋）刘克庄：《后村先生大全集》卷一百四十八《墓志铭·亡室》，第 3811 页。
② （宋）袁燮：《絜斋集》卷二十一《蒋安人潘氏墓志铭》，影印文渊阁《四库全书》本。
③ （宋）赵鼎臣：《竹隐畸士集》卷十九《吴夫人墓志铭》，影印文渊阁《四库全书》本。
④ （宋）李新：《跨鳌集》卷二十九《任夫人墓志铭》，影印文渊阁《四库全书》本。
⑤ （宋）魏了翁：《鹤山集》卷八十八《祖妣孺人高氏行状》，影印文渊阁《四库全书》本。

白”。[①] 徽宗年间，任夫人“元符己卯间，再出粟赈饥，储食饿殍，待健丽遣，今厮役伧奴，班班是前日道傍弃儿，其慈仁恤物类如此”。[②] 一般来说，成功管理家庭的女性，只有取得了家中婢仆的信任与敬爱之后，才能够使他们更好地为家庭服务；也只有让他们感受到主家的关爱，才会对主家表现出足够的积极性。宋代女性的这类慈善行为，使她们在获得社会名誉的同时，也取得了最大的家庭经济利益，保持了家庭内部的稳定。

三、女性捐施寺院

虽然在某种层面上来说，宗教是统治阶级用来束缚、引导人们思想的工具，但其教义中“积德行善”“乐善好施”的思想对受众起到了一定的积极影响。女性由于心理的特殊性，更容易受这种思想的影响。从女性宗教性慈善活动的史料来看，她们参与慈善活动的时间相对较长，有的几乎是终生参与佛寺慈善活动。同时，在执行力度上相较其他慈善活动而言也更胜一筹。这一部分内容，将在本篇第三章中进行详述。

四、女性从事其他社会公益事业

宋代女性积极参与农田水利工程建设的社会慈善行为有很多有名的例子。比如，据《重刊兴化府志》中《李长者传》载，长乐人钱氏，人称钱四娘，治平元年（1064 年），她“捐金九掇大如斗”，于溪上流将军岩堪溪为陂，开渠鼓角山西南引水灌溉。既成，载酒庆贺，恰逢溪水暴涨，陂坏，钱四娘“实时赴水而死”。[③] 尽管如

---

① （宋）文莹：《湘山野录》卷下《李沆有长者誉》，第 56 页。
② （宋）李新：《跨鳌集》卷二十九《任夫人墓志铭》，影印文渊阁《四库全书》本。
③ （明）周瑛：《重刊兴化府志》卷二十九《李长者传》，同治十年秋九月雕刻版，第 18 页。

此，钱氏致力于公益事业建设的精神鼓舞着后来者。他们吸取钱氏失败的教训，继承其未竟的事业，最终于熙宁年间完成了木兰陂的重建。之前提到过的王令的妻子吴氏，寡居期间，返回娘家唐州泌阳县居住，亲自督率数千民夫兴修水利“辟污莱，均灌溉，身任其劳，筑环堤以潴水，疏斗门以泄水，壤化为膏腴”。[①] 金坛市东南郊缺井，市人薛氏之母于病重时，嘱咐其子将她平生纺织所留下的积蓄经营井事，并在井上架亭，使得来往的路人得以休憩、饮水。[②] 杨氏委托其子黄梦得，雇工役修筑长达八十余丈的道路，以利行旅。[③] 还有章氏夫人（“济涉以梁约”）[④]、李淑英（“廪饥，梁涉”）[⑤] 等均投身社会公益事业的建设。

乡人进京考试或教育经费不足时，有些女性往往主动提供帮助。仁宗年间，徐画的妻子周氏“凡宾客至其家，周氏必手为具，尽意厚遇之，寒暑未尝惮。他日，里中某人趋礼部试，踵其门，处士以故不欲见。将谢之，周氏曰：‘士及门而辞以事，非君所以欲教子之意也。’叱其子见之，既行，又资其囊以若干”。[⑥] 这些女性所为，体现了其乐善好施的本性，她们不仅能通过自己对家业的经营和管理为家庭创造财富，而且还善于利用财富为丈夫和儿子妥善地处理人际关系，赢得良好声誉。

---

① （宋）王令：《王令集·附录》，王云《节妇人吴氏墓碣名》，第405页。

② （宋）刘宰：《漫塘集》卷二十《果泉亭记》，影印文渊阁《四库全书》本。

③ （宋）度正：《性善堂稿》卷十一《南峰黄氏第一峰修路记》，影印文渊阁《四库全书》本。

④ （宋）范浚：《香溪先生文集》卷二十二《右通直郎范公夫人章氏祔志》，《四部丛刊续编》本。

⑤ （宋）许月卿：《先天集》卷十《太安人李氏（淑英）行状》，《四部丛刊续编》本。

⑥ （宋）黄庶：《伐檀集》卷下《徐君处士妻周氏墓志铭并序》，九江：九江师专古籍整理研究室，1987年，第58页。

第二节　女性行善的途径

传统男权社会的礼教观念影响着宋代女性的思想，扶助男性成就事业，成为她们的主流观念。宋代女性一般亲自参与慈善活动，或劝导与鼓励家中男性参与慈善活动。她们这么做除了是扶危济困的善良本性使然外，还有一部分目的是为丈夫、儿子或者是家族树立良好的社会形象，同时为自己也获得更为稳固的家庭地位。

一、亲自参与慈善活动

宋代社会对女性的束缚较小，这给予了女性很大的社会活动空间。加之女性对自己和家庭的财产都有一定的支配权力，她们能够较为自主地从事慈善事业。有一位蒋氏夫人，深受其夫影响，乐于周人之急，助人无数。她在丈夫去世之后，仍承其夫志，助施乡里和族人。绍定二、三年（1229—1230 年）间，闹了灾荒，“里人艰食，命计口登其日籴之数，厥直视登场时，虽他乡价至倍差，卒无所增”。[①] 这种亲力亲为参与慈善活动的案例，前文中已列举很多。可见，女性此类的社会慈善行为是比较普遍的。

二、劝说丈夫、子孙进行慈善救济

如前文所述，虽然有一部分女性相对独立地进行了慈善活动，但也有一部分女性，出于性别限制或是礼教原因，不愿抛头露面亲自执行。她们没有直接参与到慈善活动当中，更多的是劝导丈夫、子孙进行赈济，在慈善活动中起到间接的作用。

---

① （宋）魏了翁：《鹤山先生大全文集》卷八十七《蒋恭人墓志铭》，《四部丛刊初编》本。

熙宁间吴地饥荒，陈献臣的母亲蒋氏"令子为食于路，与里之饥者"。[①] 袁燮的叔母范氏，在乡间遭了火灾的时候"爰命其子亟走，一介存问而补助"。[②] 家大酉的继母程氏，劝说大酉赈灾救荒，"凡累月，无一疾殣，全活以万数"。[③] 聂蒙正的母亲陈氏，在绍定五年（1232 年）饥荒的时候，劝诫她的儿子"周急恤邻"，使得"乡人戴其惠"。[④]"宣和用兵燕云，厚赋天下。缗钱督责甚峻，民无贫富皆被其害。时有海州杨允秀才妻刘氏寡居，二子皆幼，积钱十屋。一日刘氏调二子曰：'国家用兵敛及下户，期会促迫，刑法惨酷。吾家积钱列屋，坐视乡党之困与官吏之负罪而晏然不顾，于心安乎？'遂请于官以缗钱一百万献纳以充下户之输，于是一郡数县之官吏得以逃责，而下户得免于流离死亡者，皆刘氏之赐也。"[⑤] 母亲处于家中长者的地位，说话自然有分量，这种劝导和鼓励，对社会慈善活动起到了很大的作用。

特别是决定出资赈灾时，母亲的意见往往能左右儿子。如高宗建炎元年（1127 年），"米斗千钱，诸豪方闭贮"，刘昱的妻子王氏"独语其子曰：'岁饥盗贼蜂起，廥积盈腐，非福也'，乃尽发宿，待平直，唯取十之一，乡闾多赖以活。"[⑥] 又如魏了翁回忆说："乾道七年春饥，米为石万二千，浮莩相枕藉死，吏亡政，民至弄兵。祖妣（高氏）慨然召诸子谓曰：'民流移至此，吾幸有衣食，业可延旦

---

① （宋）陆佃：《陶山集》卷十六《蒋氏夫人墓志铭》，《丛书集成初编》第 1931 册，第 180 页。

② （宋）陆佃：《陶山集》卷十六《范夫人墓志铭》，《丛书集成初编》第 1931 册，第 180 页。

③ （宋）魏了翁：《鹤山先生大全集》卷八十七《太令人程氏墓志铭》，《四部丛刊初编》本。

④ 陈伯泉：《江西出土墓志选编》，第 208 页。

⑤ （宋）沈俶：《谐史》卷一，北京：中华书局，1991 年，第 6 页。

⑥ （宋）王庭珪：《卢溪文集》卷四十三《故王氏墓志铭》，影印文渊阁《四库全书》本。

夕，而忍坐视弗恤乎？’乃发廪出谷，民取给者襁负相望。既得无死，人免于从乱为田里患，民德之至今。”[1] 宁宗年间，王宗卿“为棘丞，安车入京，径于剡，岁方侵，饿者盈道”。其母袁妙觉对谓：“邑当赈恤，畏不敢言耳。两邑生灵之命，甚于侧垂，尔可不告之邪！”“宗卿亟以状达州与庾司，得万缗济之。夫人停桡钱清，报下乃行。比就养永嘉也，每闻平反，喜见词色。适民庐有燎者，夫人炷香露祷，风亟反而熄矣。非精微一念之所撤邪？”[2] 这段记载反映了袁氏夫人在儿子政务决策中的影响力，也体现了她对家庭经济事务的执掌权威。

作为妻子，劝说丈夫投身慈善事业也是女性从事公益善行的一个重要途径。高宗初年，樊滋德欲施钱财给贫乏族人，其妻蔡氏道：“所肦么麽，彼且缘手而尽，曷若营不匮之利”，樊滋德采纳了妻子的意见，“于是裂庆墙乡之别业为义产，且以戚疏定多少之差岁给之，而人赖以炊者众焉”，后樊滋德回忆说：“吾乡涉步数郡往来之凑，故有浮桁，袤数十丈，会为水败，行者病涉。吾妻不资于众，垂橐而新之。宣城饥，米斗钱二千，吾适佐郡，吾妻劝吾尽出禄赈之，日为饘粥食饿者。南陵饥甚，则市他米，诿邑令增给，自是大姓争发廪，而蒙活者不胜计。”[3] 南宋“绍兴丙辰，米斗千钱，廪有余积”，一位贺夫人谓其夫曰：“乡有饿莩，积而不散，非仁也”，于是“乃平直倒廪，且为粥于路，以食丐者，所活甚夥”。南宋“乾道之季，岁大侵，帅参政龚公奉诏劝分，悬爵传谕，致政（其夫）谋之孺人，孺人喟曰：‘活州里之饥，此吾愿也，握粟贸官，岂吾荣

---

① （宋）魏了翁：《鹤山先生大全文集》卷八十八《祖妣孺人高氏行状》，《四部丛刊初编》本。

② （宋）程珌：《洺水集》卷十《王宗卿母夫人袁氏墓志铭》，影印文渊阁《四库全书》本。

③ （宋）葛胜仲：《丹阳集》卷十四《樊宜人蔡氏墓志铭》，影印文渊阁《四库全书》本。

哉？且吾儿欲取官以启吾家，何不读书？’于是倾赀市书万卷，旁招名胜秀杰以淑其子”。① 宁、理宗年间，兴国军教授程澥的妻子谭幼玉“礼宾客，恩戚姻，乐赈乏绝。岁有祲，必劝其夫下价发廪以济饥。虑细民少钱，不能多籴，则米其谷，随所籴多寡应之，或不能籴则给之食，仰籴者日千百，全活甚众”。② 很多时候，妻子对丈夫的劝说能够起到很大作用，妻子细致入理的陈词成为对丈夫最有效的引导。

第三节 女性从事慈善活动的经济来源

一、奁产

宋代厚嫁之风盛行。在这种风气影响下，经济相对宽裕的家庭，通常会为女儿准备丰厚的嫁奁。宋代官户之女随嫁之资高达十万、数十万者不在少数。《宋刑统》规定妆奁是女性的私财，且夫家无权处置。这些奁产基本上成为宋代女性从事慈善赈济活动的重要物质基础。前文提到陈之奇的母亲江氏用“奁中金”③ 来做慈善便是此例。

二、夫财

夫家财产是宋代女性从事慈善赈济活动的又一物质基础。宋代女性对夫家的财产拥有一定的管理和处分的权力。一般来说，她们或者是直接使用家财进行慈善活动，或者是劝说丈夫、儿子利用家

---

① 辛更儒：《杨万里集笺注》卷一三〇《孺人贺氏墓志铭》，第5023页。
② （宋）姚勉：《雪坡集》卷五十《谭氏孺人墓志铭》，影印文渊阁《四库全书》本。
③ （宋）谢逸：《溪堂集》卷九《江夫人墓志铭》，影印文渊阁《四库全书》本。

财去实施慈善赈济。

苏轼的母亲程氏“视其家财既有余”，认为家财过多对儿孙非福反患。“因求族姻之贫者，悉为嫁娶振业之，乡人有急者，时亦赒焉。比其没，家无一年之储。”[①] 萧叔献的母亲文氏，“亲党内外洎里闬之众，贫不能自济，则赒赡存给”，最后“以是无余藏于家”。[②] 王惟善的妻子徐氏，“嫠居三十年，母范既备，家道益肥”，“人有以贫厄告者，赒之贷之，无不满意而去”。[③] 这些以夫财为物质基础的女性，在慈善赈济活动中占有主要地位。

三、国家封赐

在宋代，朝廷往往依据士大夫官品赐予其母、妻等命妇封号。受封之后的女性，会得到一部分赏赐，有些女性就利用这些钱财来做慈善事业。如杨存中的妻子赵紫真“月有俸，不以给他费，积钱九千万，尽撵至三茅元符宫”，在会稽闹饥荒的时候，她“发粟数千斛，分济之，全活者甚众”。[④] 贾说的母亲王氏信仰佛教，“所得禄赐”除捐赠寺庙修佛善经外，“班诸亲族之贫者”。[⑤]

女性是宋代慈善赈济活动中一股不可忽视的社会力量。她们以多种方式，对族人、朋友、乡里、幼孤和受灾民众等进行救济。如果说女性对亲族的赈济是其家事的延伸，那么她们对社会弱势群体的救助则是走出家庭，参与社会慈善的一种形式。宋代女性从事慈善赈济活动也并非仅仅因为个人情感因素使然，还与当时的社会风

---

① （宋）司马光：《温国文正公文集》卷七十六《苏主簿夫人墓志铭》，《四部丛刊初编》本。

② （宋）吕陶：《净德集》卷二十七《夫人文氏墓志铭》，《丛书集成初编》第1924册，第291页。

③ 陈伯泉：《江西出土墓志选编》，第223页。

④ （宋）孙觌：《南兰陵孙尚书大全文集》卷五十五，《宋集珍本丛刊》第35册，第674页。

⑤ （宋）胡寅：《斐然集》卷二十六《吴国太夫人王氏墓志铭》，第578页。

气、政府引导、宗教影响等各方面因素相关联。

她们从事慈善活动，为自身和家人赢得了良好的声誉，为家庭成员协调了人际关系，对社会中的“行善”思想起到了积极的作用，对于整个社会的和谐发展是有利的。不仅如此，对于社会上因贫富差距而引发的矛盾、社会动荡引发的不满、灾荒引起的混乱等社会性危机都起到了一定程度上的化解作用，有利于社会环境的稳定。

第四节　宋代女性慈善活动增多的原因

一、女性拥有一定的财产支配权

本书上编中已述，在宋代，家产不仅诸子均分，而且对女儿也不绝对排斥。在有子嗣的家庭里，虽然女儿不能直接地参与家产析分，但是她们可以间接通过“奁产”的形式来得到一部分财产。也就是说，她们拥有对父家财产的提前分割权，并得到法律上的承认。《宋刑统》中规定未婚女子可以获得“减男娉财之半”① 的财产作为陪嫁，婚后对这份陪嫁也享有支配权和终身所有权。在无子嗣的家庭，或者是夫死妻寡的家庭中，女性同样可以对部分财产进行继承、管理或是支配。很多资料中反映出来的“抽簪脱珥以赈济”的情况，也正是因为这些首饰资财是女性自己的可控财产。无财则无慈善，如果一个人自己都食不果腹，即使有心慈善，也没有财力作为物质支持与保障。徐处仁的妻子陈氏“斥卖嫁时衣被鞶帨”，“访族姻之贫者而赈之”。② 另有女性以本家的资产从事慈善赈济活动的情况。

① （宋）窦仪：《宋刑统》卷十二《卑幼私用财》，第197页。

② （宋）汪藻：《浮溪集》卷二十八《吴国夫人陈氏墓志铭》，《丛书集成初编》第1961册，第362页。

如牟氏本家“资产盛甲一乡”，牟氏招了个赘婿赵之才来过日子。牟氏“孤贫知恤，内外加敬，此里闬知之甚详”。[①] 这些情况的出现，都是因为女性对财产有一定的管理和控制权力。所以，法定的女性对财产的所有权和支配权，是她们进行慈善活动的物质基础，是女性从事慈善事业的基本前提。

二、神佛崇信思想对女性的影响

宋代社会，佛道两教盛行，信众甚多，朝廷对此态度宽容，甚至在一定程度上表示了支持与倡导。与唐代相比，佛教对宋代社会的影响更加广泛而深入，在宋代社会生活的诸多方面都可以看到佛教的影子，时人有“处处弥勒佛，家家观世音”[②] 之说。因为宗教的教义不同程度地汲取了儒家精神，鬼魅崇信也取得了与传统道德观念、宗教信仰中对人的道德评价近乎一致的标准。宋代的宗教体现出世俗化、平民化的趋势。主张行善布施，对社会上的贫弱群体进行救助，也成为佛教对信众的一种教化。宋代不少女性都信奉佛教，她们在接受佛教信仰的同时，必然会受到济贫扶弱思想的影响。比如，赵从郁的妻子薛氏“好读释氏书，喜赈济贫乏”。[③] 胡邦杰的母亲范氏“慈善存心”，常常“以财周人困穷”。[④] 单夔的母亲叶氏“日课观音经”，每当周围的人遇到急难之事，她“切切如已戚休事，其在窭乏时，虽解衣鬻珥不少靳，既贵，则虽甚费而不肯已”。[⑤] 徐椿年的妻子黄氏“日课西方书”，“凡贫无归，或不能自衣食者，随

① （清）黄本骥：《古志石华》卷二十八，《宋代石刻文献全编》第2册，第25页。

② （宋）释普济：《五灯会元》卷十六《智海逸禅师法嗣》，影印文渊阁《四库全书》本。

③ 中国文物所、河南省文物考古所编：《新中国出土墓志·河南（壹）》，北京：文物出版社，1994年，第284页。

④ 陈伯泉：《江西出土墓志选编》，第198页。

⑤ （宋）袁说友：《东塘集》卷二十，影印文渊阁《四库全书》本。

力赒之，岁凶少食，不自足而饱饥者"。[①] 这些有佛教信仰的女性的慈善赈济活动，在思想根源上与佛教提倡慈悲为怀，鼓励行善布施有一定关系。

宋代鬼神果报思想也较为盛行。在宋人看来，"存抚鳏寡小弱时加赈恤""散药食以济病人""为粥食以食饿者"等赈济行为，属于"积阴德"之举，必然为"天地所佑，鬼神所福"，从而"皆获善报"。[②] 前文提到晏巽的妻子郭氏"斥其有余以及族属乡党"，其后家道兴隆，"子孙振振"，黄榦认为此乃"天之报施善人"。[③] 林勉的妻子袁氏"周人之急，过于己私"，后来"凡七叙封，晚益光华"，袁燮认为，"则其实德之报"。[④] 可见，神佛崇信与因果报应之说，成为一部分女性慈善行为的精神因素。对于女性来说，慈善活动往往带有现实满足与宗教崇信的双重意义。现实中的慈善行为既可以为她们建立良好的人际关系，又能给自己树立高尚的道德形象，而这一行为又为她们和家人积累了"福报"。这种趋于功利的心态成为宋代女性投身公益慈善事业的源动力之一。

三、调节人际关系与家族获利心理的驱动

一般情况下，邻里关系较之直系亲属关系要疏远很多，但由于地缘关系上的接近，自古有远亲不如近邻之说。相对富裕的家庭时常接济经济条件较差的邻里成为宋代社会较为普遍的现象。从心理因素分析，家中富有而乡邻贫乏，难免滋生邻里间仇富心理。若果真如此，不仅和谐的邻里关系没有了，就是家中的财富也可能会成

---

① （宋）徐经孙：《宋学士徐公惠文存稿》卷五，影印文渊阁《四库全书》本。
② （宋）应俊：《琴堂谕俗编》卷下《积阴德》，影印文渊阁《四库全书》本。
③ （宋）黄榦：《勉斋先生黄文肃公文集》卷三十八，影印文渊阁《四库全书》本。
④ （宋）袁燮：《絜斋集》卷二十一《林太淑人袁氏墓志铭》，影印文渊阁《四库全书》本。

为众人觊觎的对象。勿因小而失大或许正是许多富人接济窘困邻里的出发点之一。有些女性认为，家中的部分财产应该用于教育子女、建造房屋、添置土地或者是奢侈、娱乐性消费等等。她们对于获利之后的不安需要靠消费行为来缓解，对乡邻的周济与对寺院的布施也被她们纳入“合理性”消费行为之一。

这种所谓的“合理性”消费行为，不仅可以缓解贫富差距带来的紧张感，又可以让自己和家人显得“功德无量”，所以在雄厚的经济实力背景下，慈善行为就成为她们消费的一个良好选择。这种行为对于家庭富裕的女性来说，也可以算是一种自我保护。宋代社会动荡，贫富差距增大，社会上的仇富心理凸显，慈善行为在缓解了紧张的贫富矛盾之后，更多地表现在她们另外的诉求，比如让家人平安、家财长久等。她们认为这种慈善行为是在一定程度上解决这种隐忧的途径之一。

宋代女性的社会救助与慈善行为，实际上还是一种利人利己的行为。对于商人家庭来说，她们的慈善行为在某种意义上类似于现今社会很多商人出资公益事业的行为，目的是提高自身知名度和树立良好形象，是一种为博得社会认可以及提高受众好感度的“营销”手段。对士人家庭来说，她们本人的节俭是为了管理家政的需要，全家的节俭是为了保持家庭收支平衡及敦养家风的需要，而对亲族、乡邻等的慷慨救助行为却是为了家族的长远利益，也是替为官入仕的丈夫、子孙赢得良好的声誉，保证其仕途顺畅的需要。这种调节人际关系的需要与家族获利的思想，是宋代女性从事慈善公益事业的心理驱动力，是符合人性的。

四、家庭教育引导的女性社会责任意识

宋代女性乐于从事慈善活动与女性自身的敏感善良、悲天悯人

的性格特征有关。宋人通常将女性的慈善行为评价为“性好施”“施散之博自其天性”等等。但这种所谓的“天性使然”并不是宋代女性从事慈善事业的全部动机。她们的行为包含着对社会的主动性关怀与积极参与，有一定的社会责任感在其中，特别是一些受过良好教育的女性，在她们所接触的教育中常有类似“体恤幼孤”“济世为怀”的引导。如《郑氏规范》中规定：“立义冢一所，乡邻死亡，委无子孙者，与给榇椟埋之，其鳏寡孤独，果无以自存者，时赒给之。”① 再加上她们接触的《列女传》《女范》等读物，都是从仁爱角度对女性的品行进行教育的。即使是没有接受过书本知识的女性，在传统的家庭教育中也被口传身授了一些作为“妇”所应有的行为和礼数。

宁隽的妻子贺氏认为“乡有饿殍，积而不散，非仁也”②，故而多次赈济灾民。王安世的女儿王氏热衷于赈济，她认为“缓急相济，乡党之义”③。“仁”和“义”是传统儒家思想所推崇的，其中包含着关爱社会的精神理念。有些女性以此作为其从事慈善事业的精神要求。王遂的母亲蔡氏不仅赈贫恤孤，还告诫儿子说：“民命所系，何可乎？”她的儿子想为她贺寿，恰巧赶上水患严重，蔡氏又说：“天变如此，汝有社有民，毋以吾故乐饮。”④ 拒绝了儿子的贺寿要求。可见，心怀天下之事并不完全是男性士大夫的品行，女性也有自觉的社会关怀意识和责任意识。

---

① （元）郑太和：《郑氏规范》，《丛书集成初编》第975册，第11页。

② 辛更儒：《杨万里集笺校》卷一三〇《孺人贺氏墓志铭》，第5023页。

③ （宋）度正：《性善堂稿》卷十四《故太原王夫人墓志铭》，影印文渊阁《四库全书》本。

④ （宋）刘宰：《漫塘集》卷三十四《故吉州王使君夫人蔡氏行状》，影印文渊阁《四库全书》本。

五、舆论支持和官府引导

宋代天灾人祸多，据统计，两宋时期各种灾害总计 874 次。[①] 在灾害之后，仅依靠官府的力量是不可能完全缓解百姓的生计以及维护社会秩序等问题的。为了不致灾民"流亡及结成群盗"[②]，增加社会的动荡和不稳定因素，朝廷往往动员各种力量来解决灾后诸多问题，稳定灾民。如大中祥符五年（1012 年），"京西诸州军民饥处，令转运使谕告积蓄之家有能赈济及以粮斛减半价出粜者，并具名闻，第行恩奖"。[③] 绍兴六年（1136 年）诸路大旱，朝廷"劝诱赈济，其所存活，不知其几千万人"。[④] 乾道七年（1171 年），湖南、江南等地旱情严重，朝廷命"旱伤州县，劝诱积粟之家赈济"。[⑤] 这种朝廷劝诱赈济的政策，对宋代女性从事慈善赈济活动无疑是一种促进。

有些士人用女性的慈善行为作为典范，来引导社会观念和风气。他们认为在社会慈善问题上女性尚可如此慷慨，男性更应当仁不让。如郑侠对女性慈善行为大加赞赏："大丈夫冠佩炜炜，口谈仁义，窘迫之际，如视路人，使知太孺之如此，能无愧乎？"[⑥] 这些从事慈善赈济活动的女性除了获得士人褒扬之外，还赢得了地方乡里及亲族的敬重与好评。如李洵直的妻子郑氏"折券恤贫，救患起疾，感动乡邻"。[⑦] 徐处仁的妻子陈氏"访族姻之贫者而赈之，人人咨嗟，以

① 邓云特：《中国救荒史》，北京：生活·读书·新知三联书店，1958 年，第 15 页。

② （宋）李焘：《续资治通鉴长编》卷一百七十一，仁宗皇祐三年三月乙亥，第 1568 页。

③ （宋）李焘：《续资治通鉴长编》卷七十七，真宗大中祥符五年春正月丁酉，第 677 页。

④ （宋）李心传：《建炎以来系年要录》卷一百十三，绍兴七年八月己未，第 1836 页。

⑤ （宋）董煟：《救荒活民书》卷二，《丛书集成初编》第 964 册，第 38 页。

⑥ （宋）郑侠：《西塘先生文集》卷四，《宋集珍本丛刊》第 24 册，第 551 页。

⑦ （清）刘喜海：《金石苑》，《宋代石刻文献全编》第 2 册，第 898 页。

为不可及”。[①] 林勉的妻子袁氏“周人之急，过于己私”，亲党都称赞说：“虽古贤妇，不过也。”[②] 士大夫对她们的慈善行为也是不吝赞美。如王溥的母亲张氏“赒宗族、赈闾里”，毕仲游就称赞她说：“非贤夫人能若是乎？”[③] 蒋如晦的妻子潘氏“嫠居之后，备尝艰厄”，但依然坚持“轸恤孤寡，扶助亲党，无异于往时”，袁燮赞叹她的行为“深可敬钦”。[④] 程澥的妻子谭氏“乐赈乏绝，岁有祲，必劝其夫下价发廪以济饥”，姚勉誉其为“范世之妇人”。[⑤] 总之，社会舆论在一定程度上影响着个体的行为，宋代士人、宗族、乡里等在舆论上的支持，是女性从事慈善赈济活动的又一动因。

---

① （宋）汪藻：《浮溪集》卷二十八《吴国夫人陈氏墓志铭》，《丛书集成初编》第1961册，第362页。

② （宋）袁燮：《絜斋集》卷二十一《林太淑人袁氏墓志铭》，影印文渊阁《四库全书》本。

③ （宋）毕仲游：《西台集》卷十四《延安郡太君张氏墓志铭》，第239页。

④ （宋）袁燮：《絜斋集》卷二十一《蒋安人潘氏墓志铭》，影印文渊阁《四库全书》本。

⑤ （宋）姚勉：《雪坡舍人集》卷五十，影印文渊阁《四库全书》本。

第三章　女性宗教神职人员与寺院经济

第一节　女性的宗教信仰

宋代宗教向世俗化发展，民风、民俗以及民众的生活方式和思维方式无不受宗教文化的影响，在民俗信仰中处处可见受宗教熏染的影子。宋代宗教文化已深入民众的生活并成为民众的精神寄托。在此基础上，女性的宗教活动也普及到社会的各个阶层，内容呈现出一定的多样性。正如女权主义作家波伏娃所说："如果妇女非常愿意接受宗教，归根到底是因为宗教满足了一种深深的需要。"① 相对于男性心理来说，女性的思维模式与认知系统对感官刺激和与直觉相关的体验表现得更为敏锐。她们更加注重自我的内心感受与需求，对个人体感方面的要求较男性来说表现得更为强烈。相反，女性在抽象和理性思考方面却远不及男性。正是基于女性的这种特点，宗教的精神慰藉性迎合了她们某些方面的心理诉求，成为她们寻求自我价值实现的突破口。社会整体对宗教的推崇，加之女性自身性格特性的心理特征与精神诉求，女性热衷于宗教事业者不在少数。对于宗教的信仰与崇拜，不仅表现为精神上的追求，还表现在积极参与宗教性活动方面。

---

① ［法］西蒙娜·德·波伏娃著，王友琴译：《女人是什么》，北京：中国文联出版社，1988 年，第 427 页。

从内容上来看，市民阶层女性的宗教信仰是多元的，佛道两教都不乏信众。如，张氏“居家简朴，喜浮屠”①，林氏“喜佛，行为一本于为善”②，刘氏“好读佛书，受五戒，预为送终具甚备”③。从目的上来看，宋代女性的宗教信仰具有很强的功用性，出于人本性中趋利避害的心理，宋代女性对宗教神佛的诉求也体现在她们对自身、对家庭的保护上。佛教教义宣扬的是众生皆能靠修行而成佛的理念，为信众描绘出众生平等、无苦无忧的美好蓝图。这种思想上的诱惑，引导着女性信众将在现实生活中遇到的诸多不平等与苦恼而希望改变的心理诉诸所谓的“来世”。这种期求与空想，就成为她们在精神上摆脱痛苦的手段，也成为她们信佛、礼佛、供佛的源动力。

中国传统的宗教信仰，来源多端，演变复杂。在宋代，儒释道三教趋于合流，在社会中形成了一种新形式的多神崇拜信仰模式，佛教、道教与中国传统的儒家思想之间再无激烈的冲突和严格的界限。对于缺乏科学理论指导的宋代女性而言，很容易在思想上被其俘获。凡是能够满足她们精神诉求的，她们都是趋于崇拜与信奉的。佛教相对于道教显得更加“无门槛”性。因此在宋代社会中，佛教的影响力要远胜于道教。就史料记载来看，朱熹对此曾有评述说：“老氏煞清高，佛氏乃为逋逃渊薮。今看何等人，不问大人、小儿、官员、村人、商贾、男子、妇人，皆得入其门。”④ 可见，佛教已经得到宋代民众的广泛认可，女性更是热衷其中。《梦粱录》中就曾描

① （宋）毕仲游：《西台集》卷十四《延安郡太君张氏墓志铭》，第239页。

② （宋）李之仪：《姑溪居士全集》卷四十九《郡太君林氏墓铭》，《丛书集成初编》第1939册，第369页。

③ （宋）苏轼：《苏轼文集》卷十五《刘夫人墓志铭》，第470页。

④ （宋）黎靖德：《朱子全书·朱子语类》卷一百二十六，第3928页。

述过宗教盛会中女性活跃的身影："又有善女人，皆府室宅舍内司之府第娘子夫人等，建庚申会，诵《圆觉经》，俱带珠翠珍宝首饰赴会，人呼曰'斗宝会'。……太平兴国传法寺向者建净业会，每月十七日集善男信人，十八日集善女信人，入寺诵经，设斋听法，年终以所以资金，建药师道场七昼夜。"① 敦煌莫高窟中也出现了大量宋代女性供养人的记录（见表2）。可见，女性参与宗教活动不仅在中上层社会中极为普遍，普通百姓亦然，两者的差异仅表现在不同的供养方式上。

表2　敦煌莫高窟女性供养人题记

洞　窟	位　　置	造像、题记
第61窟	东壁	于阗公主李氏供养像
第55窟	甬道北壁底层供养人像列西向第一身	大回鹘圣天可汗公主一心供养
第55窟	甬道北壁底层供养人像列西向第三身	谯郡……氏一心供养
第55窟	东壁门北侧底层供养人像列第三身	故姨广平郡夫人□□
第55窟	东壁门北侧底层供养人像列第四身	敕受□国夫人太原阎氏一心□养
第55窟	东壁门北侧底层供养人像列第五身	□小娘子翟氏一心供养
第55窟	北壁东端供养人像列第一身	……氏一心……
第55窟	北壁东端供养人像列第三身	新妇……阴氏……
第55窟	北壁东端供养人像列第六身	□甥小娘子索氏一心……
第256窟	东壁门北侧供养人像列南向第一身	皇□谯郡夫人……一心供养
第256窟	东壁门北侧供养人像列南向第二身	窟主娘子阎氏一心供养
第449窟	主室西壁龛下宋代供养人像列北向第一身	社小娘子……一心供养
第449窟	主室西壁龛下宋代供养人像列北向第二身	……曹氏一心供养
第449窟	主室西壁龛下宋代供养人像列北向第三身	社小娘子□氏一心供养
第454窟	主室南壁供养人像列东向第四身	窟主敕受清河郡夫人慕容氏一心供养

① （宋）吴自牧：《梦粱录》卷十九《社会》，第299页。

一、社会中上层女性的宗教行为

社会中上层社会女性群体的宗教行为在墓志铭中反映得相对集中。据统计，在宋人文集及《历代石刻史料汇编》所录宋代女性墓志的主要参考资料中，明确表示墓主或与墓主有关的女性信仰佛教的有234人，占全部人数的24.6%，这个比例大大超过了前代，说明佛教在宋代女性中普及之广、影响之大。① 墓志中记载的基本上属于社会中上层女性群体，包括一些皇族、宗室女性，还有很多士人家庭的女性。敦煌莫高窟壁画中有大量女供养人像，通过其服饰等特征判断，大部分属于社会中上层女性的信众形象（图20）。

图20　敦煌莫高窟第61窟女供养人②

墓志铭中保存了大量对女性礼佛行为的记载，如《鸿庆居士集》中的《宋故秦国夫人卜氏墓志铭》，《古灵集》中的《崇国太夫人符

① 秦艳：《从墓志看宋代女性的佛教信仰》，《晋阳学刊》2009年第6期。

② 敦煌文物研究所编：《敦煌莫高窟》第五册，北京：文物出版社，1990年，彩图第77页。

氏墓志铭》，《范太史集》中的《安康郡夫人胡氏墓志铭》《右屯卫大将军妻击安县君杨氏墓志铭》等史料，都明确地反映出了这类女性的宗教信仰。秦国夫人卜氏“少喜诵佛书，晨香夜灯，不避寒暑”，“持律严甚，未尝杀生物供馔”。[①] 安康郡夫人胡氏“恶杀生类，未尝鲜食”。[②] 太淑人叶氏“旧课《观音经》诵大士号，二卿又亲书《金刚经》”。[③] 硕人张氏“旧诵其语，食不击鲜，奉观世音尤力，课所谓大悲咒者，数以万计”。[④] 安人胡氏“不忍剪生物，间却荤血，为伊蒲塞食”。[⑤] 孺人项氏“诵释氏书，及阅《传灯录》，遇会意处，辄抄录成编，或加点记，或成偈颂”。[⑥] 长寿县君高氏“晨起，诵其书有常数，数未满辄不饮食”。[⑦] 可见大部分社会中上层有宗教信仰的女性，不仅诵读经书，还坚守佛教戒律。

除了在家礼佛，她们也参与寺院的烧拜和宗教集会活动。蔡攸“六夫人某日出某寺观烧香”。[⑧] 又如“东京汴州开封府枣槊巷里有个官人，复姓皇甫，……有个妻子杨氏……每年正月初一，夫妻两人，双双地上本州大相国寺里烧香”。[⑨] 她们烧香供奉，往往会有一定的目的，比如祈祷、还愿、求子、施舍财物等等。同时也把此行

---

① （宋）孙觌：《鸿庆居士集》卷四十《宋故秦国夫人卜氏墓志铭》，影印文渊阁《四库全书》本。

② （宋）范祖禹：《范太史集》卷四十二《安康郡夫人胡氏墓志铭》，影印文渊阁《四库全书》本。

③ （宋）袁说友：《东塘集》卷二十《故太淑人叶氏墓志铭》，影印文渊阁《四库全书》本。

④ （宋）葛胜仲：《丹阳集》卷十四《妻硕人张氏墓志铭》，影印文渊阁《四库全书》本。

⑤ （宋）范浚：《香溪集》卷二十二《安人胡氏墓志铭》，《丛书集成初编》第1995册，第207页。

⑥ （宋）刘宰：《漫塘集》卷三十《故孺人项氏墓志铭》，影印文渊阁《四库全书》本。

⑦ （宋）邹浩：《道乡集》卷三十七《长寿县君高氏墓志铭》，影印文渊阁《四库全书》本。

⑧ （宋）徐梦莘：《三朝北盟会编》卷四十七，上海：上海古籍出版社，1987年，第351页。

⑨ （明）洪楩编：《清平山堂话本》卷一，第4页。

为作为一种修行，是积累功德的活动。不仅佛教，道教也被人们所推崇。“汀州宁化县攀龙乡豪家刘安上之女，生不茹荤，性慧，喜文墨。年九岁，即能随羽人谈道。……以不嫁自誓。及笄，父母夺其志……导从越境，忽一白鹅从空而下，女出车乘之，飞升而去。”① 人们信仰佛教的主要目的在于为来世修行功德，求得神灵的庇佑与保护，而信仰道教者则多是崇拜自由超然的神玄状态，希望借修炼得以长生或者羽化成仙。

还有一些女性，把宗教场所当作游玩的好去处。“州人士女奔走归向礼拜，旋绕欢喜，赞叹无有穷尽。”② “六月六日，显应观崔府君诞辰，自东都时庙食已盛。是日都人士女，骈集灶香，为避暑之游。”③ 丁昌期妻蒋氏夫人的墓志铭中有这样的记载：“岁时宗戚，趋寺庙以嬉，或请夫人。夫人曰：‘彼岂我属游止处耶？’”④ 元丰、元祐年间，“释氏禅家盛，东南士女纷造席下，往往空闺门”。寺庙里人声鼎沸、热闹非常，人们纷纷“趋寺庙以嬉”，而“闺门”却是空空如也⑤，可见，宗教场所俨然成了士人家庭中的女性游玩、寄宿的首选之地。这些参与宗教性娱乐活动的女性，可能并没有宗教信仰，也没有对寺院经济进行资助，但是她们的游玩行为在某种程度上来说刺激了寺院经济，从侧面反映出社会中上层女性对宗教性活动的热衷。

这些社会中上层的女性，大多是商士或温裕之家的母亲、妻子。

---

① （宋）洪迈：《夷坚志》补卷十三《刘女白鹅》，第1665页。

② （宋）程俱：《北山集》卷三十七《衢州大中祥符寺大悲观世音菩萨阁记》，影印文渊阁《四库全书》本。

③ （宋）周密：《武林旧事》卷三《都人避暑》，第380页。

④ （宋）许景衡：《横塘集》卷二十《丁昌期妻蒋氏墓志铭》，影印文渊阁《四库全书》本。

⑤ （宋）邹浩：《道乡集》卷三十七《寿昌县太君严氏墓志铭》，影印文渊阁《四库全书》本。

她们对宗教的推崇不仅表现在抄经诵佛上，还表现在对寺观的经济性资助上，这一点将在后文中详述。

二、平民女性的宗教信仰

关于普通百姓人家女性的宗教信仰在史料中记载得不多，但从一些比较小的侧面和宗教节日的繁盛场面中，可以窥见平民女性参与宗教活动也相当普遍。

不仅敦煌莫高窟出现了大量女性供养人的画面，在重庆大足石刻中同样有很多女性形象。这些女性，多为平民形象，石刻表现的也多是其接受宗教教化的内容。其中还包括很多女性供养者的造像，每一个都代表了当时女性供养者本人，她们之所以出资造像并供养，就是意在显示其虔诚之心，认为心诚则灵，相信因果报应，希望能得到神佛的保佑和庇护。通过重庆大足宝顶山和南山的摩崖造像中的信女与供养人像的服饰特征——衣着简单，无首饰簪珥等——来判断，其像主本人应属平民阶层(图21、22)。

图21 信女像（重庆大足石刻宝顶山大佛湾摩崖造像）

《夷坚志》中也讲了很多平民女性礼佛的故事：《崔婆褐》中的乳母崔婆因主母留意禅学，自己每日朝夕在侧，“能诵阿弥陀佛，虔诚不辍”[①]；《郑行婆》中的郑氏“自幼不饮酒茹荤”，不知肉是何味，一次因妄想牛肉的美味破了禁忌而受到惩罚，自此“示显化益，

① （宋）洪迈：《夷坚志》乙志卷九《崔婆偈》，第262页。

图 22　供养人像（重庆大足石刻南山第 5 号窟摩崖造像）

痛加修饬”[①]，也可见信仰的虔诚；《李氏乳媪》中的陈氏虽然“赋性犷戾，常与人竞”，但却坚持二十六年“每朝早起，即诵莲花经十余遍”。[②] 这些故事虽不能呈现平民阶层女性宗教信仰的全貌，但也具有一定的代表性。如郑行婆去“往报恩光孝寺，听悟长老说法。中路过屠者门，正见脔割牛肉，戏语同行”[③]，有“同行”的陪伴，说明同去的人不会少。

再如前述《东京梦华录》中对汴梁相国寺的热闹场景的描述，虽没有直接提及女性的活动，但“万姓”中肯定不乏女性。寺庙里人声鼎沸、热闹非常，人们纷纷“趋寺庙以嬉”[④]，也说明在整体社会风气影响下女性对于宗教及其礼会活动是非常热衷的。

另外，佛事法会中也不乏女性的身影。佛事是指佛教为庆典、说法、供佛、施食斋僧、拜忏、祈福、追福、存亡等举行的仪式。

---

① （宋）洪迈：《夷坚志》支丁卷三《郑行婆》，第 990 页。

② （宋）洪迈：《夷坚志》支景卷七《李氏乳媪》，第 936 页。

③ （宋）洪迈：《夷坚志》支景卷七《李氏乳媪》，第 936 页。

④ （宋）邹浩：《道乡集》卷三十七《寿昌县太君严氏墓志铭》，影印文渊阁《四库全书》本。

法会是指在举行这些仪式时的集会。主要的佛事法会有转咒、念普佛、放生、放焰口、斋天、忏法、水陆法会、浴佛法会、盂兰盆会以及佛教的其他一些节日庆典。宋代的笔记小说中，详细描绘的佛事活动主要有四月初八佛诞日的浴佛会和放生会、天竺寺光明会、茶汤会、净业会、盂兰盆会等。在这些大型的佛教法会中，随处可见女性信众的形象。

如《梦粱录》中记载："奉佛者有上天竺寺光明会"，"又有善女人，皆府室宅舍内司之府第娘子夫人等，建庚申会，诵《圆觉经》"。① 又如《都城纪胜》云："城中太平兴国传法寺净业会，每月十七日则集男士，十八日则集女人，入寺讽经听法。岁终则建药师会七昼夜。"②《梦粱录》对这些宗教活动也有记载："城东城北善友道者，建茶汤会，遇诸山寺院建会设斋，又神圣诞日，助缘设茶汤供众。四月初八日，六和塔寺集童男童女善信人建朝塔会。九月初一日，湖州市遇土神崇善王诞日，亦有童男童女迎献茶果，以还心愫。每月遇庚申或八日，诸寺庵舍，集善信人诵经设斋，或建西归会。保俶塔每岁春季，建受生寄库大斋会。诸寺院明清建供天会。七月十五日，建盂兰盆会。二月十五日，长明寺及诸教院建涅槃会。……太平兴国传法寺向者建净业会，每十七日集善男信人，十八日集善女信人，入寺诵经，设斋听法，年终以所收资金，建药师道场七昼夜，以终其会，今废之久矣。其余白莲、行法、三坛等会，各有所分也。"③ 此段文字多次出现了"童女""善女信人"等词语，可见这些宗教活动是宋代女性经常参加的集会，且平民信众居多。

综上分析，无论对社会中上层女性，还是普通平民女性，宋代

---

① （宋）吴自牧：《梦粱录》卷十九《社会》，第299页。

② （宋）耐得翁：《都城纪胜·社会》，第98页。

③ （宋）吴自牧：《梦粱录》卷十九《社会》，第299页。

宗教信仰深入人心。这种迥异于儒家传统的生活模式，在社会上广为流行。这种现象背后的深层原因首先必然是宋代社会经济的发展导致社会风气的整体性变化，也与战乱频扰，人们渴望平稳安定的生活有一定关系。

第二节 女性对寺院的经济资助

司马光曾说过“妇人无外事，有善不出闺门”①，这是饱读诗书的士大夫们对女性角色的一种基本态度，从某种层面上也反映出社会上存在的普遍看法。但是实际生活中，宋代女性并不限于家庭与深闺之中，她们不仅参与前文提到过的慈善赈济活动，还积极地对宗教经济事业作出贡献，如捐钱献物、修葺庙宇、造塔造像、印刷经文等等，内容十分丰富。正如世界著名社会心理学家麦克·阿盖尔教授所说：“宗教经验的内容——不管是温尔类型的，还是强烈类型的——都有一种很强的亲社会冲动，那就是要帮助别人。”② 在“亲社会冲动”的影响下，女性信徒开始对宗教事业和社会公益事业积极地进行布施。所谓布施，是指“于内外资财，能以清净心悉能施之，而无吝惜也。内财即身、命、法。外财即世间财产。就是用自己的体能、智慧和财产造福于他人，借此来积累功德”。③ 陈录在《善诱文·修为果报》中也对“布施”给出了很明确的定义：“佛言……欲得宝贵，当勤布施。布施有四：一曰财施；二曰法施；三

① （宋）司马光：《司马温公集编年笺注》卷六四序一《叙清河郡君》，成都：巴蜀书社，2009 年，第 139—140 页。

② ［英］麦克·阿盖尔著，陈彪译：《宗教心理学导论》，北京：中国人民大学出版社，2003 年，第 266 页。

③ 上海佛像书局编辑：《实用佛学词典》，杭州：浙江古籍出版社，1986 年，第 582 页。

曰无畏施；四曰心施。”① 其中的“财施”便是对寺院的经济资助行为。

为了受到传统儒家思想影响的人们能更好地接纳宗教思想，中国化了的佛教将佛语中的“布施”与儒家思想中的“施报”等同起来，并且还将布施与因果轮回相联系，劝诫人们积德行善，从而成功地将这种观念植入人们心中，特别是女性信众心中。受“善恶果报”思想的影响，宋代女性所从事的对社会的“布施”行为大致可以分为两个层面：第一个层面是面向社会，对乡人、邻里、宗族等进行救助和赈济；第二个层面则表现为捐献钱物、修葺庙宇、造塔造像、印刷经文等，在这类活动中我们可以清楚地看到女性对宗教的崇拜和热忱。

在很多宋人的宗教观念中，人之所以能安家立命、养育子孙，不在于其智力如何，而是因为“必积行阴德，而后为天地之所佑，鬼神之所福，则其身康强，其家昌盛，其子孙逢吉”。相反地，不积阴德或者是损阴德的人会受到报应或者说是惩罚。这种果报不仅会降于他们自身，有些还会降在后辈子孙身上。他们认为积阴德的方式可以有很多，人人都可以做到。如“存抚鳏寡小弱，时加赈恤；见人不善，委曲劝诲；闻人祸患，多方解救；修桥道以便行人；筑堰埭以利农亩；散药食以济病人；为粥食以食饿者；怜男女之无归而为之婚嫁；悯旅丧之不举，而为之津遣；收弃子于路，而养育以俟其长；拾遗物于道，而标记以待其取”。② 重庆大足石刻的六道轮回图（图 23）便完整地体现了这种思想：众生都处在因果轮回之轮中，做善事者随“善业”而上升，脱胎转世后幸福享乐；做恶事者

① （宋）陈录：《善诱文·修为果报》，《丛书集成初编》第 2986 册，第 11 页。

② （宋）应俊：《琴堂谕俗编》卷下《积阴德》，影印文渊阁《四库全书》本。

随“恶业”而下沉，下一世在痛苦中饱受煎熬。如此反复，无有终了。诸如此类，虽描述的方式不尽相同，但大体思想基本一致。

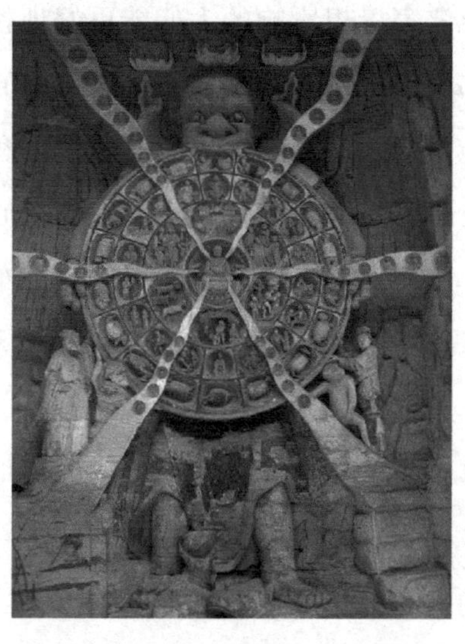

图23　六道轮回图（重庆大足石刻宝顶山大佛湾第3号龛摩崖造像）

由于果报轮回思想深入人心，宋人十分热衷于慈善，女性也是如此，特别是家境优越的阶层。如彦季妻慕容氏“每晨兴颐指家务，罢则翻《金刚经》二卷，日一斋为常，性好施，喜作释家缘事，以为因果可证”。[①] 又如眉州眉山人杨氏夫人，每日诵读佛经，从不懈怠，自己“躬俭素衣”，却“性好施”，常常周济族人邻里，以图下一世更好地轮回。[②] 她们把生活中的“福报”归结于自己曾经所施的善行善举。如《丹阳集》所记，张宰的母亲王氏夫人，由于早年“菲于自奉，而所识穷乏悉赈之”，所以晚年才得到“御安舆从子之

① （宋）何澹：《故恭人慕容氏墓志》，曾枣庄、刘琳主编：《全宋文》卷六三九九，第282册，第196页。

② （宋）范祖禹：《范太史集》卷三十八《长寿县太君杨氏墓志铭》，影印文渊阁《四库全书》本。

官，辙环数郡”的“福报”，后来乡里在谈论积阴德能得福的事情时总会以王氏夫人的事迹为例。[①] 又有《絜斋集》中记载的林勉的妻子袁氏周济他人得“凡七叙封，晚益光华”的福报[②]和临川“斥其有余以及族属乡党”而得“子孙振振”，自己也以七十九岁高龄而终的郭氏夫人[③]等等事例，都证明了宋人“天之报施善人”的思想。

通过慈善性公益活动来“积阴德”是女性表达虔诚信仰的一种方式，除此之外，她们还会以“写经造像，修建塔庙”[④] 来表达自己对神佛的崇敬之情和虔诚的供佛之心。如太祖、太宗年间，韩继球的继室夫人李氏“尝闻郑夫人（婆婆）欲饭浮图氏且千万，久而未偿，夫人曰：‘是亦吾夫之愿也，顾不能遽集。’因以田施疏山白云僧舍，俾收岁租以为饭僧之数，凡六年而后毕”。既而，韩继球死，李氏“负其柩祔于太夫人郑之侧，即墓所筑室庐，以为僧居，买田数十亩给之”。[⑤] 姑好佛，媳顺从其意。“尝见佛者宗杲，重其明悟，使从其徒曰无著道人妙总，总亦以其所以知许之，未三年，即齐居蔬食，除割世欲，书课经梵，夜习禅观，指月出之光自喻其性，以为亘古今不能亏也。将死，子妇等前问，细碎尽酬答，申衍契入，照了幻妄，嬉笑如常日，亦异于人矣！”[⑥] 北宋中期，“生员刘万年妻毛氏捐资八百两”兴建了广昌县大觉寺。[⑦] 奉新县的宝莲院也是由富户家的女信徒刘氏出资兴建的，她将“新安乡田地，岁收

---

① （宋）葛胜仲：《丹阳集》卷十四《张太安人王氏墓志铭》，影印文渊阁《四库全书》本。

② （宋）袁燮：《絜斋集》卷二十一《林太淑人袁氏墓志铭》，影印文渊阁《四库全书》本。

③ （宋）黄榦：《勉斋先生黄文肃公文集》卷三十五，影印文渊阁《四库全书》本。

④ （宋）司马光：《司马氏书仪》卷五《魂帛》，《丛书集成初编》第 1040 册，第 54 页。

⑤ （宋）韩元吉：《南涧甲乙稿》卷二十二《太恭人李氏墓志铭》，《丛书集成初编》第 1984 册，第 460 页。

⑥ （宋）叶适：《叶适集·水心文集》卷十三《宋故孟夫人墓志铭》，第 233 页。

⑦ （清）曾毓璋纂修：《广昌县志》卷六《寺观》，清同治六年刻本。

百余斛及山地之利，永舍充于宝殿长命灯钜”。[①] 神宗年间，贺知章的后人、正议大夫程师孟的妻子贺氏，“尽施奁中物，市田赡其坟之寺，岁以度僧一人”。[②] 司马光在他的文集里也记载了一位热衷佛法的张行婆在儿女皆已婚嫁之后，离家修复一座古寺，“里人闻之，争助以财，不日立堂殿厨庑，塑绘佛像，营储皆备”。[③] 南宋高宗绍兴十五年（1145 年），泉州“南厢梁安家室柳三娘舍钱造宝塔两座”。[④] 此类例子很多，仅《江苏通志稿》就记载有数十名捐资供佛的女性名单。[⑤] 如前文中所引的女性供养者造像所示，她们出资造像并供养，也是因为深信因果报应，以期通过出资造像的行为表达礼佛之心，从而得到神佛的保佑与庇护。如建炎二年（1128 年），知州任宗昌的妻子杜氏自我评价说：“女身垢秽，不是法器。皈依菩萨，作清净地。愿我多生，爱根脱离，识本来面目，悟西来意。”[⑥] 不仅佛教，道教也流行这样的供养风气。显仁韦太后就为自己在孤山的四圣延祥观造有绘像，而且“奉事甚谨，朝夕不忘香火”。[⑦]

女性到了晚年，格外看淡身外之财，转而注重生死轮回和自己来生转世的问题，于是她们往往不惜代价地倾囊捐献。如仁宗时陈彦辅的母亲吴文徽，晚年“货平生之替洱（簪珥）、衣服、器玩，施

---

① （清）《江西通志》卷一百二十一《宝莲院记》，北京：中华书局，1967 年，第 2524 页。

② （宋）陆佃：《陶山集》卷十五《长乐郡君贺氏墓志铭》，《丛书集成初编》第 1931 册，第 168 页。

③ （宋）司马光：《温国文正公文集》卷六十七《张行婆传》，《四部丛刊初编》本。

④ 《（民国）福建金石志》卷九《开元寺柳三娘造塔记》，国家图书馆善本金石组编：《宋代石刻资料全编》第 4 册，第 398 页。

⑤ 《（民国）江苏省通志稿》文艺志三·金石十一《江阴军乾明院五百罗汉尊号碑》，国家图书馆善本金石组编：《宋代石刻资料全编》第 2 册，第 247 页。

⑥ 林梅：《由大足唐宋造像内容谈妇女与宗教的关联》，《敦煌学辑刊》2006 年第 4 期。

⑦ （宋）吴自牧：《梦粱录》卷八《四圣延祥观》，第 198 页。

浮屠氏以庇风雨”。[1] 徽宗年间，南阳正奉大夫张宗望的妻子，是华元燕王元俨的女儿吴氏，“逮亡无恙时，即自制送终服，且以币诿金山浮屠，营所谓佛事者，其于死生，盖若无所甚爱云”。[2] 苏轼的母亲蜀郡太君程氏夫人遗留簪珥，命工胡锡采画佛像，以荐父母冥福。[3] 还有一位郑氏夫人，平生涉猎经传，并在“晚年尤好修塔庙、治津梁、乐施惠”[4]。这些女性信众在生前甘愿将自己的财物奉献出来对宗教事业进行资助，还有很多女性在临终的时候也不忘了嘱咐家人将自己剩下的财产悉数献给宗教事业以示诚心。有一位周夫人就是如此，她“性酷向佛，朝不茹荤，逮暝弗变，遗命诸子，鬻匣中所有以饭浮屠，其真好善者欤”。[5]

并不是所有的女性都以独立的身份去捐资捐财，还有一种情况是妻子劝谏丈夫，以夫妇二人的名义共同出资，或者是母亲要求儿子为她捐资修庙画像。如高宗绍兴五年（1135 年），右朝散大夫主管台州崇道观的樊滋德“既葬二尊于塔山，卒丧，踌躇不忍去”，妻子蔡氏劝导他说：“荐香火而护樵牧，宜有佛庙。众财不可私取以为悦，盍以己力营之？因斥卖其装，不留一簪，而筑室一区，延僧主之。”[6] 苏轼的妻子王闰之“临终之夕，遗言舍所受用，使其子迈、迨、过为画阿弥陀像。绍圣元年六月九日，像成，奉安于金陵清凉寺”。[7]《夷坚志》中也记载了鄱阳盐商阎大翁“家资巨万，夫妇皆

---

① （宋）谢逸：《溪堂集》卷九《吴夫人墓志铭》，影印文渊阁《四库全书》本。

② （宋）赵鼎臣：《竹隐畸士集》卷十九《吴夫人墓志铭》，影印文渊阁《四库全书》本。

③ （宋）苏轼：《苏东坡全集（上）》前集卷四十《阿弥陀佛颂》，第 457 页。

④ （宋）程俱：《北山集》卷十五《何氏考妣墓表》，影印文渊阁《四库全书》本。

⑤ （宋）强至：《祠部集》卷三十五《汝南周氏夫人墓志铭》，《丛书集成初编》第 1898 册，第 533 页。

⑥ （宋）葛胜仲：《丹阳集》卷十四《樊宜人蔡氏墓志铭》，影印文渊阁《四库全书》本。

⑦ （宋）苏轼：《苏东坡全集（上）》后集卷十九《释教》之《阿弥陀佛赞》，第 662 页。

好布施，诸寺观无不沾其惠”① 和忠训郎王良佐“夫妇好奉释氏，斋施无虚日”② 等夫妇合力虔诚供佛的故事。

还有些女性是为了完成家人的宗教性遗愿而出资捐建寺庙的。如《江阴县续志》记载，王氏的祖父想要捐资建寺供奉僧佛，但不幸没有完成就去世了，后人为其还愿，因“置膏壤，王母李氏悦闻，乐倾仓蓄，贸良田数拾畦，施供其众”。③ 太恭人李氏夫人“闻郑夫人欲饭浮图氏且千万，久而未偿。夫人曰是亦吾夫之愿也，顾不能遽集。因以田施疏山白云僧舍，俾收岁租以为饭僧之数，凡六年而后毕”。④ 李氏供养佛教长达六年之久，其后遭逢建炎之乱，家人流离失所，夫人途经泗洲僧伽塔时，便烧香祈祷与家人团圆，后终如愿以偿。

有些文化水平较高的女性凭借自己的认知能力和理解能力，招募工匠将自己喜爱的经书刻版印刷出来，传播宗教思想。这种行为是以善道教人，属于前文提到过的布施中的“法施”。庆国夫人鄱阳张氏就是这类女性信众的代表，她“谨发虔心，募工镂板，印造《修西方念佛三昧集要》一部，普劝发无上菩提心者，至心归依西方净土”。⑤ 前文提到过的刻版业的俞氏一家中的女性，参与了《华严经》的刻版工作。⑥

---

① （宋）洪迈：《夷坚志》三志辛卷七《闫大翁》，第 1439 页。

② （宋）洪迈：《夷坚志》支志癸卷三《宝叔塔影》，第 1239 页。

③ 《江阴县续志》卷二十一《石刻记》之《寿圣禅院庄园记》，《宋代石刻文献全编》第 2 册，第 180 页。

④ （宋）韩元吉：《南涧甲乙稿》卷二十二《太恭人李氏墓志铭》，《丛书集成初编》第 1984 册，第 461 页。

⑤ （宋）李纲：《李纲全集》，《梁溪先生文集》卷一百六十三《题修西方念佛三昧集要》，长沙：岳麓书社，2004 年，第 1501 页。

⑥ 罗树宝：《中国古代印刷史》，第 179 页。

出资捐献毕竟是需要一定的经济实力来支撑的，所以以上诸多史料中反映女性资助宗教事业的活动多是富裕人家的女性所为。她们或是出身官宦之家，或是来自富裕的商人家庭，拥有相对雄厚的经济实力和资金支持。而有宗教热情、信仰虔诚的平民家庭女性，却无力“出资”修建庙宇、捐造佛像，大多数人除了平日的简单供奉之外，只能靠“出力”的方式来表达自己的虔诚之心。如平江府常熟县有僧人想修葺庙宇，于是倡导和发动乡里的群众集资建庙，结果邑人“欣然从之，老幼负土，虽闺房妇女，亦以裙裾包裹瓦石填委其上，不旬月，遂为皋陆。乃创为甓塔，再级则止”。[①] 在这里，平民百姓家的女性用裙裾包裹瓦石投身到寺庙建设中，是她们亲自参与宗教“体力布施”的真实写照。另外还有一些女性，她们凭借自己的德行和影响力以及对善行的执着，力劝众人出资募役修整寺庙、佛塔等来为宗教事业的建设“出力”。江西南城地大仁居寺起造于唐代，常为乡民聚集祈福之用，年久失修，一直到了熙宁年间才得以修复。佛殿的重建工作中，一名陈氏女性功不可没，她向乡人建言，并促使豪里出资募役整修重建。还有一名叫作廖觉珍的女信众，连同家人向乡民提议募款建阁铸像，使乡里的寺院得以重整。除此之外，为神佛敬供茶果、为寺院“添香油”、购买香烛等行为，也是家境一般的平民女性在力所能及的范围内对寺院经济的资助行为。

平民女性对宗教事业的资助行为是比较琐碎的，往往淹没于众人之中。她们不能像富裕家庭的女性那样斥巨资以从事宗教之事，对社会形成巨大影响，但是从石刻典籍的捐献名单中，我们还是可以清楚地看到不少女性的名字以及她们留下的捐献记录。宋代大足

① （宋）庄绰：《鸡肋编》卷中《僧文用之权术》，第68页。

石刻中反映出的宗教故事，就多以平民女性为主角（图24），可以推测她们参与当地宗教活动的积极性。

图24　地狱造像（重庆大足石刻宝顶山大佛湾第20号龛）

第三节　尼与女冠的宗教性经济活动

在中国古代，有一类女性信众的身份相对特殊。她们跳脱于家庭，不受社会世俗伦理的约束，摆脱了普遍意义上的女性角色，她们是专门从事宗教事业的女性神职人员。她们的身份对家庭来说是独立的个体，但对于宗教经济来说，却具有很大的依赖性。她们借神佛的名义接受来自信众的供养与布施，甚至还享受来自官府的种种优厚待遇。这一类具有特殊身份的女性宗教信奉者与在家门之内修行的女性信众相比，无论是修行方式还是生活内容，都存在很大的差异。

据《宋会要辑稿》的记载，天禧五年（1021年），全国在籍女冠有731人，女尼61239人；景祐元年（1034年），全国在籍女冠有

588 人，女尼 48743 人；熙宁元年（1068 年）的统计表明，当年女冠数量为 638 人，女尼 34037 人。[①] 通过数据的对比发现，宋代宗教神职人员主要为男性，主体为佛教的僧尼。单就女性宗教神职人员而言，女尼与女冠的比例大约为74:1。具体数字选取史料中人数记载较为详细的年份，如表 3 所示：

表 3　宋代在籍僧尼人数

时间	在籍道士人数	在籍女冠人数	在籍僧侣人数	在籍女尼人数
天禧三年（1019）	7081	89	230127	15643
天禧五年（1021）	19606	731	397615	61239
景祐元年（1034）	19538	588	385520	48743
庆历二年（1042）	19680	502	348108	48417
熙宁元年（1068）	18746	638	220761	34037
熙宁十年（1077）	18513	708	202872	29692

虽然女冠在籍的人数不多，但并不表示道教中专门的女性神职人员数量就绝对稀少。宋代社会对佛道两教的区分并不明显，而且文献记载中的“尼”，也并非仅指比丘尼，而通常是对佛道两教女性宗教神职人员的泛称。不仅女尼称为“尼”，有时道姑、女冠，甚至是女巫也都常常自称为“尼”。所以上述数据只能大概地反映出宋代社会中女性神职人员群体之庞大，不能用以明确区分佛道两教女性从业人员的具体数量。下文对女性神职人员的经济活动的探讨，也用“女尼”来统称宋代女性神职人员。

无论是女尼、女冠，还是女巫，她们都属于女性信教群众中非常特殊的一个群体。相较于一般女性信众，她们通过出家修行等方

① （清）徐松：《宋会要辑稿·道释》一之一三，第 7874 页。

式，将自己完全贡献于神佛事业，也因此与宗教产生了更为紧密的联系。这些女性，有身份高贵的公主，有家境良好的富人女性，也有市井之间的平民妇女，甚至还有青楼女子，出于种种原因，发自内心地沉溺于宗教赋予她们的精神世界之中，热衷于自己的信仰，虔诚地过着修行生活。

一、女性神职人员的经济活动

寺院道观，最初是僧人道士居住和研读经文的场所。由于政府给予的种种特权，寺院道观开始成为避役者的匿身之所，并逐渐控制大量田产和劳动人口，作为一个相对独立的经济实体而存在。但由于唐中期以后僧尼、道士已没有很多免役特权，这些寄食阶层实际上并没有可靠保障的生活来源，很多出家女性还是需要靠双手劳动来谋求生存的。并且随着商品经济的发展，宗教活动的世俗化，女尼、女冠在积极参加功利性宗教活动以获取经济利益之外，还直接参加社会生产与经济活动，如经商与手工业生产。宋代的寺院已经兼作为商业场所而存在。比如开封的大相国寺便是京师最大最有名的商业市场之一，其商业盛况在《东京梦华录》中有详细记载：“两廊皆诸寺师姑卖绣作、领抹、花朵、珠翠头面、生色销金花样幞头、帽子、特髻冠子、绦线之类。”① 这则记载说明，东京城内的女尼积极地投入到了商业活动之中。

随着宋代商品经济的发展，女性神职人员的商业活动也十分活跃。她们会进行纺织、刺绣等手工业生产。如上文引用的史料中，“师姑”们所售卖的“绣作、领抹、花朵、珠翠头面、生色销金花样幞头、帽子、特髻冠子、绦线之类”，大多是她们的手工自制品。这

① （宋）孟元老：《东京梦华录》卷三《相国寺内万姓交易》，第19页。

些活动使原本庄严、肃静的佛教节日娱乐性骤增，一来为商人借机牟利提供了“交易市场”，二来使佛教节日成为人们积修善行、瞻仰佛祖圣德的特殊节日，满溢着民间生活气息。

除了以私人售卖为目的的经济活动之外，宋代女尼还参与为官府刺绣各种服用物品。史料记载，大中祥符五年（1012 年）三月诏，裁造院负责绣造，若力有未逮，则委百姓绣户，不得强迫配给，更不得令三尼寺绣造。在诏令中特意强调规定，猜想这种女尼为官府绣造的行为是普遍的。因此，试殿中少监张康伯说：“今朝廷自乘舆服御，至于宾客祭祀用绣，皆有定式，而有司独无纂绣之功。每遇造作，皆委之闾巷市井妇人之手，或付之尼寺，而使取直焉。”①可见这种与官府相关的经济性的织造刺绣活动，也是一些女尼的经济来源之一。

《嘉泰会稽志》记载，大庆尼寺中的女尼“皆织罗为业，所谓宝阶罗是也”。② 可见女尼以纺织为业是一种普遍的行为。不仅如此，由于长期从事纺织，还练就了高超的技艺，引来外人的争相模仿。后来这种“宝阶罗”被列为越贡宝花罗。③ 朱彧《萍州可谈》中说：“抚州莲花纱，都人以为暑衣，甚珍重。莲花寺尼凡四院造此纱，捻织之妙，外人不可传。一岁每院才织近百端，市供尚局并数当路，计之已不足用。寺外人家织者甚多，往往取以充数，都人买者，亦自能别寺外纱，其价减寺内什二三。”④《鸡肋编》中亦记载：“越州

---

① （清）徐松：《宋会要辑稿·职官》二九之八，第 2991 页。

② （宋）沈作宾修、施宿等纂：《嘉泰会稽志》卷七《寺院》之四十二，《宋元方志丛刊》第 7 册，第 6838 页。

③ （宋）沈作宾修、施宿等纂：《嘉泰会稽志》卷十七《布帛》之四十九，《宋元方志丛刊》第 7 册，第 7048 页。

④ （宋）朱彧：《萍洲可谈》卷二，第 43 页。

尼皆善织，谓之‘寺绫’者，乃北方‘隔织’耳，名著天下。”① 由此可见，宋代各地不少女尼寺院都从事手工织造业，技术精湛，产品质优价高，而且是市场上不可多得的上等商品，其经济效益想必也相当可观。

由于尼院、女道观既有土地田租收入，又从事商业活动与手工业生产，加上还能经常得到朝廷的赏赐及皇亲国戚、官僚权贵、富商大贾与一般市民的经济上的供养和资助，所以一些寺院尤其是著名的大型寺院，均有坚实的经济基础。主持尼院、女道观的大师一般也非常富有，如哲宗朝一“越尼身死，官籍其资，得钱二十万缗”。② 但对于没有身份地位的普通女性神职人员来说，纺织与售卖成了她们的生计来源，手工制成品最终成为他人用于享受的物资，自己还是穿着粗布禅服度日。诗人感慨说：“睡起杨花满绣床，为他人作嫁衣裳。因过竹院逢僧话，始觉空门气味长。”③ 可见大部分女尼的生活并不像人们想象中的那样洒脱与自由，而是充满艰辛，带有很强的阶级性。

二、女性神职人员的娱乐化、世俗化与职业化

如前文所述，宋代佛道的宗教活动与官方、民间的节日、庆典紧密结合在一起，并成为其不可缺少的一部分，使得宋代宗教活动趋于世俗化。有些节日还发展成为一种新的民俗，如七月十五的“鬼节”夜晚人们尽量不出门活动、十二月初八的“腊八节”要喝腊八粥等等。又由于宋代宗教活动的世俗化，刺激了其强烈的娱乐

① （宋）庄绰：《鸡肋编》卷上《定州缂丝与各地工艺》，第 33 页。

② （宋）何薳：《春渚纪闻》卷六《东坡事实 · 回江之利》，第 96 页。

③ 北京大学古典文献研究所编：《全宋诗》卷三百八十二《赠乾明寺绣尼集句》，第 4722 页。

色彩。如每年元旦，临安城内百姓“不论贫富，游玩琳宫梵宇，竟日不绝”。[①]《东京梦华录》中记载了北宋东京正月十六日夜，游人“悉南去游相国寺”及各寺院宫观时的情景：

> 寺之大殿前设乐棚，诸军作乐。两廊有诗牌灯云：“天碧银河欲下来，月华如水照楼台。”并“火树银花合，星桥铁锁开”之诗。其灯以木牌为之，雕镂成字，以纱绢幂之于内。密燃其灯，相次排定，亦可爱赏。资圣阁前安顿佛牙，设以水灯，皆系宰执、戚里、贵近占设看位，最要闹。九子母殿及东西塔院、惠林、智海、宝梵，竞陈灯烛，光彩争华，直至达旦。其余宫观寺院，皆放万姓烧香，如开宝、景德大佛寺等处，皆有乐棚，作乐燃灯……次则葆真宫，有玉柱玉帘窗隔灯。诸坊巷、马行、诸香药铺席、茶坊、酒肆灯烛，各出新奇。就中莲华王家香铺灯火出群，而又命僧道场打花钹，弄椎鼓。游人无不驻足。[②]

东京、临安欢庆节日时，还常一边动用妓乐，一边又有僧尼、男女道士参加。如上引用南宋度宗是四月初八“寿和圣福皇太后圣节”，在佛事做道场时，动用衙前乐部及妓女多人等。由此观之，宋代僧尼和道士宗教行为的娱乐化已经比较深入地改变了当时人们朴素的宗教神佛崇拜观念。

由于宋代宗教活动的世俗化、娱乐化色彩增强，更多神职人员走出寺院、道观，开始走向社会、街头、乡村，积极参加乃至主动

---

① （宋）吴自牧：《梦粱录》卷一《正月》，第139页。

② （宋）孟元老：《东京梦华录》卷六《十六日》，第37页。

寻找这些有经济报酬的宗教活动。如在东京，"生辰忌日，欲设斋僧尼、道士"，另如修整屋宇、泥补墙壁直接去辰桥市街巷口找木竹匠人，也很容易在待工人中找到僧尼、道士的身影。因为在辰桥市街巷口，"杂作人夫，道人僧人，罗立会聚，候人请唤，谓之'罗斋'"。[①] 这就表明，宋代僧尼、道士、女冠已渐趋职业化。或者说，宋代大多数僧尼、道士已经以此作为一种营生的专门性职业。

宋代女性神职人员是宗教中最为虔诚的女性弟子，随着参加的宗教活动日趋世俗化、娱乐化和职业化，女尼和女冠也终于成为"三姑六婆"中的一部分，笼罩在她们身上的神圣的宗教色彩已褪去不少。南宋时人将她们和媒婆、牙婆、女巫等人群等同起来，让士人阶层对其产生了戒备与警惕。如袁采就告诫家人说："尼姑、道婆、媒婆、牙婆及妇人以买卖、针灸为名者，皆不可令入人家。"[②] 虽然这种观点带有某些偏激的歧视性，但可以看出，女性神职人员的社会形象已大受贬损，成为世人眼中相对"低等"的人。

① （宋）孟元老：《东京梦华录》卷四《修整杂货及斋僧请道》，第25页。

② （宋）袁采：《袁氏世范》卷三《治家·外人不宜如宅舍》，《丛书集成初编》第974册，第58页。

第四章　被财物化的宋代女性

在宋代，女性买卖的现象普遍存在。在各种合法和非法的买卖行为中，卖女为婢妾、雇卖妻子甚至是女性自卖的现象，史籍都有记载。这类女性买卖在宋代社会中大有市场，甚至有专门的牙侩操持。宋人将有些女性买卖行为定义为“雇”，这种所谓的“雇”并不是常规意义上的雇佣，而只是给人口买卖加上了一个时间限定，性质与买卖无异。无论是以何种形式进行的女性人口买卖行为，都是违反人性的表现，是将女性物化作为财产的一种体现，这种将女性财物化的买卖行为，实际上也是将闺闱之内的女性被迫地卷入社会经济活动之中。

第一节　女性的被卖

一、典卖女儿

宋代卖女者大多是为生活所迫的贫苦百姓，史书上关于此类的记载很多。“潭州贫民某人，无夫，挟二女改嫁。稍长，悉售之为人妾，次者入湘阴赵主簿家，岁满不得归。继父死，厥母经官取之。”①永嘉人蒋教授，“行山中，闻岭上二人哭声绝悲”，原来是父女“拦

① （宋）洪迈：《夷坚志》支乙卷九《赵主簿妾》，第869页。

道哭”。父曰：“从军二十年，方得自便，不幸遇盗，挈我告身去。将往吏部料理，非五十万钱不可办。甚爱此女，今割爱鬻之，行有日矣，故哭不忍舍。”① 无论是改嫁的寡母还是遇盗的老父，他们摆脱困境的办法都是典卖女儿。卖女竟成为他们摆脱饥饿、解决困难的唯一办法。南宋诗人范成大的《后催租行》一诗是对卖女现象的艺术概括：“老夫田荒秋雨里，旧时高岸今江水。佣耕犹自抱长饥，的知无力输租米。自从乡官新上来，黄纸放尽白纸催。卖衣得钱都纳却，病骨虽寒聊免缚。去年衣尽到家口，大女临歧两分首。今年次女已行媒，亦复驱将换升斗。室中更有第三女，明年不怕催租苦。”② 诗中的“老夫”为了纳租，在御寒之衣都已卖尽时，只好转而典卖三个女儿。匆忙嫁女只是为了“换升斗”，这里的“嫁”与“卖”实无区别。“老夫”境遇固然可怜，然而已卖的“两女”和将要被卖的“第三女”岂不更加可悲!

卖女不仅是穷苦百姓摆脱生活窘境的手段，也是一些遭遇危机的官宦士人的解困之举。如南宋时，有“王太尉恩”买一妾，“具言母县主也，父死贫，故见鬻”。③ 官宦士人在家道败落后竟也卖女，可见“卖女”这一行径在社会上是得到大多数人思想上的认可的。卖女成为人们在遭遇困境时的出路与选择，具有一定的普遍性。

二、雇卖妻子

宋代卖妻行为大多存在于贫苦百姓之家，是一种迫于生计的无奈之举。其行为性质是物化女性，并且有悖于人伦常理，本应受到谴责，但却屡见不鲜。《清明集》卷九《定夺争婚》中吴千二之妻

① （宋）洪迈：《夷坚志》乙志卷二《蒋教授》，第195页。
② 《宋辽金诗鉴赏》，上海：上海古籍出版社，1998年，第335页。
③ （宋）马纯：《陶朱新录》，北京：中华书局，1991年，第12页。

被卖即是一例。此女初被吴千二掠为妻，后吴千二又将之卖与翁七七之子。然而此女的悲惨命运并未到此结束，当她再度被卖与翁七七家后，生父又将其夺回家，三卖于李三九为妻。被人拐卖、被夫卖、被父卖三种不幸都集于此女身上，此女正是女性悲惨命运的典型。[①] 同卷的《婚嫁皆违条法》中叶四卖妻与吕元五又是一例。书中所言："叶四有妻阿邵，不能供养，自写立休书、钱领及画手模，将阿邵嫁与吕元五，父子共交去官会三百贯，尚有未尽会二百贯寄留叶万六家。"[②] 如书中所述，卖"妻"的叶四写休书，画手模；买"妻"的吕元五也要交去官会三百贯，寄留官会二百贯。可见宋代社会卖妻是有一定程序的。卖妻的程序化和成熟化本身就表明当时卖妻现象之普遍。当时"卖妻"者除贫困的平民外，也有一些失势的官宦人家。如王安石夫人为丈夫所买之妾，其夫"为军大将，部米运失舟，家资尽没犹不足，又卖妾（这里的'妾'是女性对自己的谦称，并不代表身份是妾室）以偿"，王安石怜而遣还其夫。[③]

两宋除卖妻外，也雇妻。雇妻现象北宋时就已出现，百姓"因欠青苗，至卖田宅雇妻女……不可胜数"。[④] 所谓雇妻是指把妻子雇与他人作临时妻妾，为他人生养儿子，收取雇金，约期到限返回本夫处。南宋时还有典妻，典妻条件比较苛刻，典妻带有抵押、典当的意思，将妻子议价典与他人，典约期满，以价赎回，一般为三至五年。[⑤] 宋代朝廷对雇妻采取"从便"的放任态度。如仁宗曾颁诏：

---

① 《名公书判清明集》卷九《定夺争婚》，第 348 页。

② 《名公书判清明集》卷九《婚嫁皆违条法》，第 352 页。

③ （宋）邵伯温：《邵氏闻见录》卷十一，第 121 页。

④ （宋）苏轼：《苏轼文集》卷二十七《乞不给散青苗钱斛状》，第 783 页。

⑤ 宋代雇妻与典妻的行为在性质上比较相似，所以体现在史料中鲜少区分，故此处将对此两种行为一起论述。

“比因饥馑，民有雇鬻妻子及遗弃幼稚而为人收养者，并听从便。”①南宋时，雇妻风行一时。北宋宰相陈旭五世孙陈思永之女嫁给吴子晦为妻，吴子晦因家道中落不能自立，遂将其妻陈氏雇与雷司户。②官宦人家尚且如此，普通百姓自不必说。无论是卖妻还是雇妻，都是社会底层百姓寻求生计的一种途径，也是当时女性地位低下的重要表现。此外，宋代的女性买卖不限于卖妻、卖女两种情况，还存在大量拐卖、略卖的情况。无论是贫困的百姓还是失势的官宦，他们都有通过卖女，甚至利用卖妻、典妻来摆脱困境的时候。在他们眼里女性不仅是可供男人享乐的玩具，还是一件自由买卖的商品。

三、雇卖妻女的原因

由上述资料可知，两宋雇卖妻女的情况较为普遍，那么，造成这种现象的深层社会原因是什么呢？

首先，宋朝推行“不立田制”“不抑兼并”的政策，大土地所有制日益发展，两极分化也日益加剧。北宋前期，地主侵占土地的现象已相当严重，到北宋中期，更达到了“势官富姓，占田无限，兼并冒伪，习以成俗”③ 的地步。宋室南迁后，土地兼并更加严重。当时南宋统治集团中的有些人也看到了这样的问题。端平元年（1234 年）刘克庄说：“至于吞噬千家之膏腴，连亘数路之阡陌，岁入号百万斛，则开辟以来未之有也。”④ 时隔十余年，到淳祐六年（1246 年）殿中侍御史谢方叔又尖锐地指出“豪强兼并之患，至今

① （宋）李焘：《续资治通鉴长编》卷一百十四，仁宗景祐元年闰六月辛巳，第 1030 页。
② 《名公书判清明集》卷十《官族雇妻》，第 382 页。
③ （元）脱脱等：《宋史》卷一百七十三《食货志·上》，第 4155 页。
④ （宋）刘克庄：《后村先生大全集》卷五十一《奏议·备对札子·端平元年九月》，第 1327 页。

日而极”，“百姓膏腴皆归贵势之家”。[①] 由于土地兼并愈演愈烈，越来越多的农民失去土地成为佃农。佃农受地主的剥削和压迫，生活极其悲惨。宋仁宗时，苏洵对佃客有过生动的描写：“富民之家，地大业广，阡陌连接，募召浮客，分耕其中，鞭笞驱役，视以奴仆，安坐四顾，指麾于其间”，“而田之所入，已（指地主）得其半，耕者得其半。有田者一人而耕者十人。是以田主日累其半以至于富强，耕者日食其半，以至于穷饿力”。[②] 佃农除了在经济上受到压榨外，在法律上的地位也极其低下。北宋时如果佃农对地主实施犯罪，以罪加一等论处，相反，如果是地主对佃农实施犯罪，那么判罪减一等。此种不平等的待遇到了南宋时期更甚，佃农的生命轻若草芥。这些农民失去土地本已无可依，若是再遇上天灾人祸，其境遇可想而知。在这种状况下，他们为了维持生计，家中的妻女便成了他们眼中的“买卖”，成了他们寻求活路、摆脱困境的唯一资本。

其次，宋代官僚士大夫阶层因诸多原因而大量购置侍妾，形成特殊需求的“市场”。宋朝自建立起，吸取唐灭亡的教训，专制政权进一步加强。且两宋时期商品经济空前发展，金钱作用增大。如前所述，朝廷实行“不抑兼并”“田制不立”的政策，故“贫富无定势，田宅无定主，有钱则买，无钱则卖”[③] 的现象相当普遍。在这样一种政治、经济气候下，士大夫及时行乐的思想随之产生。当时士大夫官僚阶层蓄妾之风日渐流行。如寇准买妾名蒨桃。[④] 范仲淹守饶

① （元）脱脱等：《宋史》卷一百七十三《食货志·上》，第4155页。

② （宋）苏洵：《嘉祐集》卷五《衡论·田制》，上海：上海古籍出版社，1993年，第134页。

③ （宋）袁采：《袁氏世范》卷三《治家·富家置产当存仁心》，《丛书集成初编》第974册，第62页。

④ （宋）曾慥：《类说》卷五十二《曾慥纪闻谈》，影印文渊阁《四库全书》本。

州，善妓籍一小鬟，离任后眷念不已，魏介买而送之。[1] 苏轼也自言“家有数妾”。[2] 南宋文官武将，如刘光世、韩侂胄等，一人更有几个乃至一二十个侍妾。更有甚者，“赵信国丞相”，“专俾置姬妾并玉器云”。[3] 古人认为“不孝有三，无后为大”，很多人蓄养姬妾的目的还在于生子。如绍兴年间，台州司法叶荐对其妻云：“吾年且六十，岂复求声色之奉？但老而无子，只欲买一妾，为嗣续计，可乎？”后果买一妾。[4] “司马光从庞颍公辟为太原府通判，尚未有子。颍公夫人言之，为买一妾，公殊不顾。夫人疑有所忌也，一日教其妾，‘候我出，汝自装饰至书院中’，冀公一顾也。妾如其言，公讶曰：‘夫人出，汝安得至此？’亟遣之。”[5] 可见男性以生子为要求而置妾，在宋人眼中是合情合理的。如司马光、王安石等不置姬妾之人，实属少见。综上所述，无论是为了满足男性的个人享乐心理，还是为求生子的家庭需要，女性都被当作了具有某种使用价值的商品，是“主人”的私有财产，可以被随便买卖或是赠予他人。在宋代，商品经济的发展提升了金钱在人们心中的地位，身份上的等级差异被贫富之间的差异所取代，任何人，只要有钱都可以置妾买婢，如南宋钟士显“妇翁林氏，富人也，用千缗买美妾”。[6] 古人素来认为“多子多福”，所以仅仅是“生子”有时还不能使之满足，很多家境宽裕的富人即使已有颇多儿女，但依然置妾以求“多子”。另外，两宋时期户绝制度虽已确立，但对继子财产份额的限定和没官财产的增多，仍使许多无子嗣者望而生畏。《清明集》中援引的法律条

---

① （宋）俞文豹：《吹剑录外集》卷一，影印文渊阁《四库全书》本。
② （宋）祝穆：《事文类聚后集》卷十六《朝云诗并序》，影印文渊阁《四库全书》本。
③ （宋）周密：《癸辛杂识》续集卷上《医术》，第 137 页。
④ （宋）洪迈：《夷坚志》补卷六《叶司法妻》，第 1608 页。
⑤ （宋）邵伯温：《邵氏闻见录》卷十一，第 121 页。
⑥ （宋）洪迈：《夷坚志》乙志卷十六《张抚幹》，第 322 页。

款规定："在法，诸已绝之家而立继绝子孙，谓近亲尊长命继者。于绝家财产，若无在室、归宗、出嫁诸女，以全户三分给一分，余将没官。"① "诸已绝而立继绝子孙，于绝户财产，若止有在室诸女，即以全户四分之一给之。"② 无子的家庭为避免自家财产的流失，便把生子寄托在购买的侍妾上。这是当时士大夫阶层置妾的另一主要原因。

最后，宋代商品经济的发展，增强了金钱在社会中的作用，诱惑人们产生盲目的金钱崇拜。与此同时，在金钱刺激下的人们跃跃欲试，却又缺乏相对完善的法律制度加以规范，加之传统社会中"男尊女卑"观念等多重因素的影响，导致了女性彻底沦为男性眼中可以交易买卖的财产。有些贫民家庭生养女儿的目的就是将其培养成易于出售的"商品"，用于买卖，以作为家庭经济收入重要来源。京都地区"中下之户，不重生男，每生女，则爱护如捧璧擎珠。甫长成，则随其资质教以艺业，用备士大夫采拾娱侍，名目不一，有所谓身边人、本事人、供过人、针线人、堂前人、杂剧人、拆洗人、琴童、厨娘等级，截乎不紊。就中厨娘，最为下色，然非极富贵家不可用"。③ 淳祐年间知南剑州徐元杰也上奏反映过这个问题："……臣观都人生女，自襁褓而教之歌舞，计日而鬻之，不复有人父母之心。……此风积习，转转日甚，连甍罕良家矣。"④

两宋时期富人阶层安于享乐、大肆购妾的同时，平民百姓却因无地、少地，生活极其困苦，当时商品经济发展，重利轻义思想逐渐产生，这样，雇卖妻女之风便日益流行。

---

① 《名公书判清明集》卷四《罗棫乞将妻前夫田产没官》，第 107 页。

② 《名公书判清明集》卷八《继绝子孙止得财产四分之一》，第 251 页。

③ 原出（宋）洪巽：《旸谷漫录》，转引自汪玢玲：《中国婚姻史》第七章《宋代婚姻》，武汉：武汉大学出版社，2013 年，第 216 页。

④ （明）杨士奇等：《历代名臣奏议》卷一百一十七《风俗》，台北：台湾学生书局，1964 年，第 1566 页。

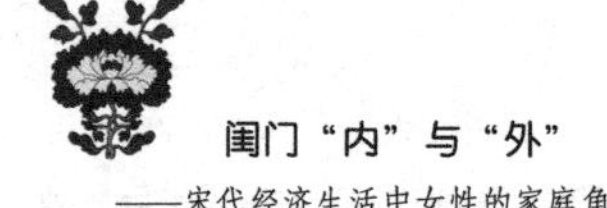

第二节　女性的被买

妾婢是宋代富人阶层家庭中不可缺少的。纳妾的本意在于弥补正妻生育方面的不足，中国古代历来有允许纳妾的风俗，一般情况下男性在正妻已经没有生儿子的能力之后才纳妾。宋、元及明清的许多家法明确规定“四十不纳妾”，即夫妇四十岁以后没有儿子，才能考虑纳妾的事情。但从丈夫方面来说，即使是儿女成群也要纳妾，而且可以有多个。

现实生活中，婢、妾、姬、妓的身份往往混杂，没有明确的划分。特别是妾与婢，同属于主家财产，家庭地位不高。她们同受契约限制，只是在家庭中的角色分工略有不同。婢与男主人发生性关系，或者被纳为妾，为主人产子的现象也颇为多见，故她们的身份是无法明确区分的，所以在这里统称为妾婢。

一、买为妾婢

（一）买妾婢的程序

买妾婢的程序发展到宋代已经相当严格、完备。宋人袁采有记载：“买婢妾，既已立契，不可不细询其所自来，恐有良人子女为人略诱。买婢妾须问其应典卖，不应典卖，如不应典卖，则不可成契。或果穷乏，无所依倚，须令经官自陈，下保审会，方可成契。或其不能自陈，令引来之人，契中申说，少与顾钱，待其有亲人识认，即以与之也。”①

---

① （宋）袁采：《袁氏世范》卷三《治家·买婢妾当审可否》，《丛书集成初编》第974册，第56页。

具体来说，宋人买妾婢要经由如下的程序：首先，相看。其地点一般选在牙侩家。卖者先将写有姓名、年龄、籍贯的文书或卖契交付牙侩，并开出卖价，或直接卖与牙家。买者到牙家处买妾婢，先索取色书或卖契看视，听取牙家对妾婢的来龙去脉及其具备的特长的介绍，然后再看验妾婢的容貌之美丑、身材之短长。只要卖者自愿，来路合法，买者合意，即进入下一环节：论价。买者在已全面了解了被卖者的基础上，再与牙家议价。一般是由牙家先开出标价，买者据此还价。论价的繁复程度取决于买者之意欲。如淳熙年间，浙西人郑主簿、衡州通判孙朝请到牙家处买妾，牙家开价是其一“八十千”，其二“为钱四五十万”，“孙于是以六百千并买之，郑以八十千不多，且又美色，姑欲如其说”①，这个议价过程就极其简单。

当一切谈妥，就进入下一个至关重要的环节——立契。如前所述，立契前，“须令经官自陈，下保审会”，“或其不能自陈，令引来之人，契中申说”。由于牙侩本身就是官府审定认可的保人，故“经官”常被略去。成契后，买者还得“审会”一番，即“不可不细询其所自来”。若强买、略买，一经案发，则买卖双方都要受到惩处。如真宗时给事中边肃，就因强买民女以为妾而被革职查办。② 契中除立约讲明买卖妾婢的原因、自愿合法外，也可约定别样条件，如淳熙中，司农王丞的族弟“买一妾，立券时，父母先约不可令近水火”。③ 契约写立完成后，买卖双方及牙侩在契上签押，“妾俱名”④，以便日后验证。

---

①（宋）洪迈：《夷坚志》补卷八《郑主簿》，第1620页。

②（宋）李焘：《续资治通鉴长编》卷七十七，真宗大中祥符五年五月丙申，第677页。

③（宋）洪迈：《夷坚志》支庚卷四《王氏婢》，第1164页。

④（宋）窦仪：《宋刑统》卷十四《同姓及外姻有服共为婚姻》，第219页。

最后，付款。视以下几种情况而定：牙家以斡旋身份（即充当证人）参与买卖的，买者就直接付钱与卖者，牙家则获取"谢钱"①。若牙家是经纪者（即倒卖），买者就直接将钱付给牙家，再由牙家以部分转付与卖者，其间，牙家获取的报酬是高出原价的差额"转贴钱"②。若无亲人的自卖者，买者或付与本人③，或用上文袁采的话说"少与顾钱，待其有亲人识认，即以与之也"。

整个过程结束，买者携妾婢归家，买卖过程至此完成。若买后发现妾婢的来路非法，仍可"还付原牙侩家"④。

（二）妾婢的价格

如上编第四章所述，受宋代市场经济影响，妾婢价格并不便宜。妾的价格约在数百贯到千贯之间。相较来说，婢的价格要低很多，但也需数贯之多。这样的水平，不用说妾，即使婢的价格也大约相当于宋人一人一年的基本生活费用。

同样是买妾婢，价格还各有高低。其主要影响因素大致有以下三点：

其一，妾婢的自身条件（尤其是妾）。体现在妾婢的姿色如何、有无特长。若面容姣好，体态匀称、端庄或有一技之长者，身价往往高出一般。如王安礼评价赵仲騑的妾"之所以直数十万，姿首也"。⑤又如"兴元府李翁，以煅铁为业，仅免饥寒。俄生一女，姿容绝丽，人目之为花羞，豪贵竞纳金珠求以为妾，有至数千缗者"。⑥

---

① （宋）洪迈：《夷坚志》丙志卷十一《施三嫂》，第457页。

② （宋）洪迈：《夷坚志》补卷三《高南寿捕盗》，第1570页。

③ （宋）洪迈：《夷坚志》甲卷十三《妇人三重齿》，第115页。

④ （宋）洪迈：《夷坚志》补卷八《真珠族姬》，第1624页。

⑤ （元）脱脱等：《宋史》卷三百二十七《王安礼传》，第10553页。

⑥ （宋）彭乘：《续墨客挥犀》卷三《小民不为利动》，《全宋笔记》第三编（一），第96页。

上文提到过的郑主簿不与牙家压价，也是看重了妾的“美色”[①]。如果妾婢长相出众，又善歌舞之技，身价还会倍增。

其二，自然灾害等社会因素。自然灾害导致的灾荒疾疫之年，流民甚众，这种情况下的女性卖与人为妾婢，多是出于解决温饱生计问题的考虑，价格一般不太高。如理宗宝庆四年（1228 年）春“大疫”，平江一富民子在流民中仅“持粟数斗”便买得一妾。[②] 战争也影响着妾婢价格。如靖康二年（1127 年），金人犯宋，二妇人借机逃脱后，不敢回故居，求朝士王某收留，王不出分文即得二妾。[③]

其三，市场因素。妾婢的价格是因时因势而定的“市场自由价”，不同于盐、米、茶等生活必需品，是不受官方限制的。这是受供求关系的影响导致的妾婢价格的浮动。朱彧曾记述：“近岁贵人，务以声色为得意，妾价腾贵至五千缗。”[④] 有的牙侩为牟取暴利，常哄抬妾婢价格。如理宗时，江东路的阿陈之女，在短短的一年又七个月间，经三名牙侩转卖，“身子钱”由最初的二百二十贯陡增至七百贯，时人无不感叹：“曾日月之几何，而价已不啻三倍矣。”[⑤]

二、受雇而为妾婢

典雇与人为妾婢的女性一般为贫苦之家的妻或女，在约定时间内成为承典人或雇主的妾婢。将妻女典雇与他人的事例在宋代并不少见，且当时社会基本上认可典雇妾婢的合法性。前述袁采在其

---

① （宋）洪迈：《夷坚志》补卷八《郑主簿》，第 1620 页。

② （宋）佚名：《鬼董》卷三《流民饿妇》，第 38—39 页。

③ （宋）洪迈：《夷坚志》丙卷十六《王氏二妾》，第 502 页。

④ （宋）朱彧：《萍洲可谈》卷一《买妾价贵捉婿费多》，第 27 页。

⑤ 《名公书判清明集》卷九《卖过身子钱》，第 357 页。

《世范》中就有“买婢妾，须问其应典卖，不应典卖”[①] 的话，可见“典”与“卖”一样，只是这种形式的女性买卖被加上了期限，是合乎规范的买卖妾婢途径之一。这也成为宋代女性买卖行为中一个与前代迥异的鲜明特征：在被“雇”女性的契约中注明了“服务”年限，到期将归还原主或放其自由，并非主人终身占有。

典雇妾婢的程序与买卖妾婢一样，只是在典雇期限上做了限制：一般为两三年，长者五年以上，或以生子为限。约立年限届满，被卖者可离开主家，重获自由，主家不得强留。如少婢张二姐，在主人家“服役”期满后，即“告辞而去”。[②] 再如前述“潭州贫民某人，无夫，挟二女改嫁。稍长，悉售之为人妾，次者入湘阴赵主簿家，岁满不得归。继父死，厥母经官取之”，[③] 官府支持母亲取回女儿，足见强留的不合法性。但此期限并不是绝对的，若与被雇之家商议，双方同意后也可以续典，只是“雇佣金”要高于先前契约订立的价格。

高文虎在他六十七岁的时候典雇一妾银花，其“身钱，旧约，逐月与米一斛”。到了他七十岁时，银花雇限已满。高与银花的家长经协商后续典，“遂约以每年与钱百千，以代加年之值”。银花在高家总计十一年，高要付其身钱约一千贯，“除还八年逐年身钱外，余二百八十贯，还房卧钱”。[④] 以此例分析：典价在这里被称为“身钱”，因逐年给付，又称“逐年身钱”。续典后有“加年之值”，此外还有“房卧钱”。雇金在初典时，以实物按月支付即“米一斛

---

① （宋）袁采：《袁氏世范》卷三《治家·买婢妾当审可否》，《丛书集成初编》第974册，第56页。

② （宋）洪迈：《夷坚志》支丁卷九《张二姐》，第1041—1042页。

③ （宋）洪迈：《夷坚志》支乙卷九《赵主簿妾》，第869页。

④ （宋）周密：《癸辛杂识》别集下《银花》，第273页。

（折合时价约五贯）”,[1] 全年约合六十贯。续典后，以货币逐年支付，为钱一百贯。宋代雇妾婢的租金支付方式依契约而定，一般是以货币逐年支付为主，雇价每年约在六十至两百贯不等。

影响雇价高低的因素大致有两点：一是初典还是续典。续典一般高于初典。如上述银花一例，续典的年租价约相当于初典时的二倍。二是雇年之长短，典限越长典价就越高。前文提到过的郑主簿，在京城牙侩那里典雇妾时，“其一少艾有乐艺，而价才八十千（八十贯），其二差不及，而为钱皆四五十万（四五百贯），扣其故，曰：‘少者受雇垂满，但可补半年，故价值不多。彼二人则在吴宅未久，当立三年券，今须评品议直耳。’”[2] 虽然郑实为牙侩所骗，但受雇年限短确实“价值不多”。

第三节　女性被财物化的其他形式

宋代的女性，特别是社会下层贫苦人家的女性，除被买卖、典雇之外，还常常被当作“私人财产”赠予他人，或者在女主人出嫁的时候被当作“陪嫁”随之带入其夫家。

一、赠予

按宋代的社会实际情况来说，妾婢是主人的私有财产，和家中的牲畜、家什一样，可随意处置。最常见的方式是将妾婢赠予他人。宋代文人喜好诗词，因一时得意而以侍婢相酬赠的不少。如《词坛纪事》载：“宋驸马杨震，有十姬，名粉儿者尤胜。一日，招詹天游

---

① 参见全汉昇：《宋末的通货膨胀及其对物价的影响》，《学术杂志》1943 年第 1 期。

② （宋）洪迈：《夷坚志》补卷八《郑主簿》，第 1620 页。

宴，出诸姬佐觞，天游属意粉儿，口占浣溪沙词……杨遂以粉儿赠之。”①

由他人赠予而形成的夫妾关系，宋代非常常见。这种赠予行为，有的发生在朋友之间，有的发生在亲人之间。受赠者与赠予人，彼此有较为深厚的情感或者是非常熟识的关系。如“谢潜与其弟洵，素相友爱……潜屯枝江县，以天气尚暑，别创一庐，令洵居止，且赠以四妾”②。又《挥麈录》中有云：“陈彦育序，丹阳士子，从后湖苏养直学诗，造其三昧。向伯恭为浙漕，访养直于隐居，彦育适在坐，一见喜之，邀与之共途，益以契合，遂以其爱姬寇氏嫁之。”③这里的“嫁”，就是赠予。再如有名的南宋诗人范成大赠家中妾婢小红予姜白石，也是一例。后来，姜白石成为词曲大家，和小红伴他试唱有不小的关系，成就了“小红低唱我吹箫”的佳话。④这些事例，皆因主人对他人的赏识，或与他人情趣投合，而将自己的妾婢赠予他人。

天子亦常常将宫女或买民间女子赐赠朝臣为妾。如太宗“以太原宫女三人赐晖”。⑤宋真宗时，王旦“性俭约，初无姬侍”，真宗就派人买了一名妾婢送给他。⑥仁宗喜爱宋子京，“以内人赐之”。⑦此外，宋代还存在买女子送人为妾的贿赠现象。如《宋史》记载：“（程）松满岁未迁，意殊怏怏，乃献一妾于侂胄，（妾名）曰‘松

---

① （清）李良年：《词坛纪事》卷上，《丛书集成初编》第2678册，第10页。
② （宋）洪迈：《夷坚志》补卷十四《谢洵娶妇》，第1675页。
③ （宋）王明清：《挥麈录》余话卷二《向伯恭奏补陈序》，第314页。
④ 肖羽编：《中国音乐家趣闻轶事》，北京：人民音乐出版社，1992年，第36页。
⑤ （元）脱脱等：《宋史》卷二百七十一《谢晖传》，第9293页。
⑥ （宋）苏辙：《龙川略志·龙川别志》，北京：中华书局，1982年，第74页。
⑦ （清）李良年：《词坛纪事》卷上，《丛书集成初编》第2678册，第21页。

寿'……除同知枢密院事。"[1]

上述史料反映出，在宋代，妾婢在主人心中属于私人财物，主人不仅可以买卖妾婢，还可以根据意愿转赠他人。

二、陪嫁

在中国古代，"媵"本为"送"之义，后来妾婢有时也被称为"媵"。"古者嫁女，必侄娣从，谓之媵。侄，兄之子（女）；娣，女弟也。"[2] 新婚之时，新娘的侄女或者妹妹与新娘一起嫁入新郎家，但却是作为新娘的陪嫁，虽同为新郎的配偶，地位等级却要低于新娘。这种婚嫁模式传至宋代，逐渐发展为随新娘一起嫁入新郎家的，也就是作为陪嫁的，不再是新娘的直系亲属，而是大户人家中的婢女。宋人嫁女有从嫁之媵，一般家庭是没有这种经济实力的，多见于非富即官的上中层家庭。如刘洪钦嫁女备媵，刘氏实为"大富"之家。[3] 再如包拯之子包繶，"娶崔氏，通判潭州，卒。崔守死，不更嫁。拯尝出其媵，在父母家生子，崔密抚其母，使谨视之。繶死后，取媵子归，名曰綖"。[4] 孝宗乾道时单某之妾，亦是媵嫁而得，生子名单夔，后官至尚书。[5]

陆佃在《盛氏夫人墓志铭》中详细介绍了出身为媵的盛氏的一生：

> 夫人姓盛氏，和州人。生数岁，工部侍郎李公虚己育

① （元）脱脱等：《宋史》卷三百九十六《程松传》，第 12077 页。

② 彭林注译：《仪礼·士昏礼第三》，长沙：岳麓书社，2001 年，第 27 页。

③ （宋）李昌龄：《乐善录》卷上，北京：中华书局，1991 年，第 5 页。

④ （元）脱脱等：《宋史》卷三百十六《包拯传》，第 10317 页。

⑤ （宋）张端义：《贵耳集》卷下，《丛书集成初编》第 2783 册，第 61 页。

之。及长，李公季女归于山阴尚书屯田傅郎中莹，夫人往媵焉。夫人婉娩听从，不事华靡。而居家忠能动其上，恕能化其下，一家慕之。李早世，傅公再娶谢氏，号永安县君，夫人移所以事李者事之。永安归宁，尝与夫人偕，而阳夏公绛叹其详淑，至引其贤以训饬左右，且谓傅公曰："家有三美：主君仁明，而其妻良，而娣又良也。今之学士大夫罕得而兼焉。惟公得之全，傅氏其殆兴乎！"生二男一女，曰传师、传中，女适镇江军节度推官王渊。孙男四人：廉卿、温卿、毅卿、愿卿。孙女一，皆幼。传师、传中有文行，应进士，更为举首。安贫乐义，萧然隘巷，而弦歌之声弗辍也。夫人恃之，乐以忘忧。尝曰："吾观世人，金多，鼠壤有余肉，而往往兄与弟阋，子与母哄。虽享三牲，不下咽矣。以彼易此，吾弗许也。"盖其母子之贤如此。后寝疾，医来，辄命遣之，曰："弗活矣。灵丹不能起无命，虽欲救，曷济也？"享年七十有一，以熙宁十年七月壬戌卒，以元丰元年七月壬午葬。其墓在会稽五云之乡。将葬，传师、传中以施君渥状请铭。①

盛氏自小进入李家，长大后以陪嫁丫鬟的身份跟随李虚己的女儿一起嫁入傅家。她“居家忠能动其上，恕能化其下”，被夫婿及夫婿的家人接纳为家中一分子。即使是对继室谢氏，她仍然是“移所以事李者事之”，孝谨如一，获得家人的称赞。可见，宋人以媵为妾是纳妾的又一途径。除此之外，宋人亦有以从嫁之媵续弦的事例。历阳

① （宋）陆佃：《盛氏夫人墓志铭》，曾枣庄、刘琳主编：《全宋文》卷二二一一，第101册，第259—260页。

守刘子昂之子刘恕（时官从事郎）之妾，为其妻高氏媵，高氏为刘恕再娶之妻。[①]

三、抵偿与自卖

随着宋代商品经济的发展，“高利贷”这种资本运作模式开始在社会中活跃起来。当借贷者无力偿清债务时，土地、田宅、牲畜都会成为抵偿品。在这种情况下，女性也同上述物品一样，被借贷者抵偿给债主。在海南岛，“其息每岁加倍，展转增加，遂至抑雇儿女，脱身无期”。[②] 在广州，“盐户逋课，质其妻子于富室”。[③] 广州石守信子石保吉，“好治生射利”，“家贷钱，息不尽入，质其女”。[④] 在首都汴京，“富人孙氏，京师大豪，专榷财利，负其息者，至评取物产及妇女”。[⑤] 所谓“抵偿”只不过是将女性作为财产抵给了特定的债主，性质实际上与典卖相同。

除了被动的买卖，女性有时也会自卖。据王明清《玉照新志》载：“王磐安国，合肥人。政和中为郎京师，其子妇免身，访乳婢，女侩云：‘有一人夫死未久，自求售身。’安国以三万得之。”[⑥] 前述宋相李沆的世仆欠债逃亡后，其十岁的幼女“自写一券系于带，愿卖于宅以偿焉”[⑦]。一个年仅十岁的幼女，涉世未深，能想出以自卖其身的方式偿还父债，想必受日常生活中的所闻所见影响，对女性

---

① （宋）洪迈：《夷坚志》支甲卷五《刘氏二妾》，第751页。

② （宋）李焘：《续资治通鉴长编》卷三百十，神宗元丰三年十二月庚申，第2903页。

③ （元）脱脱等：《宋史》卷五十七《马亮传》，第9916页。

④ （元）脱脱等：《宋史》卷二百五十《石守信子保吉》，第8812页。

⑤ （宋）刘攽：《彭城集》卷三十七《吴公墓志铭》，《丛书集成初编》第1911册，第491页。

⑥ （宋）王明清：《玉照新志》卷三，《丛书集成初编》第2769册，第38页。

⑦ （宋）文莹：《湘山野录》卷下《李沆有长者誉》，第56页。

自卖其身的行为也是司空见惯了。

在商品经济发达的宋代，重利轻义思想盛行，女性被当作财产买卖的现象合法化和程序化，为社会所普遍接受，各阶层对金钱和享乐的追求也为女性的买卖提供了温床。宋代是“单方面的一夫一妻制度”[①]，也就是“妇人从夫，无自专之道”[②]。随着商品经济和牙侩活动的频繁，妾婢等女性人口的买卖行为也成了平常之事。“（王）志行买妾于流民中，姿貌甚丽。”[③] 时邦美的父亲因“差押纲至成都”，顺便买一美妾。[④] 绍兴中，观察使张渊“每以高价往都城买佳妾”。[⑤] 甚至还有妻为夫买妾婢者，如冯京之父壮岁无子，“将如京师，其妻授以白金数笏曰：‘君未有子，可以此为买妾之资。’”[⑥] 袁韶父母“俱近五十，无子，其妻资遣之往临安置妾”。[⑦] 可见女性被作为财产的买卖行为在宋代相当盛行。虽然政府有限制人口买卖的律令，但多针对的是略卖人口，对正规渠道的买卖妾婢行为管理相对宽松。无论是否有契约规定在主家的服务时间限制，妾婢作为家庭成员，在家庭中始终属于边缘化的群体。妾婢，无论是买卖还是赠予、陪嫁，都是“私人财产”，属于社会中的“次等地位”。家中的男主人对她们来说，亦夫亦主，这也是决定她们身份特殊性的一个重要因素。

然而，宋代的一些女性对自己的被卖并不持反对态度。贾似道之母被卖即属此例。贾似道母胡氏，钱塘风口里人，“贾涉至风口，

① 张邦炜：《婚姻与社会》，成都：四川人民出版社，1989 年，第 18 页。
② （宋）窦仪：《宋刑统》卷十四《和娶人妻》，第 223 页。
③ （宋）洪迈：《夷坚志》丙志卷二《罗赤脚》，第 375 页。
④ （宋）刘斧：《青琐高议》后集卷二《时邦美》，第 126 页。
⑤ （宋）洪迈：《夷坚志》三志辛卷一《张渊侍妾》，第 1391 页。
⑥ （宋）罗大经：《鹤林玉露》乙编卷四《冯三元》，北京：中华书局，1983 年，第 192 页。
⑦ （元）脱脱等：《宋史》卷四百十五《袁韶传》，第 12451 页。

见而悦之，戏曰：‘汝能从我乎？’妇曰：‘有夫安得自由，待其归，君自为言。’夫归，欣然卖与”。[①] 文中末句“欣然”二字表明胡氏对自己的被卖乐于接受。再如前述叶四卖妻一例，据书中所言，阿邵被夫叶四卖后，“遽委身于吴元五，惟恐嫁之不速”。阿邵的这一举措更令人深思。从以上二例可知，无论是贾母还是阿邵，她们对自己的被卖都是欣然接受的，根本没有把自己的被卖与权利的侵夺、地位的低下联系起来。从她们的行为可以窥见宋代社会中女性对于此问题的态度。不仅是男性认为女性可以被当作财产卖来买去，即使是女性本身，大概也接受了这样的社会现实，这也是为什么会出现女性自卖为妾婢的原因之一。再有，如前文所述，宋代农民由于无地少地，生活较为困苦，对衣食不饱的女性而言，生计自然成了头等大事，“有饭吃，有衣穿”的饱暖生活也许恰是身处贫困中的女性所期望的，这可能就是阿邵“遽委身于吴元五”的原因。可见，贫困也是女性被当作财产买卖的原因之一。在这些综合因素影响下，社会中普遍认可女性被当作财产买卖的状况也就不足为怪了。

① （明）田汝成：《西湖游览志余》卷五《佞幸盘荒》，第94页。

结　论

“空间”与“家”是人类经验的两极，表征动与静、游与息、未知的将来与具体的目前种种两极，二者同为人生不可或缺的要素。① 宋代女性的经济角色并不能完整地将其社会角色与家庭角色割裂开。在很多时候，二者是互相重合的。以平民阶层来说，她们积极参与农业、纺织业及其他家庭副业的劳动，在制成品转化为商品的环节，必然少不了她们的身影。家庭剩余产品的商品化过程中，有很大一部分女性完成了家庭角色向社会角色的转化。而对于社会中上层女性来说，两种角色也多是交织在一起的。如果没有她们在出嫁前获得的奁产、在父家继承的遗产以及对夫家家政经济的管理，很难想象在她们想要进行社会救助、捐赠寺观的时候以何作为经济基础。同样的道理，如果没有女性在家庭中对丈夫、儿子的劝辅，恐怕单凭其一己之力很难将她们慈善的社会角色进行完美的诠释。闺门“内”与“外”，“家庭”与“社会”，在空间上对于宋代女性的经济角色来说，必定是联系的，也是互相影响的。

受宋代社会经济发展影响，人们把更多的视角放在了“钱财”方面，忽略了宋代文化的发展给人们的思想和生活带来的影响。宋代家学广泛传播，这些家训典籍成为女性接触最早，甚至是唯一接

---

① 高彦颐：《“空间”与“家”——论明末清初妇女的生活空间》，《近代中国妇女史研究》1995 年第 3 期，第 21 页。

触的文化思想。这种思想深入女性内心，对其成年之后在家庭生活当中的行为方式形成了潜移默化的影响。这一点，在宋代女性积极地参与赈济、慈善、宗教事业的行为中就可以窥见。她们参与这类事业的目的是简单明了的：既是为了给子孙赢得更好的声誉，也是为了积德行善，为家庭甚至是家族良好、健康地发展而祈福。

相比于平民百姓阶层，社会中上层家庭中的女性，更多精力则放在了家庭经济管理与子女教育上。这样的家庭，通常是人口众多，财产丰裕的。家中成年男性一般或游学或出仕，常年在外，家庭的管理就自然而然地落到家庭主妇的身上。因此，一个理想的士人妻子，不仅要相夫教子，还要具备管理家产的能力、文学才能和协调人际关系的能力，以维持全家的稳定生活。在大家庭里，通常由一个女人掌管家庭内部全部财产并管理和指挥所有的仆人。① 虽然在法律上，她们并不能随意处置财产，但事实上，她们中的一些人确实控制着家庭经济的经营，而这部分人是士人家族中的“脊梁”。② 对于平民阶层的女性来说，她们面临的最大问题就是生存，女性为了生计，走出家门，在劳动、经营之后渴望安稳温裕的生活。所以对于宋代女性来说，“内”与“外”之间很难有绝对的界限。

在现实面前，士大夫看到女性管理家庭事务的必要，也看到女性的超凡才智，因而不得不肯定女性在家庭经济运营中的正面作用。然而，他们也知道，这种权利的移交必然会损害父系家长制的尊严。而“内”与“外”的模糊性，更可能使女性由管理家政而走出家门，进而活跃于社会，于是士大夫又不得不反对女性过多地干涉家庭管理。正是士大夫的这种矛盾心态，给女性留下发挥才能的相对

---

① ［美］伊佩霞著，胡志宏译：《内闱——宋代的婚姻和妇女生活》，第102、105页。

② 邓小南：《宋代士人家族中的妇女——以苏州为例》，《国学研究》第5卷，北京：北京大学出版社，1998年。

空间，使女性在家庭管理中有一定的发言权。

更有意思的是，在家法族规和家训中，很多士大夫明确表示反对女性参与家政的管理与决策；然而，在他们的诸多作品中，对于那些善于管理持家的女性，不但没有丝毫不满或只字贬词，反而明显地充斥着感激之情与赞赏之意。宋代的名人文士几乎都为这类女性写过这样的墓志铭，都发出过内容相近的赞叹，高度赞扬她们的才能及对家庭的贡献，对那些参与社会活动的女性，多持肯定的态度，评说间甚至有令其他女性效仿之意。虽然墓志碑铭不免有谀墓滥颂的因素，但不可否认的是，对这些代管家事的女性，士大夫的赞赏与感激确是发自真心的。这种矛盾的心态，恰恰反映了宋代女性无论是家庭角色还是社会角色，都是社会经济发展中重要的一环。

官方对优秀女性也会进行表彰。无论是针对社会中上层还是平民女性，政府表彰的方式一般是授予封号、赏赐物什或旌表门闾等。如汀州宁化人曾氏妇晏助兵给粮，散尽家财[①]；田承宽的妻子王氏为维护一方百姓平安，助官军讨贼[②]；京东人王知军的婢女蓝姐忠于主人，智取盗贼[③]；王延政妻子连氏救一城百姓[④]；王令的妻子吴氏修治堤堰，蓄水灌田，利及一方[⑤]：诸多事迹，都体现出社会舆论对于女性“贤妇人”形象的赞誉。除了这些利民贤德的女性被人所称赞、能够得到政府的表彰外，特别有才学的女性也得到了宋代朝廷的积极鼓励。如“淳熙元年夏，女童林幼玉求试，中书后省挑试所诵经

① （元）脱脱等：《宋史》卷四百六十《列女传》，第13487页。

② （宋）李心传：《建炎以来系年要录》卷七七，绍兴四年四月辛丑，第1268页。

③ （宋）洪迈：《夷坚志》丙志卷十三《蓝姐》，第473—474页。

④ （宋）彭乘：《墨客挥犀》卷一《连氏有贤智》，北京：中华书局，2002年，第280—281页。

⑤ （宋）王令：《王令集·附录》，王云《节妇夫人吴氏墓志铭》，第405页。

书四十三件，并通。四月辛酉，诏特封孺人”。①

宋代官方对贞孝贤良、德行显著的女性的旌表一般是一种荣誉性称号，也是一种社会引导。这种旌表多针对节烈女性和以孝行感人的女性。就女性的社会角色而言，政府对其旌表主要体现在社会公益救助活动方面。而民间舆论对女性形象的赞赏多表现在对丈夫的辅佐、对公婆的尽心侍奉、对儿孙的教导以及对家庭经济作出的贡献等方面。

这些被赞誉的女性形象中，有对子女在文化和品德方面进行教育的母亲形象，也有对丈夫进行劝诫和辅佐的妻子形象；有孝顺公婆的媳妇形象，也有独自处理家务、经营家政的主妇形象；有聪明睿智的女性形象，也有忠心事主、做出忠义之举的女性形象。当人们思维定式的评判标准和国家、民族利益之间发生冲突、碰撞时，衡量的天平会偏向维护后者。这些得到官方与民间双重认可的女性，身上都有一个共同的特点：忠于家国。无论是对子孙还是丈夫，对公婆还是国家，是有才学还是有忠义之心，她们行为的最终受益者都是家庭、家族乃至国家。这些赞扬，从侧面反映出宋代社会对于女性的基本要求。

官府和舆论一方面对社会各阶层的模范女性进行旌表，树立楷模，引导众人效仿，以求达到敦风厉俗的目的，另一方面对违反道德律法的女性进行必要的惩治，主要惩处女性在纠纷中的不轨及违法犯罪行为，以起到以儆效尤的作用。

在面对女性的违法活动时，社会大众均表现出了强烈的鄙弃态度。如前文所述捏造事实谓夫痴愚的阿张②；夫妻斗气携衣物离家出

---

① （宋）李心传：《建炎以来朝野杂记》卷十五《女神童》，北京：中华书局，2000年，第778页。

② 《名公书判清明集》卷十《妻背夫悖舅断罪听离》，第379页。

走的徐四娘[①]；“积年凶恶，恣为不法，贻毒一县平民”的顺昌官七八嫂[②]；色诱吴约的娼妓卫氏[③]。她们违背了社会对女性“孝、贞、贤”的标准，受到时人的贬斥。对于女性道德上的这类问题，社会舆论会进行贬斥，文人也会将其恶行编成具神话色彩的故事，以结局的悲惨来警醒世人。妒忌、凶悍也为人们所不齿。如张克公虐待妾婢的夫人刘氏[④]；安自牧恃宠而妒的妾室柔奴[⑤]；赵生“时凶戾很妒，不孝翁姑”的妻子李氏[⑥]；钱塘沈括的凶悍继室张氏[⑦]等，宋代文人甚至利用“因果报应”思想警示女性不可凶悍妒忌。

在宋代，不被社会认可的女性中有一些是因为嫉妒而虐杀妾婢的主母形象，还有一些是因不孝、健讼等行为的悍妇形象。这些目无法纪、恣意妄为、为患乡里的女性，皆会受到民间舆论的强烈谴责。这类妒妇、淫妇、泼妇的女性形象，一般来自市井之中，沾染了市井小民的习气，纠结于家长里短的是非，或是社会的不公使她们的生活逐渐扭曲，或是婚姻的不幸使她们人格变态，抑或对于金钱地位的追求令她们迷失自我……为了保住自己的地位，坚守自己的利益，抓住自己的幸福，她们不择手段地执着于自己的生存之道，这亦使她们的人性转变显得更加复杂。从商品经济中跳脱出来的女性，开始寻求一种自食其力的独立方式，她们不仅对社会上凡是有一技之长的人物十分敬重，且普遍关注自己的精神状态及心理满足。

人们的行为是受思想支配的，而思想领域的任何发展变化和运

---

① 《名公书判清明集》卷十三《妻自走审乃以劫掠诬人》，第500页。

② 《名公书判清明集》卷十三《母子不法同恶相济》，第471页。

③ （宋）洪迈：《夷坚志》补卷第八《吴约知县》，第1616页。

④ （宋）洪迈：《夷坚志》丁志卷第十三《张尚书儿》，第650页。

⑤ （宋）洪迈：《夷坚志》丁志卷第二《安妾柔奴》，第978—979页。

⑥ （宋）洪迈：《夷坚志》丁志卷第十三《李氏虎首》，第650页。

⑦ （宋）朱彧：《萍洲可谈》卷三，第45页。

动绝不是排他的或是自我封闭的。在家庭发展中一直存在着与生俱来的两股对立的力量：血缘亲情产生的向心力和因财产利害产生的离心力。每个家庭都在这两股力量的一张一弛中，在不断地倾斜与平衡中得以维系着。这个永恒的矛盾运动，便是“情（义）与利”的古老问题，也是家庭中人际关系的核心问题。那么宋代女性处于家庭经济之中，同时又扮演着社会角色，她们的动机又是什么呢？

费孝通先生认为，血缘社会是稳定的，它用生物上的新陈代谢作用来维持社会结构的稳定。具体来说，就是身份的血缘继替和财富的血缘继替。宋代女性的经济活动，其归属在于传承。传承和消费，是人类本性使然。通过劳动挣钱，通过对家业的经营管理使其家产壮大，通过诉讼来争取更多的经济利益，甚至不惜犯罪，通过非正当手段获取钱财。而钱财最终流向了哪里呢？一部分用于生活的消费与享乐，这是人性欲望使然。人们都希望自己生活得更富足、更优越，渴望衣食无忧的生活状态。包括在自己百年之后的随葬之物，也可能是辛苦营生的目的之一。但是，随葬之物毕竟是少数，剩余的大部分财产，最终还是以遗产的形式传承给了自己的子孙。这和消费一样，也是人类本性，是财富的血缘继替。

中国式的大家庭，既是血缘共同体，也是伦理共同体，还要为家庭成员提供情感庇护、安全感和归属感。中国没有特别强势的宗教基础，一个个松散的个体是通过“祖先崇拜”和血缘亲情紧密联系在一起的。家族本身成为类宗教式的信仰核心，比如祠堂、宗庙在族人心中成为一种血缘上的纽带。当然，这种信仰必然意味着每一个家庭成员身上都背负着更多更重的责任与义务。在这样的家庭之中，男性与女性经营与活动的目的大致是相同的，即都是为了家庭的传承、为了子孙的发展，只是分工不同。家庭中的男性因其职业和身份不同为家庭作出的贡献是不同的，但主要是社会地位和经济方面的。而女性则更多地在照顾子孙方面进行实际的影响。可以说，在子孙性格的养成方面，女性起到了更大的作用。在这一过程中，具有独立意识的女性产生了一种责任感，这种责任感表现为让家庭运转更顺利，让子孙发展得更好，让家庭更好地传承下去。这也是人类血缘继替的一种本能。

宋代女性涉及的经济活动，实际上是一个以家庭（族）中的男性——血缘继替为圆心，家庭（族）利益为大圆半径，以“自我”为小圆半径所画的同心圆。在“国家—家庭—女性”的传统关系链条中，“家庭”是最重要的一环，其利益关系也成为女性经济活动的中心。为了家庭（族）的长远发展而屯财积富、教养子孙考取功名、为家庭声誉而投身公益事业、捐赠僧寺而祈求家庭的“福报”，这些经济行为都是以“传承”为中心目的的。而女性的“自我”实现则表现为通过经济活动，增大手中的财权，提高在家庭（族）中的话语权，以及提升个人整体形象。另外一种“自我”表现在个人方面，为了维持温饱，满足生活所需而进行的经济活动。主要表现在女性小规模买卖性经营活动中，其中孤寡年老女性人群占小本经营者中的大部分。

在这个女性社会经济活动的同心圆中，女性并没有形成完整的自我意识，她们追求钱财物利的终极目的也并非完全是以自我为中心的。非但如此，宋代女性在社会经济中的表现又是矛盾的，她们既主动地承担了家庭经济的管理、农田及纺织的劳作与经营，参与市场经济中的买卖行为，主动争取妆奁权和继承权等经济权利，同时她们又被当作了社会经济的客体，被动地被当作财产，妾婢甚至是妻女能被任意买卖或租赁，妓女和伎伶被当成供男人消遣娱乐的工具等。即使是从家庭中逃出来、跳出来，投身市场经营的女性，也是处处受到限制，她们所经营的多是维持糊口的小商业，不仅鲜有大规模的成功经营者，经营类型也多为单一的小商品买卖，甚至还会受到严重的性别歧视。在宋代传统的社会条件下，受社会风气、官府导向、公众舆论等方面条件的影响，女性本身的“自我意识”可能更多的只能表现在个人对温饱的要求上，一旦这些维持生命的物质条件得以满足，她们则会立刻回归到以家庭（族）利益——血缘继替为中心的同心圆中。以男性为中心的家庭关系仍然是宋代女性脱离不了的利益核心与行为趋势的根源。故而本书所探讨的宋代女性表现在经济活动之中的社会角色与家庭角色，既是超然的、独立的女性形象，也是传统的、世俗的女性形象；既是宋代社会的闪光点，也是中国古代传统社会芸芸众生里的一员，是社会发展的推动者。

参考文献

（一）古典文献

［1］脱脱等：《宋史》，北京：中华书局，1977 年。

［2］范成大：《吴郡志》，《宋元方志丛刊》第一册，北京：中华书局，1990 年。

［3］周应合：《景定建康志》，《宋元方志丛刊》第二册，北京：中华书局，1990 年。

［4］司马光：《温公家范》，上海：上海古籍出版社，1992 年。

［5］袁采：《袁氏世范》，北京：中华书局，1985 年。

［6］洪迈撰，何卓点校：《夷坚志》，北京：中华书局，1981 年。

［7］洪迈：《容斋随笔》，北京：中华书局，2005 年。

［8］陆游：《老学庵笔记》，北京：中华书局，1985 年。

［9］乐史：《太平寰宇记》，北京：中华书局，2007 年。

［10］孟元老：《东京梦华录》，北京：古典文学出版社，1956 年。

［11］吴自牧：《梦粱录》，北京：古典文学出版社，1956 年。

［12］周密：《武林旧事》，北京：古典文学出版社，1956 年。

［13］西湖老人：《西湖老人繁胜录》，台北：文海出版社，1981 年。

［14］不著撰人：《都城纪胜》，北京：古典文学出版社，1956 年。

［15］阮阅：《诗话总龟》，北京：人民文学出版社，1987 年。

［16］王钦若等编：《册府元龟》，北京：中华书局，1982 年。

[17] 陈元靓编:《事林广记》,北京:中华书局,1963 年。

[18] 朱熹:《朱子全书》,上海:上海古籍出版社、安徽教育出版社,2002 年。

[19] 李昉等编:《太平广记》,上海:扫叶山房,1923 年。

[20] 叶适著,刘公纯等点校:《叶适集》,北京:中华书局,1981 年。

[21] 陆游:《陆游集》,北京:中华书局,1976 年。

[22] 苏轼:《苏东坡全集》,北京:中国书店,1986 年。

[23] 赵鼎臣:《竹隐畸士集》,影印文渊阁《四库全书》,台北:台湾商务印书馆,1986 年。

[24] 陆佃:《陶山集》,《丛书集成初编》,北京:中华书局,1985 年。

[25] 赵彦卫撰,傅根清点校:《云麓漫钞》,北京:中华书局,1996 年。

[26] 苏轼:《东坡志林》,上海:商务印书馆,1927 年。

[27] 朱熹、吕祖谦:《近思录》,郑州:中州古籍出版社,2008 年。

[28] 司马光:《涑水记闻》,北京:中华书局,1989 年。

[29] 朱熹撰,黎靖德编,王星贤点校:《朱子语类》,北京:中华书局,1986 年。

[30] 程颐、程颢著,王孝鱼点校:《二程集》,北京:中华书局,1981 年。

[31] 王安石:《临川先生文集》,北京:中华书局,1959 年。

[32] 李昉等:《太平御览》,北京:中华书局,1960 年。

[33] 刘攽:《彭城集》,《丛书集成初编》,北京:中华书局,1985 年。

[34] 陈傅良:《止斋先生文集》,北京:中华书局,1989 年。

[35] 何薳撰,张明华点校:《春渚纪闻》,北京:中华书局,1981 年。

[36] 徐梦莘:《三朝北盟会编》,上海:上海古籍出版社,1987 年。

[37] 罗大经撰,王瑞来点校:《鹤林玉露》,北京:中华书局,1983 年。

[38] 王之望:《汉滨集》,上海:上海书店出版社,1994 年。

[39] 邹浩:《道乡先生文集》,清光绪二十五年(1899)刻本。

[40] 范祖禹:《范太史集》,影印文渊阁《四库全书》,台北:台湾商务印书馆,1986 年。

[41] 司马光:《司马氏书仪》,《丛书集成初编》,北京:中华书局,1985 年。

[42] 袁燮:《絜斋集》,《丛书集成初编》,北京:中华书局,1985 年。

[43] 葛胜仲:《丹阳集》,影印文渊阁《四库全书》,台北:台湾商务印书馆,1986 年。

[44] 田汝成:《西湖游览志余》,上海:上海古籍出版社,1980 年。

[45] 徐松辑:《宋会要辑稿》,北京:中华书局,1957 年。

[46] 袁闾琨、薛洪勣主编:《唐宋传奇总集》,郑州:河南人民出版社,2001 年。

[47] 王兆鹏主编:《唐宋词分类选讲》,北京:高等教育出版社,2007 年。

[48] 鲁迅校录:《唐宋传奇集》,北京:人民文学出版社,1952 年。

[49] 朱易安等主编:《全宋笔记》,郑州:大象出版社,2006 年。

[50] 国家图书馆善本金石组编:《宋代石刻文献全编》,北京:北京图书馆出版社,2003 年。

[51] 曾枣庄、刘琳主编:《全宋文》,上海:上海辞书出版社、安徽教育出版社,2006 年。

[52] 李华年:《宋代小说选译》,上海:上海古籍出版社,1990 年。

[53] 钟克豪:《宋代小说考证》,台北:新文丰出版股份有限公司,1987 年。

(二)研究著作

[1] 陈东原:《中国妇女生活史》,北京:商务印书馆,1928 年。

[2] 徐规:《仰素集》,杭州:杭州大学出版社,1999 年。

[3] 朱瑞熙:《宋代社会研究》,郑州:中州书画社,1983 年。

[4] 朱瑞熙等:《辽宋夏金社会生活史》,北京:中国社会科学出版社,1998 年。

[5] 邓小南主编:《唐宋女性与社会》,上海:上海辞书出版社,2003 年。

[6] 张邦炜:《宋代政治文化史论》,北京:人民出版社,2005 年。

[7] 邢铁:《宋代家庭研究》,上海:上海人民出版社,2005 年。

[8] 祝瑞开主编:《中国婚姻家庭史》,上海:学林出版社,1999 年。

[9] 史凤仪:《中国古代的家族身份》,北京:社会科学文献出版社,1999 年。

[10] 郭东旭:《宋代法制史》,保定:河北大学出版社,1997 年。

[11] 王善军:《宋代宗族和宗族制度研究》,石家庄:河北教育出版社,2000 年。

［12］张金花：《宋诗与宋代商业》，石家庄：河北教育出版社，2006 年。

［13］张文：《宋朝民间慈善活动研究》，重庆：西南师范大学出版社，2005 年。

［14］杨倩描：《南宋宗教史》，北京：人民出版社，2008 年。

［15］游惠远：《宋代民妇的角色与地位》，台北：新文丰出版公司，1998 年。

［16］陶晋生：《北宋士族：家庭・婚姻・生活》，台北："中央研究院"历史语言研究所，2001 年。

［17］李淑媛：《争财竞产：唐宋的家产与法律》，北京：北京大学出版社，2007 年。

［18］柳立言：《宋代的家庭和法律》，上海：上海古籍出版社，2008 年。

［19］沈亦菲：《被建构的女性——当代社会性别理论》，上海：上海人民出版社，2005 年。

［20］［法］西蒙娜・德・波伏娃著，陶铁柱译：《第二性》，北京：中国书籍出版社，1998 年。

［21］李玉珍、林美玖：《妇女与宗教》，台北：里仁书局，2004 年。

［22］乌丙安：《中国民间信仰》，上海：上海人民出版社，1995 年。

［23］贾二强：《唐宋民间信仰》，福州：福建人民出版社，2002 年。

［24］詹石窗：《道教与女性》，上海：上海古籍出版社，1991 年。

［25］高世瑜：《中国古代妇女生活》，北京：商务印书馆，1996 年。

［26］［法］谢和耐著，刘东译：《蒙元入侵前夜的中国日常生活》，北京：北京大学出版社，2008 年。

［27］姚瀛艇等：《宋代文化史》，开封：河南大学出版社，1992 年。

［28］郭立诚：《中国妇女生活史话》，天津：百花文艺出版社，2005 年。

［29］赵东玉、李健胜：《中国历代妇女生活掠影》，沈阳：沈阳出版社，2003 年。

［30］杜芳琴：《中国社会性别的历史文化寻踪》，天津：天津社会科学院出版社，1998 年。

［31］杜芳琴主编：《引入社会性别：史学发展新趋势》，天津历史学与社会性别读书研讨班专辑，2000 年。

［32］蔡一平、王政、杜芳琴主编：《赋历史研究以社会性别》，天津妇女史学科建设首届读书研讨班专辑，1999 年。

［33］杜芳琴：《发现妇女的历史——中国妇女史论集》，天津：天津社会科学院出版社，1996 年。

［34］［美］伊佩霞著，胡志宏译：《内闱——宋代的婚姻和妇女生活》，南京：江苏人民出版社，2004 年。

［35］［美］包弼德著，刘宁译：《斯文：唐宋思想的转型》，南京：江苏人民出版社，2001 年。

［36］洪丕谟、姜玉珍：《古代女性世界》，上海：上海古籍出版社，1990 年。

［37］［美］韩森著，包伟民译：《变迁之神：南宋时期的民间信仰》，杭州：浙江人民出版社，1999 年。

［38］刘黎明：《宋代民间巫术研究》，成都：巴蜀书社，2004 年。

［39］方燕：《巫文化视域下的宋代女性：立足于女性生育、疾

病的考察》，北京：中华书局，2008 年。

［40］朱瑞熙、程郁：《宋史研究》，福州：福建人民出版社，2006 年。

［41］宋史座谈会编辑：《宋史研究集（第三十五辑）》，台北：兰台出版社，2005 年。

（三）学术论文

［1］全汉昇：《宋代女子职业与生计》，《食货》1935 年第 1 卷第 9 期。

［2］费孝通：《论中国家庭结构的变动》，1982 年 3 月在日本国际文化会馆的学术讲演。

［3］邓小南：《宋代士人家族中的妇女——以苏州为例》，《国学研究》1988 年第 5 卷。

［4］张邦炜：《两宋妇女的历史贡献》，《社会科学研究》1997 年第 6 期。

［5］邢铁：《宋代的财产遗嘱继承问题》，《历史研究》1992 年第 6 期。

［6］邢铁：《宋代的奁田和墓田》，《中国社会经济史研究》1993 年第 4 期。

［7］邢铁：《从家产继承方式说看我国古代的所有制形式——以唐宋为中心的考察》，《中国经济史研究》2007 年第 3 期。

［8］张文：《民间慈善：妇女参与社会活动的有效途径——立足于宋朝的考察》，《西南师范大学学报》2005 年第 5 期。

［9］程民生：《宋代僧道数量考察》，《世界宗教研究》2010 年第 3 期。

［10］游彪：《略论宋代寺院、僧尼经营的商业和高利贷》，《河北学刊》1990 年第 6 期。

[11] 莫家齐：《从〈名公书判清明集〉看宋朝的继承制度》，《法学杂志》1984 年第 6 期。

[12] 郭东旭：《宋代财产继承法初探》，《河北大学学报》1986 年第 8 期。

[13] 李玉珍：《佛教的女性，女性的佛教：近二十年来中英文的佛教妇女研究》，《近代中国妇女史研究》2002 年第 10 期。

[14] 王善军：《宋代宗族制度的社会职能及其对阶级关系的影响》，《河北大学学报》1996 年第 3 期。

[15] 王善军：《从〈名公书判清明集〉看宋代的宗祧继承及其与财产继承的关系》，《中国社会经济史研究》1998 年第 2 期。

[16] 铁爱花：《宋代社会的女性阅读——以墓志为中心的考察》，《晋阳学刊》2005 年第 5 期。

[17] 铁爱花：《论宋代女性的赈济活动》，《西北师大学报》2009 年第 4 期。

[18] 高楠：《宋代家庭中的奁产纠纷——以已婚女为例》，《中国社会经济史研究》2004 年第 3 期。

[19] 高楠、王茂华：《宋代家庭中的奁产纠纷——以在室女为例》，《贵州文史丛刊》2004 年第 2 期。

[20] 高楠：《宋代家庭中的共有财产纠纷》，《中国社会历史评论》2007 年第 8 卷。

[21] 张金花：《宋代女性经商探析》，《中国史研究》2006 年第 4 期。

[22] 袁俐：《宋代女性财产权论述》，《宋史研究集刊》，浙江省社联《探索》杂志增刊，1988 年。

[23] 姚红：《从寡妇财产权的变化看两宋女子地位的升降》，《浙江学刊》1993 年第 1 期。

[24] 刘筱红：《中国古代妇女的经济地位》，《中国史研究》1995 年第 4 期。

[25] 宋东侠：《简析宋代在室女的财产权》，《青海师范大学学报》2002 年第 1 期。

[26] 宋东侠：《浅议宋代妇女在社会生产中的作用》，《青海社会科学》2000 年第 6 期。

[27] 薛志清：《宋代僧尼经商小议》，《邢台师范高专学报（综合版）》1997 年第 3 期。

[28] 薛志清：《论宋代僧尼的经商活动》，《云南师范大学学报》2000 年第 3 期。

[29] 邵育欣、张付海：《宋代高尼事迹研究》，《黑龙江史志》2014 年第 15 期。

[30] 臧健：《对宋元家族制度、家法与女性的考察》，《山西师范大学学报》2000 年第 2 期。

[31] 刘春萍：《南宋婚姻家庭法规规范中的妇女地位刍议》，《求是学刊》1996 年第 6 期。

[32] 刘春萍：《南宋继承法初探》，《学术交流》1997 年第 2 期。

[33] 戴建国：《宋代家族政策初探》，《大陆杂志》1999 年第 99 卷第 4 期。

[34] 唐自斌：《略论南宋妇女的财产与婚姻权利问题》，《求索》1994 年第 6 期。

[35] 郑必俊：《论两宋妇女在经济文化方面的贡献》，《北京大学百年国学文萃 · 史学卷》，北京：北京大学出版社，1998 年。

[36] 吴旭霞：《浅谈宋代妇女的就业》，《学术研究》1997 年第 10 期。

［37］郭冰丽：《〈夷坚志〉中的劳动女性》，《广东农工商职业技术学院学报》2003 年第 5 期。

［38］张伟然：《唐宋时期峡江女性的形象及日常生活》，《中国文化研究》1998 年夏。

［39］秦艳：《浅谈两宋之交妇女的生活状况》，《长治学院学报》2005 年第 4 期。

［40］秦艳：《从墓志看宋代女性的佛教信仰》，《晋阳学刊》2009 年第 6 期。

［41］徐家玲：《女性与宗教教育》，《妇女研究论丛》2001 年第 2 期。

［42］李霞：《民间信仰的社会凝聚机制：性别角度的初步探讨》，《天府新论》1991 年第 1 期。

［43］贺璋瑢：《关于女性宗教信仰建立的几点思考》，《华南师范大学学报（社会科学版）》2001 年第 3 期。

［44］方燕：《女巫与宋代社会》，《四川师范大学学报》2006 年第 3 期。

［45］刘静贞：《由果报观念看宋人的家庭伦理关系》，《史源》1981 年第 11 期。

［46］李智萍：《宋代女户的财产来源》，《平顶山学院学报》2005 年第 6 期。

［47］李智萍：《宋代女户的立户规范》，《平顶山学院学报》2007 年第 1 期。

［48］光晓霞：《宋代妇女的慈善活动——以墓志为中心》，《乐山师范学院学报》2011 年第 4 期。

［49］钟年、孙秋云：《肉体和灵魂的双重禁锢——宋代妇女生活》，《文史杂志》1996 年第 1 期。

[50] 卢建荣：《从在室女墓志看唐宋性别意识的演变》，《台湾师范大学历史学报》第 25 期，1997 年。

[51] 魏天安：《宋代〈户绝条贯〉考》，《中国经济史研究》1988 年第 3 期。

[52] 陈鹏：《唐宋继承法研究》，《法律评论》1947 年第 15 期。

[53] 王志强：《〈名公书判清明集〉法律思想初探》，《法学研究》1997 第 5 期。

[54] 魏道明：《中国古代遗嘱继承制度质疑》，《历史研究》2000 年第 6 期。

[55] 雷家宏：《从民间争讼看宋朝社会》，《贵州师范大学学报》2001 年第 3 期。

[56] 程维荣：《论中国传统财产继承制度的固有矛盾》，《政治与法律》2004 年第 1 期。

[57] 黄嫣梨：《中国传统社会的法律与妇女地位》，《北京大学学报》1997 年第 3 期。

[58] 王志强：《南宋司法裁判中的价值取向——南宋书判初探》，《中国社会科学》1998 年第 6 期。

[59] 雷家宏：《从民间争讼看宋朝社会》，《贵州师范大学学报》2001 年第 3 期。

[60] 张利：《义理决狱探析——以〈名公书判清明集〉为主要依据》，《河北法学》2006 年第 3 期。

[61] 麻国庆：《分家：分中有继也有合——中国分家制度研究》，《中国社会科学》1999 年第 1 期。

[62] 何明：《中国传统家庭经济形态浅析——基于宋代的考察》，《云南学术探索》1998 年第 3 期。

（四）学位论文

[1] 戚良艳：《宋代士人妇女在家庭经济运营中的作用》，上海

师范大学2006年硕士学位论文。

[2] 王翠改:《唐宋时期妇女的家庭经济地位》,河北师范大学2002年硕士学位论文。

[3] 苗玉勤:《试论宋代妇女的地位及其社会作用》,郑州大学2005年硕士学位论文。

[4] 秦玉琴:《宋代女性的佛教“空门生活”探微》,华中师范大学2007年硕士学位论文。

[5] 徐爽:《宋代女子礼佛研究》,浙江大学2011年硕士学位论文。

[6] 李智萍:《宋代女户研究》,河南大学2004年硕士学位论文。

[7] 赵东明:《宋代女性财产权研究》,湘潭大学2007年硕士学位论文。

[8] 魏哲:《宋代妇女财产权研究——礼治与现实之间》,河南大学2011年硕士学位论文。

[9] 马晓倩:《宋代妇女的财产权研究》,山东大学2011年硕士学位论文。

[10] 宋香川:《宋代城市的政府救济研究》,陕西师范大学2011年硕士学位论文。

[11] 吴清秀:《宋代城市穷民的社会救助》,浙江师范大学2012年硕士学位论文。

[12] 龙蓉:《宋代女性继承制度探析》,南昌大学2010年硕士学位论文。

[13] 汪芳:《宋代妇女宗教信仰与性别角色》,上海师范大学2011年硕士学位论文。

[14] 桂始鑫:《宋代女口买卖探研》,湖北大学2005年硕士学

位论文。

[15] 王文渊：《唐宋女性犯罪问题探研》，四川师范大学 2012 年硕士学位论文。

[16] 方燕：《巫文化视域下的宋代女性——立足于女性生育、疾病的考察》，四川大学 2006 年博士学位论文。

[17] 罗莉：《论寺庙经济——中国寺庙经济现象的历史考察与现实分析》，中央民族大学 2003 年博士学位论文。

后　记

本书原稿是我的博士毕业论文。读博三年时光，有辛酸也有喜悦，在埋头苦读的同时，学习着如何面对人生。回忆那充实的三年，我的恩师邢铁先生给我提供了细致入微的指导。读书时老师经常跟我说："总是感觉你的论文只写到了皮毛，框架有了，但还是缺乏精神。"面对老师这样的评价，本来对自己的论文很满意，甚至有些沾沾自喜的心情瞬间跌落谷底。说实话，那时候我不知道老师说的"精神"是什么，也不知道该如何去做女性史的研究。2015 年去榆林参会，有幸得见邓小南先生，得先生点拨之后，开始隐约明白了该如何去探索这种"精神"，也对宋代女性研究萌发了很多新的想法。后来每次交给邢老师一稿，拿回来的时候总是评注满满，甚至连标点符号使用不当都被老师标出来。直到现在，每次收拾旧手稿，看到老师手写的红色小字评注，都会被老师认真严谨的治学精神深深地折服。终于，我的博士毕业论文在一次又一次的打磨中渐渐丰满完善起来。

博士三年学习期间，还得到来自谷更有先生的很多帮助。谷老师是我硕士期间的导师，硕士毕业之后多年，老师对我的学习和生活依然给予了家人般的关怀和帮助。读书时，谷老师经常在我做得不够好的时候直言相对，有时我被训斥得面红耳赤，几近掉泪。现在回忆起那些中肯的批评，心中泛起的全是暖暖的感动，真的非常怀念那些时光。

毕业多年后，无论是工作上还是生活上都诸多琐碎。每每回忆起那段读博时光，心中仍是诸多缱绻。博士是一个煎熬的过程，在专业领域艰难前行的过程其实就是一个学习与思考的过程，是接近文章灵魂的过程。确实，我就是在邢老师一稿又一稿的指导中寻找到了自己想要的“精神”。随着身份的转变，为人妻也为人母，自己也不再是那个青葱莽撞的少年，毕业多年后重新整理博士论文，视角不同了，也发现了很多需要再深入探讨与思考的问题，真的希望还能够有充足的时间去完善它。

写到这里，眼角不禁泛泪。这本书承载的不仅仅是自己读博的三年时光，也是自己成长的最好纪念。这本论文能够成书，我要感谢的人太多。感谢两位恩师这么多年来给我的温暖和关怀，感谢我的爱人和家人对我永远的支持。

最后，将此书送给我的孩子们，希望他们能像妈妈一样，拥有一个积极努力的人生。

2023 年 10 月

图书在版编目（CIP）数据

闺门“内”与“外”：宋代经济生活中女性的家庭角色和社会角色 / 夏涛著 . — 秦皇岛：燕山大学出版社，2024.2
ISBN 978-7-5761-0565-0

Ⅰ. ①闺… Ⅱ. ①夏… Ⅲ. ①女性－家庭生活－研究－中国－宋代②女性－社会生活－研究－中国－宋代 Ⅳ. ①D442.9

中国国家版本馆CIP数据核字（2023）第192006号

闺门“内”与“外”

——宋代经济生活中女性的家庭角色和社会角色

GUIMEN NEI YU WAI

夏　涛　著

出 版 人：	陈　玉	策 划 人：	陈　玉　董明伟
责任编辑：	柯亚莉	封面设计：	方志强
责任印制：	吴　波	排　　版：	保定万方数据处理有限公司
出版发行：	燕山大学出版社 YANSHAN UNIVERSITY PRESS	地　　址：	河北省秦皇岛市河北大街西段438号
邮政编码：	066004	电　　话：	0335-8387555
印　　刷：	涿州市般润文化传播有限公司	经　　销：	全国新华书店

开　　本：	710mm×1000mm　1/16	印　　张：	22.25　　字　数：290千字
版　　次：	2024年2月第1版	印　　次：	2024年2月第1次印刷
书　　号：	ISBN 978-7-5761-0565-0		
定　　价：	88.00元		